Annemieke Hendriks
Unheile Heimat

Dr. Mechthild Veil
Heinestr. 2
60322 Frankfurt a. M.
Tel.: 069 - 907 555 66

Annemieke Hendriks

Unheile Heimat

Eine Reise zu Familien
in der Mitte Europas

Bildnachweis:
Seite 208: Parlament Republik Österreich
alle anderen: Annemieke Hendriks

Bibliografische Information der Deutschen Nationalbibliothek

Die Deutsche Nationalbibliothek verzeichnet diese Publikation
in der Deutschen Nationalbibliografie; detaillierte bibliografische
Daten sind im Internet unter http://dnb.d-nb.de abrufbar.

© edition Körber-Stiftung, Hamburg 2009
Umschlagfoto: Getty Images / Bridget Webber
Umschlag: Groothuis, Lohfert, Consorten | glcons.de
Karte: Borleis & Weis Kartographisches Institut, Leipzig
Herstellung: Das Herstellungsbüro, Hamburg |
    www.buch-herstellungsbuero.de
Druck und Bindung: CPI – Clausen & Bosse, Leck
Printed in Germany

ISBN 978-3-89684-073-8

www.edition-koerber-stiftung.de

Inhalt

»Wer sich und seine Existenz nicht in einem historischen, wenigstens in einem familiengeschichtlichen Zusammenhang zu verstehen vermag, dem kommt mit der Vergangenheit auch die Zukunft abhanden.«

KARL-MARKUS GAUSS

Sechs Familien in der Mitte Europas
Eine Einführung

Im Frühsommer des Jahres 2005 fuhr ich an der Oder-Neiße-Grenze zwischen Deutschland und Polen entlang. Ein paar Jahre schon reiste ich zur Vorbereitung eines Buches durch das Grenzgebiet.[1] Wie zumeist war ich auf meinem alten »Hollandrad« unterwegs, auf dem man so schön aufrecht sitzen und die Umgebung beobachten kann. Wieder einmal schaute ich auf die vielen gesprengten Brücken über Oder und Neiße: als ob der Zweite Weltkrieg gerade eben erst geendet hätte ... Wie die Arme getrennter Liebender scheinen die Brückenreste an den beiden Ufern nach einander zu greifen. Seit 1945 lief eine Staatsgrenze durch die Flüsse, die vorher mitten durch Deutschland flossen.

Als ich mit den Menschen auf beiden Seiten sprach, musste ich erfahren, dass auch in ihren Köpfen Oder und Neiße immer noch kaum zu überbrücken waren. Natürlich, es gab viele Leute, die Gesten der Versöhnung gemacht hatten, wie etwa der polnische Rentner, der in seiner Kleinstadt einen deutschen

---

1 *Gespleten land (Gespaltenes Land – Streifzüge entlang Oder und Neiße)*
Amsterdam 2005, nur auf Niederländisch.

Vorkriegsfriedhof respektvoll hatte sanieren lassen. Aber sofort waren wieder andere Polen gekommen, die das Friedhofsschild mit Totenköpfen und Hakenkreuzen beschmiert hatten.

Am deutschen Ufer war die Haltung den polnischen Nachbarn gegenüber in durchaus ähnlicher Weise gespalten, oder vielleicht eher zwiespältig. Viele Deutsche gingen in Polen zwar billig zum Friseur und zum Zahnarzt, weshalb es dort in vielen Läden deutsche Schilder gab. Umgekehrt jedoch sah man die Polen auf der deutschen Seite ungern, man hatte Angst vor Diebstahl und der Konkurrenz um Arbeitsplätze. Nur wenige Schilder auf Polnisch luden die Nachbarn zu einem Restaurantbesuch ein. Bald jedoch ließen die Polen das Grenzgebiet auf ihrem Weg Richtung Berlin oder Köln, Rotterdam oder Dublin links liegen, und es ging ihnen besser als den Bewohnern des deutschen Grenzlandes.

Auf beiden Seiten der Grenze bin ich zudem auf Ängste und Vorurteile gegen »das Fremde« in seinen vielen, diffusen Gestalten gestoßen: gegen Schwule und Schwarze, gegen die EU … In der deutschen Berichterstattung über das Grenzgebiet allerdings fand ich nur ziemlich einseitige Darstellungen dessen wieder, was ich in diesen Jahren mit eigenen Augen und Ohren wahrgenommen hatte. Zwar waren die deutschen Qualitätsmedien bemüht, jeden Hauch deutscher Feindseligkeit gegenüber Polen und anderen Nationen anzuprangern, vor dem Deutschen- und Fremdenhass der polnischen Nachbarn verschlossen sie jedoch oft die Augen.

Die Bundesrepublik definiert sich als Täterstaat, bußfertig und zur Versöhnung bereit. Auch mancher Publizist sieht seine Aufgabe in der Vermittlung dieser Haltung. Ich las – einmal von Polenhass schürenden Artikeln in der Boulevardpresse abgesehen – viel über die großzügig von der Europäischen Union geförderten polnisch-deutschen Versöhnungsprojekte und Begegnungsstätten. Wenn ich aber an solche Orte kam, traf ich zumeist nur auf schlecht besuchte Hotels und Pensionen oder ungenutzte Räumlichkeiten, in denen eher zufällig mal ein Deutscher auf einen Polen stieß.

Die Lokalzeitung dieser Region, die Märkische Oderzeitung (MOZ), allerdings las ich unterwegs gerne. Dort wird weder beschönigend noch reißerisch, sondern in nüchternem Ton über die Gegensätze und Absurditäten im deutsch-polnischen Grenzgebiet berichtet. So las ich in jenem Frühsommer 2005, als ich wieder mal an der Grenze war: »Polnischer Grenzschutz schockiert Holländer: Schulklasse war auf der Fahrt nach Auschwitz rassistischen Fragen ausgesetzt / Vorfall sorgt in den Niederlanden für Schlagzeilen.« Der Berichterstattung zufolge war ein Amsterdamer Schulbus mit vielen dunkelhäutigen Kindern in der Grenzstadt Görlitz / Zgorzelec lange durch polnische Grenzbeamte aufgehalten und die Reisenden schikaniert worden. Der tatsächliche Hergang konnte nicht vollständig geklärt werden: Die polnischen Behörden jedenfalls gaben den deutschen Grenzschützern die Schuld an dem Vorfall.

Aus derselben Ausgabe der MOZ erfuhr ich vom Ergebnis der niederländischen Volksabstimmung über die europäische Verfassung. Die Mehrheit meiner Landsleute hatte sie abgelehnt. Auf einem Foto in der Zeitung waren jubelnde, orange ausstaffierte Massen zu sehen, die die angebliche europäische Bedrohung abgewendet hatten. Dabei hatte noch tags zuvor der deutsche Außenminister Joschka Fischer mit einem flammenden Plädoyer für Europa im niederländischen Fernsehen versucht, einen Stimmungswandel herbeizuführen.

Ich war wirklich niedergeschlagen. Wie hatten die sonst so europafreundlichen Niederländer nur so abstimmen können?

Wie ich erfuhr, hatten sich dabei nur die wenigsten von ihnen von grundsätzlichen inhaltlichen Bedenken leiten lassen. Nur für eine kleine Minderheit schien z. B. die mögliche Bedrohung unserer schwer erkämpften Freiheiten, wie etwa das Recht, den eigenen Tod ein Stück weit mitzugestalten, eine Rolle gespielt zu haben. Entscheidend waren vielmehr die gleichen diffusen Ängste vor dem Fremden, die ich hier an Oder und Neiße beobachtet hatte. Hinzu kam eine weitverbreitete Furcht vor dem Verlust des eigenen Wohlstands, der von unseren Politikern nicht gerade heftig widersprochen worden war.

Was in den niederländischen Debatten über Europa systematisch übersehen worden war, war die Tatsache, dass Holland gerade auch vom Beitritt der neuen Mitgliedstaaten der EU mächtig profitiert. Wo immer ich in meiner Wahlheimat Europa unterwegs war, vom Mureş in den Karpaten bis an die Memel in Litauen, überall bin ich auf meine Landsleute gestoßen, die dort gutes Geld verdienten, sei es im Tourismus, im Hafen oder in der Bank. Von wegen Konkurrenz durch polnische Klempner! Diese Klempner bringen ihr in Holland sauer verdientes Geld zu Hause in Schlesien auf ein Konto der niederländischen Bank mit dem orangen Löwen oder in die Läden einer niederländischen Supermarktkette.

Schlagartig wurde mir klar, dass in Bezug auf Euroskepsis und Angst vor dem Fremden und Neuen die westlichen den östlichen EU-Staaten kaum nachstehen. Auch in den Staaten, die seit 2004 der EU beigetreten sind und seither Milliardenbeträge an Unterstützungsleistungen erhalten haben, gab und gibt es politische Eliten, die ihre Bürger gegen Europa aufbringen in der Hoffnung, sich damit die Wählergunst zu sichern.

Es wäre besser gewesen, wenn die Debatte über die europäische Verfassung und die neuen EU-Staaten sich mehr auf ein anderes Problem konzentriert hätte: den Wertekonsens. Meiner Meinung nach sind die Beitrittsstaaten zu stark allein auf ihre Markttauglichkeit und zu wenig – das heißt eher rein theoretisch – auf ihren rechtsstaatlichen und demokratischen Status quo, zum Beispiel in Bezug auf den Schutz der Menschen- und Minderheitenrechte und die Transparenz von Politik und Verwaltung, hin geprüft worden. Das ist allerdings nichts Neues: Auch beim EU-Vorgänger EWG stand das »W« schließlich für »Wirtschaft« und nicht für »Werte«.

Gerade in diesem Zusammenspiel von Erfahrungen und Überlegungen im europäischen Grenzraum habe ich die Idee für das vorliegende Buch entwickelt. Ich möchte aus der vergleichsweise unbefangenen Sicht einer Holländerin – die weniger vom schweren Erbe des vorigen Jahrhunderts niedergedrückt wird als viele Mitteleuropäer, in deren Leben die historischen Lasten noch heute hineinragen – über die Chancen und Befindlichkeiten in dieser weit gefassten »Mitte Europas« berichten. Wie leben die Menschen in den neuen EU-Staaten heute? Wodurch unterscheidet sich dieses Leben von jenem in den »alten« EU-Staaten? Um diese Fragen zu beantworten, habe ich mich auf die Suche nach Menschen mit persönlichen Erfahrungen an den Nahtstellen »zwischen Ost und West« gemacht.

Die sechs Familien, die im Mittelpunkt dieses Buches stehen, leben alle im Spannungsfeld zwischen den Herausforderungen des vereinten Europa und den historisch bedingten Empfindlichkeiten ihrer Nationalstaaten. Ihre Mitglieder sind jeweils unterschiedlicher ethnischer oder nationaler Herkunft, und auf unterschiedliche Weise erstrecken sich ihre Erfahrungen über den ehemaligen Eisernen Vorhang hinaus. Bereits im eigenen Haus haben die Mitglieder dieser Familien Grenzen besiegt, Vorurteile bekämpft und die Ost-West-Integration gestaltet, um die das erst jüngst vereinte Europa noch lange ringen wird. Diese Familien haben wahre Pionierarbeit geleistet, auch wenn sie das selbst nicht so sehen.

Es sind dies: eine lettisch-russische Familie in Riga (Lettland), eine polnisch-niederländische Familie im vormals deutschen Niederschlesien (Polen), ein deutsch-polnisches Schwulenpaar und ihre Familien in Wiesbaden (Deutschland), eine Kärntner-slowenisch-Wiener Familie in Kärnten (Österreich), eine ungarisch-deutsche Familie in Pécs (Ungarn) und eine rumänisch-donauschwäbisch-ungarische Familie in Nordrumänien.

Diese Familien erweisen sich als ebenso sensibel für die grenzüberschreitenden Herausforderungen und Chancen ihres Weges wie für die Hindernisse, die sich ihnen etwa in Form von Ausgrenzung und Diskriminierung entgegenstellen – nicht nur wenn sie selbst, sondern ebenfalls wenn Menschen in ihrer Umgebung und in ihren Ländern betroffen sind. Sie leben in einer »unheilen Heimat«: Häufig fühlen sie sich in mehreren Staaten zu Hause, und sie sind überdurchschnittlich reiselustig. Sie können vergleichen, sich ihr bestmögliches Lebensumfeld vorstellen. Dort leben sie allerdings nicht unbedingt selbst: Ihre Lebenswelt ist zumeist eben nicht die schöne heile Welt, die sie sich herbeiwünschen.

Das Motto von *Unheile Heimat* habe ich der Dankesrede, die Karl-Markus Gauß bei der Überreichung des Mitteleuropa-Preises 2007 gehalten hat,[2] entnommen. In dieser Ansprache stellte der österreichische Publizist Minderheiten und kleine

---

2 Wie im österreichischen Standard des 2. Januar 2008 veröffentlicht.

Nationalitäten als die Avantgarde der europäischen Einigung vor. Um ihres eigenen Überlebens willen, so Gauß, praktizierten diese Volksgruppen schon von alters her »die alltägliche Grenzüberschreitung«. Für mich gehören die sechs Familien in diesem Buch zu dieser Avantgarde, sind sie doch die kleinsten sozialen Einheiten, in denen dieses große europäische Gefühl zu Hause ist, von dem Gauß spricht.

Wenn Gauß von seinen Erfahrungen bei nationalen und ethnischen Minderheiten berichtet, tritt er selbst in den Hintergrund. Er nimmt den Lesern nicht die Sicht auf die Besuchten, wie es in mancher selbstdarstellerischen Reiseprosa der Fall ist. Auch ich hoffe, die Sicht auf die Familien in der Darstellung nicht zu versperren. Als Autorin bin ich nur hier, im Einführungstext, explizit präsent, nicht dagegen in den folgenden sechs Geschichten: Dort würde ich nur stören. Auch »Dritte« werden nicht kommentierend zu Wort kommen. Der Leser wird weder Wissenschaftlern, Politikern noch sonstigen Sachverständigen begegnen, wenn sie nicht selbst zu den porträtierten Familien oder ihrem direkten Umfeld gehören.

In *Unheile Heimat* wird aus dem Leben von Familien erzählt. Der Leser erlebt, was die »Hauptdarsteller« erleben, hört bei ihren Gesprächen zu und erfährt ihre Gedanken und Emotionen, sowohl in Bezug auf ihr eigenes Leben wie auch auf die Vergangenheit ihrer Familien und der Länder, in denen sie leben. Dies ist ein dokumentarisches Buch über Menschen, die unter ihren eigenen Namen auftreten. Niemand bestand auf einem Pseudonym, nichts ist frei erfunden. Ihre Gedankengänge habe ich kennengelernt, als ich bei den Familien gelebt, sie über mehrere Jahre hinweg immer wieder besucht habe. Wir haben intensive Gespräche geführt, auf meine Nachfrage hin haben sie mir geschildert, was sie bewegt. Diese Gedanken sind zuweilen in der Form der »erlebten Rede« wiedergegeben – also gewissermaßen als innere Monologe, als Wiedergabe dessen, was sie auch unabhängig von mir reflektieren, woran sie sich erinnern, was sie planen, wovon sie träumen.

Wenn ich also auch nicht direkt in den Geschichten in Erscheinung trete, liegt die Verantwortung für sie doch vollständig bei mir. Ich habe in den Familien Themen angesprochen und mit ihnen diskutiert, geschilderte Tatsachen ausgewählt und geprüft, und in der Darstellung habe ich manches zugespitzt und kontrastiert, dabei die Stilmittel Spott und Ironie nicht scheuend. Das Ziel dieser literarisch angehauchten Konstruktion ist es, den Leser so nah wie möglich an das Leben der sechs Familien heranzuführen und ihn auf diese Weise der oft als fern und unbegreiflich erfahrenen »Mitte Europas« näher zu bringen.

Wer ein Buch mit spektakulären Vorfällen und Geschehnissen erwartet, wird sicherlich enttäuscht werden. Es sind Momentaufnahmen, Szenen aus dem Alltagsleben zwischen Lettland und Rumänien. Andererseits ist das nun auch wieder nicht ein gar so normales Leben: Bewusst habe ich Menschen in Regionen aufgesucht, deren Historie bereits für sich genommen sehr bewegt ist. Diese Menschen haben einen besonderen Erfahrungsschatz, aber darüber hinaus haben sie, wie wir alle, große und kleinere Lebensziele. Sie begegnen Hindernissen auf ihrem Weg und finden Anreize, ihre Ziele weiter zu verfolgen. Sie erleben, wie jeder, Schönes und Unangenehmes, Enttäuschungen und glückliches Gelingen.

Von Lettland bis Rumänien: Ich habe mich diesen Menschen, die ich vorher nicht gekannt habe und an deren Leben ich Anteil haben durfte, überraschend nahe gefühlt, egal, ob sie arm oder reich, aus der Stadt oder vom Land sind. Ihre Träume und Ängste konnte ich nachvollziehen, ich habe viel mit ihnen gelacht und hoffe, dass der Leser hin und wieder mitlachen kann.

Überall, wo ich war, in allen sechs Staaten, wusste ich mich in meinem Europa und nicht unter Fremden. Es ist vor allem dieses Gefühl, das ich den Lesern vermitteln möchte.

So vertraut vieles auch erscheint, halte ich es doch für wichtig, diese sechs Lebenswelten in einen größeren europäischen Kontext einzuordnen und mich mit ihm kritisch auseinanderzusetzen. Denn wie mir an der Oder-Neiße-Grenze deutlich geworden war, stehen alte und neue Wunden und Wahnbilder einem unbefangenen Umgang miteinander, und somit einem wahrlich vereinigten Europa, im Weg. Wenn es nur nationale und ethnische Mischfamilien gäbe, wie die sechs in *Unheile Heimat*, stünde es um Europa sicher viel besser.

Unheile Geschichte

Meine Reise beginnt in Lettland. In dem ehemals von der Sowjetunion besetzten Staat, der sich 1990 unabhängig erklärte, gehören 35 Prozent der Einwohner der russischsprachigen Minderheit an. Die lettisch-russische Familie Viņķelis-Kulagina lebt im Badeort Jūrmala vor den Toren Rigas. Dort versucht Daria Kulagina ein Café mit Kulturbetrieb auf die Beine zu stellen, das eine offene, »europäische« Atmosphäre ausstrahlt, denn so was gibt es hier kaum.

Daria fühlt sich zwischen mehreren Kulturen hin und her gerissen – die geborene Moskauerin hat bereits in Amerika und Australien gelebt. Diese Zerrissenheit, die ihr mal Energie gibt, sie dann wieder einsam macht, teilt sie mit vielen Mitgliedern der anderen Familien in diesem Buch. Mehrere Kulturen, das klingt gut – wenn sie bloß miteinander im Einklang wären. Auf meinen Reisen habe ich entdeckt, dass eine der wichtigsten Voraussetzungen dazu oft fehlt: das gemeinsame Erinnern.

In Lettland existieren beispielsweise zwei Interpretationen der jüngsten Vergangenheit nebeneinander, die kaum mit einander zu vereinen sind. Laut nationaler Geschichtsschreibung ist Lettland ein Opferstaat, die ehemaligen sowjetrussischen Besatzer erscheinen ausschließlich als Täter. Unter den russischstämmigen Letten ist indes von Generation zu Generation weitergegeben worden, sie seien die Befreier Lettlands, eines Staates, der sich im Nazi-Faschismus verstrickt hatte. Wollte Daria die lettische Staatsangehörigkeit erwerben, müsste sie zunächst die offizielle Nationalversion der Vergangenheit anerkennen. Dazu wäre sie durchaus bereit – sie versteht beide Seiten der Geschichte –, aber sie ist nun mal an ihren russischen Pass gewöhnt.

Familien multinationaler und multiethnischer Herkunft, wie die sechs in *Unheile Heimat*, vermögen es besser als andere, widersprüchliche Erinnerungskulturen zusammenzufügen. Sie müssen schließlich nur auf ihre Vorfahren beiderseits schauen. Deutlich nehmen sie die Verdrehung und Verdrängung von unangenehmen Tatsachen aus der Vergangenheit ihrer Staaten wahr.

Das Motto dieses Buches hat mir auch deswegen so gefallen, weil es auf das Unheil hindeutet, das zu erwarten ist, wenn es den Bürgern Europas nicht gelingt, ihre eigene Vergangenheit in Relation zu der ihrer Mitbürger zu setzen, die anderes erlebt haben, mit einem anderen Geschichtsverständnis aufgewachsen sind. Wenn sich Europa nicht mit allen Mitteln der Wissenschaft, Bildung und Information wappnet, um einseitigen und tendenziösen Erinnerungskulturen entgegenzuwirken, wird weiterhin Hass zwischen den Völkern gesät werden. Auf dem Balkan haben wir erlebt, wohin das führen kann.

In wirtschaftlicher Hinsicht zeigt Europa sich in Riga und Umgebung von seiner besten Seite: renovierte Jugendstilbauten, florierende Immobiliengeschäfte und in den Fußgängerzonen und auf Fahrradwegen diese ewigen Ziegel, abwechselnd rot-grau-rot-grau, die bis in das tiefste Rumänien zu finden sind. Politik und Wirtschaft sind in Lettland zwar zu sehr verflochten, was der Korruption Vorschub leistet, aber das gibt es auch in anderen Ländern Europas. Organisationen wie die Soros-Stiftung, für die Darias Ehemann Pēteris 2006, am Anfang der Geschichte, noch arbeitet, versuchen seit vielen Jahren, das Land für mehr Rechtsstaatlichkeit und Demokratie zu gewinnen. Das jedoch ist ein langer Weg und auf dem hat es viele Anfeindungen, auch von einflussreichen Politikern, gegen George Soros und seine Stiftung gegeben – durchsetzt mit antisemitischen Untertönen.

Inzwischen erleben Daria und Pēteris, wie die russischsprachige Minderheit marginalisiert wird. Alle sollen wahre Letten werden und als solche die Landessprache beherrschen. Aber die lettischsprachigen Schulen können nur einen Teil der russischstämmigen Letten aufnehmen, und an den russischsprachigen Schulen fehlt in der Landessprache geschultes Personal. Bereits aufgrund dieser Chancenungleichheit droht der lettischen Gesellschaft eine Spaltung, die sich an der ethnischen Zugehörigkeit orientiert und die darüber hinaus zu einer wirtschaftlichen Zweiteilung und zu politischer Instabilität führt.

Amnesty International warnte 2008 in seinem Jahresbericht vor der Entstehung genau einer solchen Zweiklassengesellschaft. Die Organisation wies zugleich auf die Diskriminierung sexueller Minderheiten in Lettland – aber auch in vielen anderen Ländern – hin. Tatsächlich bezeichnete der Staatspräsident vor ein paar Jahren Homosexualität als mit »lettischen Werten« unvereinbar. Die Bevölkerung – Letten und Russen – sieht das mehrheitlich genauso.

2006 führte ich in Riga für eine niederländische Zeitung ein Interview mit der ehemaligen EU-Kommissarin und Außenministerin Lettlands, Sandra Kalniete. Sie ist auch jetzt noch eine einflussreiche liberal-konservative Parlamentarierin. Auf die alltägliche Diskriminierung sexueller Minderheiten in ihrem Land angesprochen, gab sie die bezeichnende Antwort, dass die Gleichberechtigung von Schwulen und Lesben auch in Westeuropa, wenn sie überhaupt schon vollzogen ist, erst eine Entwicklung jüngeren Datums sei.

Was die zwei Erinnerungskulturen in ihrem Land betrifft, steht Kalniete völlig auf Staatsseite. Als Außenministerin und Autorin eines Buches über die Deportationsgeschichte ihrer Familie hielt sie zur Eröffnung der Leipziger Buchmesse 2004 eine Rede, mit der sie einen Skandal auslöste: Als Repräsentanten des Bösen hatte sie die Sowjetunion und Nazi-Deutschland in einem Atemzug genannt.[3] Die deutschen Medien stellten es so dar, sagte sie mir zu Hause in Riga, »als ob ich den Holocaust geleugnet hätte: Es war eine politische Katastrophe, nur zwei Monate bevor mein Land der EU beitrat.«

Sie selbst war eher darüber erstaunt gewesen, dass Deutschland die Stellung als schlimmster Unrechtsstaat des vergange-

---

3 Sandra Kalniete: *Mit Ballschuhen im sibirischen Schnee. Die Geschichte meiner Familie*, München 2005 (Riga 2001, Paris 2003). Erst ein gutes Jahr nach ihrer Buchmessenrede lag das Buch auf Deutsch vor. Kalniete ist selbst in Sibirien zur Welt gekommen.

nen Jahrhunderts ausschließlich für sich beanspruchte: »Wir Letten wurden 1944 nicht befreit, sondern von der Sowjetunion wieder mal erobert.« Sie wünscht sich von Europa Mitgefühl, aber das ist genau wegen des von ihr selbst erwähnten Holocaust nicht so einfach. Denn die meisten Letten hatten die Deutschen 1941 als ihre Befreier von der kurz vorher einmarschierten Roten Armee begrüßt, und Letten beteiligten sich an der Ermordung von Juden durch Erschießungskommandos. »Der lettische Staat«, erläuterte Kalniete jedoch, »ist nicht mitverantwortlich für die Vernichtung der Juden. Die Darstellung der Letten als Faschisten und Antisemiten ist in meinen Augen Sowjetpropaganda.«

Rigas jährliche Parade zum Gedenken an die lettische SS-Legion zog in dem Jahr dieses Interviews mehr Jugendliche an als die – zu diesem Zeitpunkt illegale – Schwulen- und Lesbenparade. Und im nationalen Besatzungsmuseum zu Riga werden die Letten weiterhin nur als Opfer und als Helfer der Juden dargestellt.

Mitten im Rigaer Dom findet man eine Tafel, angebracht in früheren Jahrhunderten, als deutsche Kaufleute die Stadt, die später mit dem ganzen Land im russischen Zarenreich aufging, zur Blüte geführt hatten. Die Inschrift in altertümlichem Deutsch beginnt mit den Worten: »*Ich wasche meine Hände mit Unschuld.*« Es wird noch dauern, bis Europa das ersehnte Mitgefühl für die tatsächlich schweren Leiden des lettischen Volkes aufbringen kann.

Von den Staaten, aus denen ich in diesem Buch berichte, ist allein in Deutschland eine Aufarbeitung des Dritten Reichs ernsthaft versucht worden. In Lettland und Polen, Ungarn und Rumänien, aber auch in Österreich sieht man sich weiterhin am liebsten ausschließlich in der Opferrolle. Das Böse der Jahre 1939 bis 1945 kam in dieser Weltsicht allein »von außen«.

In Riga wurde mir allerdings auch wieder bewusst, wie lange mein eigenes Land gebraucht hat, diesen so bequemen Opferstatus abzuschütteln und Mitverantwortung für die Ereignisse unter deutscher Besatzung zwischen 1940 und 1945 zu übernehmen. Die Niederlande hätten mit der Aufarbeitung bereits 1945 anfangen können, wir waren schließlich ein freier, demokratischer Rechtsstaat. Aber es dauerte Jahrzehnte, bis sich die ersten Risse im offiziellen Bild der kleinen Nation tapferer Widerstandskämpfer zeigten. Aus unserem Land waren überdurchschnittlich viele jüdische Mitbürger deportiert worden. Dies war nur gelungen, weil viele Beamte fleißig an der Erfassung und Deportation der Juden mitgearbeitet hatten, während die meisten Bürger die Augen verschlossen.

Von den einzelnen Bürgern kann man enttäuscht sein, ihren Staaten jedoch muss man es vorwerfen, wenn sie die Wahrheit vertuschen. Das Klima für eine Aufarbeitung war indes in den ersten Jahrzehnten nach dem Ende des Zweiten Weltkriegs überall in Europa ungünstig. In der Bundesrepublik hatte – nach den ersten großen Prozessen – unter Adenauer das große Schweigen um sich gegriffen. Dabei waren Hitlers willige Helfer noch immer auf allen Ebenen des gesellschaftlichen Lebens, bis hinauf in höchste Regierungsämter, präsent. Und in der DDR wurden als Faschisten in erster Linie jene bezeichnet, die nicht dort, sondern »in der BRD« lebten.

Letzten Endes sind Deutschland und die Niederlande zu einer Art gemeinsamer Erinnerungskultur des Zweiten Weltkriegs gelangt. Über die Deutung und den Gefühlswert der wichtigsten Ereignisse sind die Nachbarstaaten sich einig, auch wenn einige zumeist hochbetagte Bürger sich damit schwertun. Bedenkt man, wie viel Zeit darüber vergangen ist, haben Lettland und die anderen Staaten, die sich erst vor Kurzem von der Diktatur befreit haben, Anspruch auf unsere Geduld. Aber wie viel?

»Wir müssen Toleranz noch lernen«, sagte Sandra Kalniete mir. »Zunächst ging es darum, mal wieder Letten sein zu dürfen. Was ein ›echter Lette‹ sei, ist dann leider ziemlich defensiv definiert worden, sodass zu viele Bürger nicht dazuzählten.« Kann eine Gesellschaft, die unfähig ist, offen über mehrdeutige und zweifelhafte Kapitel ihrer Vergangenheit zu sprechen, offen mit der Vielfalt ihrer Kultur von heute umgehen? Kann sie ihre Minderheiten als gleichwertig mit der Mehrheit sehen?

Der Pole Tomasz Wosinski hat in Wiesbaden den Deutschen Tim Bredhauer kennengelernt. Die beiden Männer sind um die zwanzig und frisch »verheiratet«, wie sie sagen, obwohl ihre Ehe in der Bundesrepublik einer Heteroehe juristisch nicht gleichgestellt ist. Tomek hat Polen verlassen, wo er als Homosexueller nicht mehr leben möchte. Aber er bemüht sich weiterhin, in Polen um mehr Akzeptanz für Homosexuelle zu werben: So reiste er vor ein paar Jahren zur Warschauer »Parade der Gleichheit«. Das war recht schön, hat er erzählt, und es sei ihm nichts Schlimmes passiert.

Die polnischen Behörden hatten diese vom damaligen Bürgermeister Lech Kaczyński verbotene Demonstration für Lesben- und Schwulenrechte auf Druck aus Europa erlaubt. Aber der stellvertretende Ministerpräsident und Bildungsminister hatte das Volk prompt zu einer Gegenoffensive mobilisiert. In der von Lechs Zwillingsbruder Jaroslaw Kaczyński geführten Regierungskoalition herrschte die Auffassung, von »Europa« her drängten alle möglichen schädlichen und unpolnischen Werte nach Polen ein. Man witterte gar einen Angriff auf die ganze polnische Nation. Als Vehikel dieses Angriffs galten in den polnischen Schulen zum Beispiel Bücher von Goethe, Kafka und Dostojewski, aber auch Aufklärungskampagnen zur Verhinderung von Aids. Im Europaparlament verglich ein Abgeordneter aus einer der polnischen Regierungsparteien Bundeskanzlerin Angela Merkel mit Hitler, während er die früheren Diktatoren von Spanien und Portugal, Franco und Salazar, als Verteidiger katholischer Werte rühmte und unter dem EU-Briefkopf eine Broschüre antisemitischen Inhalts präsentierte.

Diese polnische Regierungskoalition zerbrach 2007. Aber zum Aufatmen gab es wenig Grund. Der Homophobie und Fremdenfeindlichkeit wurde in Polen von den jeweiligen Regierungen Vorschub geleistet, sie sind durchaus salonfähig, und das wird sich nicht schnell ändern. Noch 2008 hat der in der Zwischenzeit zum Staatspräsidenten aufgestiegene Lech Kaczyński für Polen eine Ausnahmeklausel im EU-Vertrag von Lissabon durchsetzen können. Polen fühlt sich nicht an den in der Grundrechtecharta des Vertrags vorgesehenen Diskriminierungsschutz von Minderheiten gebunden. Dabei ging es Kaczyński vor allem um Homosexuelle und um Deutsche, die keinen besonderen Schutz genießen sollten.

Selbstverständlich sind nicht alle Polen mit der Politik Warschaus einverstanden. Viele fühlen sich in Europa ganz zu Hause, Millionen arbeiten jenseits der Staatsgrenzen. Jüngste Umfragen offenbaren allgemein ein stärkeres Misstrauen der Polen gegenüber ihrer eigenen Regierung als gegenüber Europa; nicht wenige haben sich gar vollständig von der Politik in ihrem Land abgewandt.

Wie viel Geduld muss Europa indes aufbringen? Mit ihrem Angriff auf die Wertvorstellungen von Toleranz und Offenheit, die gemeinhin als europäischer Konsens gelten, hat die Kaczyński-Regierung zumindest die Aufmerksamkeit auf ihr Land gelenkt. Die deutschen Medien, die stets sehr darauf bedacht sind, den Anschein unangemessener Kritik an den Nachbarstaaten zu vermeiden, kamen nicht umhin, über die eigenwillige Weltsicht der Warschauer Politiker zu berichten, für die sich ja schließlich ein ansehnlicher Teil der Bevölkerung und der Medien Polens empfänglich zeigte.

In den letzten Jahren hat die deutsche Qualitätspresse über und aus Polen kritischer berichtet als vorher, bisweilen sogar ironische und spöttische Töne angeschlagen. Prompt machte die Bundesregierung in Gestalt ihrer offiziellen Polen-Beauftragten, der zweifachen Kandidatin für das Amt des Bundespräsidenten Gesine Schwan, deutsche Journalisten für die unumstritten schlechten deutsch-polnischen Beziehungen mitverantwortlich.

Bisweilen erstaunt es, wie masochistisch die Bundesrepublik Deutschland sich gebärdet. Die spezielle Rücksicht, die Deutschland Polen gegenüber übt, ist verständlich, aber zugleich mutet es einer Holländerin seltsam an, wenn die deutsche Regierung die vielen Angriffe aus Warschau auf ihre Integrität und zugleich auf humanistische Grundwerte kommentarlos hinnimmt.

Als Holländerin genieße ich das Privileg, solche Überlegungen so salopp formulieren zu dürfen, wie sich das die Deutschen selbst nicht erlauben. Und das, obwohl die Niederländer spätestens seit der Katastrophe von Srebrenica Grund hätten, sich nicht länger als moralische Instanz Europas zu gerieren. Denn noch 1995 wurden die Niederländer mitschuldig an einem umfangreichen Kriegsverbrechen, als die niederländische Friedenstruppe unter der UN-Flagge tatenlos zuschaute, wie Karadžićs serbische Milizen achttausend Bosnier zusammentrieben, um sie in den umliegenden Wäldern zu exekutieren. Bislang hat sich die Aufarbeitung dieses Traumas bei uns offiziell auf juristische Aspekte beschränkt. Trotz des Rücktritts der Regierung Wim Kok steht eine moralische Auseinandersetzung noch immer aus.

Ganz anders klingt das bei den Deutschen. Wann immer ich etwa bei meinen Freunden in Berlin die deutsche Vergangenheit und das Verhältnis zu Polen zur Sprache bringe, weiß ich sicher, was kommt: »Aber Annemieke, wir waren doch schuld am Krieg.« Reflexartig halten sie mir dann diese ewigen drei oder vier hochbetagten deutschen Vertriebenen vor, die sich weigern, die Oder-Neiße-Grenze anzuerkennen.

Doch Scherz beiseite. Müssen die Deutschen ihre Schuld über sechzig Jahre nach Kriegsende immer noch vergrößern, indem sie bei Verletzung humanitärer Werte in Europa schweigen? Und hat nicht etwa Außenminister Joschka Fischer gerade die aus der Schuld erwachsende Verantwortung betont, als er 1998 für ein militärisches Eingreifen Deutschlands auf dem Balkan plädierte? »Nie wieder Krieg! Nie wieder Auschwitz, nie wieder Völkermord, nie wieder Faschismus! Beides gehört für mich zusammen.«[4]

In seiner Wahlheimat Wiesbaden hat Tomek Wosinski zum ersten Mal erfahren, dass die polnische Kleinstadt Kluczbork, in der er aufwuchs, nicht nur zwischen 1939 und 1945 deutsch war, sondern auch in den Jahrhunderten zuvor. Ebenfalls erfuhr er dort,

---

4 Aus der Rede des Außenministers auf dem Parteitag der Grünen. Zitiert nach Joschka Fischer: *Die rot-grünen Jahre* (Köln 2007). Die ethnische Säuberung Srebrenicas hatte drei Jahre zuvor einen Paradigmenwechsel eingeleitet, welcher militärische Interventionen Deutschlands zur Verhinderung schwerster Menschenrechtsverletzungen ermöglichte. Hierauf beruht auch das militärische Engagement Deutschlands auf dem Balkan seit 1999.

dass Kreuzburg/Kluczbork keine ursprünglich polnische Stadt ist, sondern von böhmischen Siedlern gegründet wurde, und zwar in einem Gebiet, in dem nach gegenwärtigem Forschungsstand zuerst germanische und nicht slawische Stämme siedelten.

Das mit den Böhmen und Germanen habe ich Tomek selbst erzählt. Welcher Deutsche nun würde sich trauen, einen Polen auf die Siedlungsleistung der Germanen hinzuweisen, auch wenn es der Wahrheit entspricht? Tomek hingegen wurde in seiner Schule eine mythisch-verzerrte Version der Geschichte gelehrt, in der die Rolle der Polen in Stadt und Region systematisch übertrieben wurde, während der gewichtigere und dauerhaftere Einfluss von Österreichern und Deutschen heruntergespielt wurde. Die Tatsache, dass Polen Kreuzburg/Kluczbork 1588 noch geplündert und in Brand gesetzt haben, gehört bestimmt nicht zu diesem von nationalistischen polnischen Mythen geprägten Kanon.

Gewiss, diese Verzerrung der Geschichte wurde aus der reinen Machtlosigkeit geboren. Jahrhundertelang war die polnische Nation immer wieder unter den europäischen Großmächten aufgeteilt worden, und 1945 wurde es abermals Spielball der Alliierten. Schon zuvor hatten jene abgesprochen, was auf der Potsdamer Konferenz nach dem Sieg über das nationalsozialistische Deutschland offiziell wurde: die Verschiebung etwa eines Drittels des polnischen Staatsgebiets nach Westen, auf Kosten Deutschlands, das hinter die Oder-Neiße-Linie zurückgedrängt wurde, und zugunsten der Sowjetunion, wodurch Stalin sich doch noch den Zugriff auf das ostpolnische Gebiet sichern konnte, den er bereits 1939 mit Hitler ausgehandelt hatte.[5]

---

5 Wie von Ribbentrop und Molotow 1939 im geheimen Zusatzprotokoll zum deutsch-sowjetischen Nichtangriffspakt niedergelegt.

Die polnische Volksrepublik mit ihren neuen Grenzen hatte ein starkes Bedürfnis nach identitätsstiftenden Mythen. Die Deutschen waren aus Schlesien, wo Kluczbork / Kreuzburg liegt, und anderen deutschen Gebieten vertrieben worden. Hierhin wurden größtenteils Polen aus den Landesteilen, die an die Sowjetunion hatten abgetreten werden müssen, umgesiedelt. Auch sie hatten ihre Heimat zumeist nicht freiwillig verlassen. Diese neuen nationalen Mythen sollten es den Bewohnern erleichtern, zu glauben, sie seien stolze Ansiedler in den sogenannten »urpolnischen, wiedergewonnenen Gebieten«.

Kann man Tomeks Lehrern diese Un- und Halbwahrheiten vorwerfen? Sie wussten es wahrscheinlich nicht einmal besser. Andere Polen tun das aber. Während europäische Historiker, auch polnische, diese verzerrenden Darstellungen schon längst schlüssig widerlegt haben, werden diese kommunistischen Blut-und-Boden-Mythen von nicht wenigen Politikern und anderen Meinungsmachern, z.B. in der Kirche, bewusst weiterverbreitet. Und sie werden von Millionen noch immer für wahr gehalten. Das wäre nicht so schlimm, wenn diese Mythen nicht Hass in und gegen Europa säen würden. Denn sie wissen von bereits »ihrem Wesen nach« feindlich gesinnten Rassen zu berichten, mit dem Germanen als ewigem Eindringling auf slawischem Boden.

Dabei wohnten in Tomeks Heimatstadt, wie nicht ungewöhnlich in der Mitte Europas, über viele Jahrhunderte hinweg Menschen unterschiedlicher Herkunft Tür an Tür. In Kluczbork / Kreuzburg waren es Polen und Deutsche, unter ihnen viele Juden, unabhängig davon, wer gerade über den Landstrich herrschte. Nationalstaaten gab es bis in die jüngeren Epochen nicht, die Herrscherhäuser waren wie überall in Europa selbst ethnisch vielfältig, und ihre Streitigkeiten drehten sich durchaus nicht um »Rassenkämpfe«, sondern um politische Machtansprüche.

28

Gerade die Deutschen, die leidvolle Erfahrungen mit den rational nicht begründbaren Blut- und-Boden-Theorien gemacht haben, wären hier zu kritischer Auseinandersetzung aufgerufen. Leider kann man die Mythen über den »polnischen Boden« Schlesiens nicht nur in Reiseführern und offiziellen Stadtgeschichtsschreibungen der Region finden. Bisweilen erscheinen sie sogar ungebrochen in deutschen Zeitungen – als ob in journalistischer Wahrheitssuche schon ein Verdacht auf Revanchismus stecken würde.

»Fünfte Kolonne, Verräter, Deutschen- und Judenknechte – das müssen sich Historiker und Publizisten in Polen immer wieder sagen lassen, wenn sie für einen offenen internationalen Dialog eintreten.« Das schrieb die Polen-Korrespondentin der in europäischen Fragen einer tendenziösen Berichterstattung unverdächtigen tageszeitung (taz) im Frühsommer 2008. Der Anlass war, dass ein renommierter Warschauer Historiker, der auch in Deutschland lehrt, in Polen mit ähnlichen Schmähungen angegriffen worden war.[6] Er war zu dem Schluss gekommen, dass nicht nur Stalin, sondern auch polnische Politiker Schuld an der Vertreibung der Deutschen trugen. Dennoch gibt es Hoffnung: Deutsche und polnische Historiker und Journalisten nahmen ihn gegen die Angriffe in Schutz.

Ich bin in Berlin zu Hause, reise häufig durch Europa und habe eine Weile nicht sehr intensiv auf Holland geschaut: Plötzlich stand dort »die Frage der nationalen Identität« im Zentrum der

---

6 Es betraf hier Prof. Włodzimierz Borodziej, Mitherausgeber des Standardwerks *Die Deutschen östlich von Oder und Neiße 1945 – 1950. Dokumente aus polnischen Archiven* (Marburg 2000). Der Historiker ist in Wien geboren und Träger verschiedener Auszeichnungen für die deutschpolnische Verständigung.

Aufmerksamkeit. Was damit wohl gemeint war? Keiner wusste es genau, sogar unsere Prinzessin Maxima sagte, sie wisse es nicht, denn »den Niederländer« als solchen gäbe es nicht. Diese diplomatische Antwort wollte aber fast keiner im Land noch hören: Gerade die Gattin des Kronprinzen, nota bene selbst »aus dem Ausland«, sollte nicht unsere nationale Identität in Zweifel ziehen!

Nationale Identität – während des Zweiten Weltkriegs mag dieser Begriff in den Niederlanden seine Bedeutung gehabt haben, danach aber doch nur noch im Fußballstadion und am Rand der Eisschnelllaufbahn. Nationale Gefühle galten immer als etwas Altmodisches, Sinnentleertes. Wir Niederländer sind ja Weltbürger, und umgekehrt ist in unserem Land die halbe Welt zu Hause.

Vielleicht haben wir in der letzten Zeit zu viel auf andere europäische Staaten geschaut und beschlossen, uns fehle die nationale Triebfeder, wie sie in anderen Staaten so mächtig wirkt. Haben Sprüche wie »Brüssel, Hände weg von unserem rumänischen Staat«, »Österreich den Österreichern«, oder »Groß-Ungarn soll wieder eine Einheit bilden« in Den Haag und Amsterdam Eifersucht geweckt? Sind solche nationalistischen Parolen denn nur der Kitt für Gesellschaften, die, wie Sandra Kalniete es erklärte, erst einmal zu sich selbst zurückfinden müssen? Aber wie könnte dies für eine arrivierte Nation wie Österreich gelten, wo sich mit solchen Slogans im großen Stil Wahlkampf treiben lässt?

Den Ungarn Tamás Szalay aus dem so mediterran anmutenden Pécs graust es vor den Losungen seiner extrem nationalistischen Landsleute, die das groß-ungarische Reich hochleben lassen und die Gebiete zurückfordern, die nach dem Ersten Weltkrieg verloren gingen. Andererseits schmerzt es Tamás gleichwohl, wenn die ungarische Vergangenheit dort verschwiegen wird, wo sie

30

einstmals heimisch war. Auf einer Dienstreise für das Organisationsbüro der Europäischen Kulturhauptstadt Pécs 2010 bekam er in Bratislava einen Reiseführer, in dem die heutige Hauptstadt der Slowakei nur als slowakische Stadt beschrieben ist. Die Stadt Bratislava trägt diesen Namen aber erst seit 1918, bis dahin hieß sie Pozsony (und Preßburg) und blickte auf eine tausendjährige ungarische Geschichte zurück.

Tamás und seine halb deutsche Frau Andrea Vándor sind Wahrheitssucher. Die beiden finden es z.B. unerträglich, dass im heutigen Ungarn die Türken immer nur als Inbegriff des Bösen dargestellt werden, während die Ungarn als Kämpfer für das Gute dastehen. Um Beispiele für diese einseitige Geschichtsdeutung zu sehen, muss man nur das Museum »Haus des Terrors« in Budapest besuchen, sagen sie: Sowohl Faschismus als auch kommunistische Diktatur sind in der dort vermittelten Geschichtsdeutung ausschließlich von fremden Mächten nach Ungarn hereingetragen worden.

Andrea und Tamás wissen um die Gräueltaten der faschistischen Pfeilkreuzler im Zweiten Weltkrieg, zum Beispiel um die an den Serben in der zurückeroberten Vojvodina-Region verübten Verbrechen. Und um die antijüdischen Pogrome, die es schon vor 1919 und auch noch nach 1945 gegeben hat, die also aus eigenen Impulsen entstanden und nicht aus dem Dritten Reich importiert wurden. Aber davon wollen die meisten Ungarn heute nichts wissen, sagen sie. Und da die heutige politische Elite größtenteils aus Leuten besteht, die schon vor der Wende 1989 führende Positionen innehatten, könne man im Übrigen auch eine ernsthafte Analyse der eigenen, ungarischen Rolle im Kommunismus gleich vergessen, jedenfalls in der breiten Öffentlichkeit.

Beide versuchen, dieser Geisteshaltung entgegenzusteuern, und ziehen hierzu Ungarns multikulturelle Wurzeln heran: Tamás in seinen Plänen für Pécs als Europäische Kulturhauptstadt 2010 und Andrea als Museumskonservatorin in ihren Ausstellungen. Andreas neueste Ausstellung, die 2009 auch in Deutschland zu sehen sein wird, zeigt Fotoporträts von Bewohnern eines Dorfs bei Pécs während des Ersten Weltkriegs: deutsche und serbische Familien, Roma-Familien und nur wenige ethnisch ungarische – denn so sah die Wirklichkeit in diesem Dorf aus. Viele der Männer sind in Uniform, und manche Familien haben offenkundig Erinnerungsfotos für die Frontsoldaten anfertigen lassen. Alle diese Volksgruppen kämpften, zum letzten Mal, für das Habsburger Reich.

Schlimmer noch finden Andrea und Tamás die Unversöhnlichkeit, die Politik und Gesellschaft lähmt: Politiker, die sich nur gnadenlos bekämpfen und sich selbst bereichern statt zusammenzuarbeiten; ein Staatshaushalt, der kurz vor dem Bankrott steht; eine Gesellschaft, die sich die Jeder-für-sich-Mentalität der Politik abgeguckt und in gegenseitige Härte umgesetzt hat. Kurz nachdem ich zum letzten Mal in Pécs war, wurde ein dort lebendes Roma-Ehepaar bei einem Anschlag mit Handgranaten getötet.

Manchmal spielen Andrea und Tamás mit dem Gedanken, nach Deutschland auszuwandern, wo Andrea geboren ist. »Wo ist das Freiheitsgefühl von 1989 geblieben?«, hat sie einmal verzweifelt gerufen. Die Bilder von damals, als ungarische Behörden die Grenze nach Österreich informell für die vielen DDR-»Touristen« öffneten, rühren sie noch immer. Mich ebenfalls, und ich habe mich auf meinen Reisen oft gefragt: Wenn 2009 in Europa der Fall des Eisernen Vorhangs vor zwanzig Jahren gefeiert wird, wer feiert dann eigentlich mit?

Seit Ungarn als Teil der österreichisch-ungarischen Doppelmonarchie und damit Kriegsverlierer beim Friedensvertrag von Trianon 1920 zwei Drittel seines Territoriums abtreten musste, leben

Millionen Ungarn außerhalb der neuen Staatsgrenzen. Das war zwar eine traumatische Erfahrung, aber immerhin verloren diese Ungarn nicht ihre Heimat, sie lag nur in einem neuen Staat. Wie häufig sich in den Wirren des letzten Jahrhunderts die Staatsgrenzen im Südosten Europa verschoben haben, illustriert ein ungarisches Bonmot: »Mein Großvater hat in vielen Staaten gelebt, aber sein Dorf hat er nie verlassen.«

Wie anders ging es da 1945, nach dem Potsdamer Vertrag, zu. Wie verblendet müssen die Alliierten gewesen sein, als sie die menschenverachtende Entscheidung trafen, nicht nur Staatsgrenzen zu verschieben, sondern gleich ganze Bevölkerungsgruppen umzusiedeln? Dem sowjetischen Gewaltherrscher Josef Stalin war es gewiss vertraut, Bevölkerungsgruppen wie auf einem Schachbrett hin und her zu schieben. Der britische Regierungschef Winston Churchill soll aber ernsthaft geglaubt haben, der Frieden in der Mitte Europas sei am besten gesichert, wenn die Staaten so ethnisch homogen wie möglich würden.

Schon im Dezember 1944 hatte Churchill im Unterhaus die Vertreibung von Millionen Deutschen angekündigt, um für die Nachkriegsordnung in Europa »reinen Tisch zu machen«, auch wenn er sich in Potsdam zunächst noch darum bemühte, die Zahl der auszusiedelnden Deutschen um einige Millionen zu reduzieren. Bereits lange vor der Potsdamer Konferenz hatte er der Vertreibung der Sudetendeutschen aus Böhmen zugestimmt. Die moralische Frage, ob man bei einer Grenzverschiebung auch ganze Bevölkerungsgruppen umsiedeln kann, wurde nicht gestellt, weder im Hinblick auf die Deutschen noch auf andere Bevölkerungsgruppen. Der Vertrag von Trianon nach dem Ersten Weltkrieg hatte ja gezeigt, dass es durchaus möglich ist, die Bevölkerung nach einer Grenzverschiebung dort zu lassen, wo ihre Heimat ist (von der Frage einmal abgesehen, ob sich die Menschen im neuen kommunistischen Regime überhaupt noch zu Hause gefühlt hätten).

In Potsdam schrieben die USA, Großbritannien und die UdSSR nicht nur die Vertreibung der deutschen Minderheiten aus Polen, aus der Tschechoslowakei und aus Ungarn fest. Ebenso bildete das Abkommen die Grundlage für die Umsiedlung von Millionen Polen und Ukrainer und Angehörige vieler anderer Ethnien – dass Stalin sich nicht für das damit verbundene menschliche Leid interessierte, überrascht nicht; aber auch die Westalliierten schenkten den Menschen, die von dieser Entscheidung betroffen waren, keinerlei Aufmerksamkeit.

Insgesamt sind in Europa zwischen 1939 und 1948 an der langen Bruchkante zwischen Ost und West über fünfzig Millionen Menschen geflohen, vertrieben oder deportiert worden. Grob geschätzt erlitt die Hälfte von ihnen dieses Schicksal während des Zweiten Weltkriegs und die andere Hälfte, unter ihnen fünfzehn Millionen Deutsche, von der Endphase des Kriegs 1944/45 bis 1950. Viele haben Flucht und Vertreibung nicht überlebt, die anderen verloren Heimat, Hab und Gut. Offenbar hatten die Alliierten nichts aus dem Krieg gelernt, als sie eine ethnische Säuberung in der Mitte Europas ermöglichten. Statt Frieden zu stiften säten sie neuen Hass.

Schon durch ihre Zusammensetzung trotzen »meine Familien« gewissermaßen den Folgen Potsdams. Fast hat man den Eindruck, sie mussten sich richtig Mühe geben, um sich aus allen möglichen Ethnien und sogar aus ehemals verfeindeten Nationalitäten zusammenzusetzen. Aber natürlich war das nicht die Intention: Es war die Liebe, die diese Menschen zusammengeführt hat.

Die Folgen von Trianon und Potsdam wirken bis heute nach. Die rumänisch-ungarisch-schwäbische Familie Nagy in Nordwestrumänien hat, genau wie in dem ungarischen Bonmot, seit dem 18. Jahrhundert nie wirklich ihr Dorf verlassen. Damals hatten Marias Vorfahren im ungarischen Teil des Habsburger Reiches eine neue Existenz gegründet. Sie sind, wie die ungarischen Vorfahren ihres Mannes aus diesem Gebiet, 1920, nach dem Vertrag von Trianon, rumänische Staatsbürger geworden. In Potsdam sind diese rumänischen Donauschwaben »irgendwie vergessen« worden. Während die Mehrzahl der ungarischen Donauschwaben nach 1945 aus Ungarn vertrieben wurde, unter ihnen zum Beispiel die Eltern Joschka Fischers, konnten die rumänischen Donauschwaben in ihrer Heimat bleiben.[7] Maria Nagy ist Bürgermeisterin und versucht, die Ungarn, Schwaben, Rumänen und Roma in ihrer Dorfgemeinschaft zusammenzuhalten. Und dieses Dorf heißt offiziell, dreisprachig, Petreşti/Mezőpetri/Petrifeld.

Ganz anders ist die Situation im polnischen Dorf Janowice Wielkie, wo Miroslav und Dieuwke Brejwo in ihrem selbst renovierten deutschen Fachwerkhaus am Ufer des pittoresken kleinen Flusses Bóbr (Bober) einen Gasthof betreiben. Sie leben zwischen zauberhaften alten Schlössern aus Habsburger und preußischer Zeit und zwischen Nachbarn, die selbst bzw. deren Vorfahren erst »nach Potsdam« hier angesiedelt wurden.

Mirek und Dieuwke, der Pole aus dem fernen Warschau und die Niederländerin, werden, ebenso wie ihre – häufig deutschen, manchmal homosexuellen – Gäste, in ihrem Dorf mit Misstrau-

---

7 Die Geschichte der Vorfahren von Joschka (Jóska) Fischer ist Teil der zweiundzwanzig Lebenswege, die in der Wanderausstellung *Deutsche in Ungarn – Ungarn in Deutschland. Europäische Lebenswege* präsentiert wurden (gezeigt in vier Museen in Deutschland und Ungarn, 2006–2007). Andrea Vándor aus Pécs hat diese Ausstellung mitgestaltet.

en und Distanz betrachtet. Man ist den Anblick von Fremden nicht gewohnt. Auch die Europäische Union scheint in diesem Dorf noch sehr weit weg zu sein. Wo Maria Nagy im rumänischen Petrifeld energisch EU-Gelder für Müllentsorgung und Kanalisation einwirbt, ist in Janowice Wielkie, trotz des um fast drei Jahre früheren EU-Beitritts Polens, auf diesen Gebieten noch gar nichts passiert.

Seit dem Ende des Zweiten Weltkriegs leben hier, im nunmehr polnischen Niederschlesien, fast ausschließlich ethnische Polen, die, in den ungewohnten Häusern deutscher Bauart, nur schwer heimisch wurden. Polen wurde nach dem Krieg zu einem der ethnisch homogensten Staaten Europas, ganz im Gegensatz zu dem Vielvölkerstaat, der es vorher gewesen war.

Die Vorfahren »meiner« sechs Familien repräsentieren nach heutiger Grenzziehung zusammen über zwanzig europäische Nationalitäten. Ein beträchtlicher Teil von ihnen stammt aus der österreichisch-ungarischen Doppelmonarchie. So gibt es ein Bild von Mirek Brejwos polnischem, wallonischstämmigem Großvater als blutjungem Mann in Habsburger Uniform, das den Bildern in Andrea Vándors ungarischer Fotoausstellung ähnelt.

Bei diesen Bildern wurde mir bewusst, wie neu und wie zeitgebunden der Begriff »ethnische Minderheit« ist. Die Vorfahren der slowenischstämmigen Großfamilie im österreichischen Bundesland Kärnten, die ich in diesem Buch porträtiert habe, lebten schon lange vor dem Untergang des Vielvölkerstaats Österreich-Ungarn 1918 in Kärnten. Die Slowenen bildeten zwar eine Volksgruppe – eine der vielen im Kaiserreich –, eine Minderheit wurden diese Slowenen jedoch erst, als 1920 auf dem Kamm der Karawanken hinter ihren Höfen eine neue Staatsgrenze gezogen wurde. Die Slowenen auf der anderen Seite des Berges lebten plötzlich in einem neuen Staat, der später Jugoslawien heißen sollte. Die Slowenen hier in Kärnten, auf der Nordseite des Höhenzuges, hatten sich in der Abstimmung von 1920, zusammen mit ihren deutschen Nachbarn, dafür entschieden, mit ihren Höfen, ihrem Hab und Gut Teil des neuen, kleinen Österreichs zu werden.

Just am 10. Oktober, an dem die Deutschnationalen in Kärnten alljährlich dieser Abstimmung gedenken, verunglückte 2008 der Kärntner Landeshauptmann Jörg Haider in seinem Wagen tödlich. Er war das Schreckgespenst der Kärntner Slowenen und bleibt daher im Kapitel über sie nicht unerwähnt. [8]

Haiders Politik findet in Kärnten breite Unterstützung: Seine Partei BZÖ hat – zusammen mit der in Kärnten unbedeutenden anderen ultrarechten Partei FPÖ – bei den Wahlen im Herbst 2008 fast die Hälfte aller Stimmen erhalten. Auch auf Bundesebene findet das Gedankengut von FPÖ und BZÖ mehr Wähler als je zuvor in der Nachkriegszeit. Beide Parteien werden in Österreich als Teil des ganz normalen Parteienspektrums wahrgenommen; ihre nationalistischen, ausländer- und EU-feindlichen Parolen sind mittlerweile auch von den großen Volksparteien aufgegriffen worden.

Was bedeutet dieses politische Klima nun für die Kärntnerslowenische Minderheit? In Lebensgefahr sind sie nicht. Die rechte Rhetorik eines Jörg Haider hat jedoch die Atmosphäre vergiftet, wie z. B. sein Angriff auf den Präsidenten des Verfassungsgerichtshofs Ludwig Adamovich zeigt: »Wenn einer schon Adamovich heißt, muss man sich zuerst einmal fragen, ob er eine aufrechte Aufenthaltsberechtigung hat.«

---

8 Zum Zeitpunkt von Haiders Tod waren die Recherchen für dieses Buch bereits abgeschlossen.

Haiders Äußerung fiel, als vor dem Verfassungsgericht wieder mal der Ortstafelstreit verhandelt wurde, also die Frage, in wie vielen Dörfern zweisprachige, deutsch-slowenische Ortsschilder angebracht werden. Im rumänischen Petreşti/Mezőpetri/Petrifeld würde man darüber staunen, dass in Kärnten tatsächlich bis heute verbissen um mehrsprachige Ortsschilder gerungen wird. Die Schilder sind jedoch nur ein Symbol, eigentlich geht es um das, was dahintersteckt und Angst erregt: Für die deutsch-Kärntner Mehrheit stehen die zweisprachigen Schilder für die angebliche »Slowenisierung« Kärntens; für die Kärntner Slowenen geht es um das Verschwinden ihrer Volksgruppe, weil nur noch wenige es wagen, sich zu ihren slawischen Wurzeln zu bekennen.

Doch letztlich geht es um die Deutungshoheit über die Kärntner Geschichte. Die Vergangenheit ist auch in Kärnten nicht aufgearbeitet. Fast auf jedem Kärntner-slowenischen Hof wurde im Zweiten Weltkrieg zumindest einer der Männer zur deutschen Wehrmacht eingezogen, während wenigstens ein anderer auf Seiten der slawischen Partisanen kämpfte. Die meisten von ihnen kämpften nicht freiwillig. Auf diesen Höfen, von beiden kriegführenden Parteien heimgesucht, hat es Repressalien gegeben, an die die Menschen noch heute voller Bitterkeit und Zorn erinnern.

Über diese Ereignisse sind verschiedene Versionen und Mythen im Umlauf, die auch heute noch politisch instrumentalisiert werden. Bernard Sadovniks Vater hat auf seinem Hof, wie durch ein Wunder, überlebt. Er hat Bernard gelehrt, dass es die Barbarei der Deutschen gab und die der Partisanen. Bernard versteht es als seine Aufgabe, die unterschiedlichen historischen Sichtweisen zu vereinen, indem man beiden Seiten zuhört. Kärntner Slowenen und Deutsch-Kärntner müssen ihr Leid über das an ihren Familien begangene Unrecht miteinander teilen. Nur so können sie schließlich weiter zusammenleben. Aber mit dieser Auffassung steht Bernard ziemlich alleine da.

»Die Kentauren der Erinnerung« – diese Metapher hat der serbische, ungarischstämmige Schriftsteller László Végel geprägt, um die Hindernisse für ein wahrhaftes Zusammenleben in der Mitte Europas zu beschreiben.[9] »Es herrscht Frieden«, schrieb er aus seiner Heimat, der Provinz Vojvodina, wo es kürzlich noch Krieg gab – wieder mal Krieg, und vielleicht nicht zum letzten Mal. »Es herrscht Frieden, aber unsere Erinnerungen stellen ein Schlachtfeld da. Unsere Gesellschaften sind die Kentauren der Erinnerung: Ein Teil ihrer Erinnerungen werden offiziell glorifiziert, ein anderer Teil wiederum verdrängt, verboten, verschwiegen. Der Kampf der Erinnerungen wird im Alltag der einzelnen Menschen und des Kollektivs weitergeführt.«

Annemieke Hendriks, im Dezember 2008

---

9 László Végel las den Text im Rahmen einer Podiumsdiskussion im Kulturpolitischen Salon der Leipziger Oper im Herbst 2006. Er ist der Autor des berühmten Romans *Exterritorium* (deutsche Ausgabe Berlin 2007), in dem er über die Nato-Angriffe im Frühjahr 1999 auf Novi Sad wie auch über die Anfeindungen, der die ungarische Minderheit der Stadt durch die serbischen Nationalisten ausgesetzt war, berichtet.

Darias Traum

Eine lettisch-russische Familie in Jūrmala

Daria Kulagina ist eine Moskauerin in Lettland. Sie managt eine Familie mit vier Kindern und hat einen anspruchsvollen Job. Sie ist eine junge Frau von Welt, beherrscht Fremdsprachen und betrachtet das Leben in Lettland mit dem Blick einer Außenstehenden. Ihren Mann, den Letten Pēteris Vinķelis, lernte sie während ihres Studiums in Moskau kennen. Sie arbeitete in Australien, bevor seine Tätigkeit im diplomatischen Dienst beide in die USA führte. Jetzt leben sie schon wieder einige Jahre in Lettland, zwischen Letten und Russen, zwei Bevölkerungsgruppen mit einer langen Geschichte gegenseitiger Verletzungen. Daria fühlt sich in keiner der beiden Gruppen wirklich zu Hause. Ihre besten Freunde wünschen sich genau wie sie ein kosmopolitisches Lettland. Darias Traum ist es, den Badeort Jūrmala, in dem sie mit ihrer Familie lebt, für die Welt zu öffnen: »Ich möchte hier ein Kulturcafé eröffnen, in dem man freundlich empfangen wird und willkommen ist, statt auf Sowjetart mit Blicken möglichst schnell wieder vertrieben zu werden.«

MITTSOMMER AUF DEM LAND – So, wie sie dort zwischen dem Klatschmohn steht, könnte sie eine durch und durch lettische Mutter sein. Daria Kulagina prustet los, als sie ihren Nachwuchs für das Foto um sich schart. Sie sieht sich selbst, als stünde sie hinter der Kamera und nicht davor: eine junge Frau in folkloristischer weißer Leinenbluse mit geflochtenem Gürtel, darunter ein langer brauner Leinenrock, und Kinder, die in ihren weißen Blusen genauso rustikal kostümiert sind wie sie.

Die Landschaft trägt das Ihrige dazu bei. Lettischer geht es nicht, mit dieser Wiese voller Klatschmohn, umgeben von einer endlosen grünen Ebene, und in der Ferne ein kleiner Bauernhof am Waldrand. Das Bild könnte in *The Insider* abgedruckt werden, der englischsprachigen Imagezeitschrift für Lettland, für die Daria arbeitet. Nur ihre gertenschlanke Figur würde sie vermutlich als Russin verraten, denkt sie. Die lettische Durchschnittsfrau Ende dreißig mit vier Kindern ist mindestens vollschlank. Und wer hat hier schon vier Kinder? »In Russland ist es wahrscheinlich noch seltener, so viele Kinder zu haben«, sagt sie. »Die meisten meiner alten Bekannten dort haben höchstens eines. Gestern noch hat mich meine beste Freundin, die in Moskau wohnt, in einer E-Mail daran erinnert, dass wir uns nach der Geburt von Anna, meinem zweiten Kind, gesagt haben: Jetzt reicht's!«

Daria lacht die Worte heraus, ihre Stimme klingt wie ein Glöckchen. Selbst ist sie ein Einzelkind und wünschte sich immer eine große Familie. Aber alle drei, vier Jahre ein weiteres Kind, das war nicht geplant, das ist einfach so passiert. Wie vieles in ihrem Leben einfach so passierte. Vielleicht zu vieles, denkt sie. »Bis jetzt ist mein Leben ein bisschen wie eine Soap.« Wieder entwischt ihr das helle Glöckchenlachen, aber es schwingt auch Verlegenheit mit.

Heute ist der 23. Juni 2007. In dem baltischen Staat herrscht Ausnahmezustand, mehr noch als zu Weihnachten oder zu Silvester, und er wird mindestens zwei Tage andauern. Gleich beginnt Ligo, das heidnische Mittsommernachtsfest. Morgen folgt Jani, der Johannestag, christliches Anhängsel und willkommener Anlass, das Gelage noch weiter auszudehnen. Daria sieht den ganzen

Feierlichkeiten mit gemischten Gefühlen entgegen: Das Fest ist schön, aber es artet leicht zu einem Trinkgelage aus. Doch bei den Freunden auf dem Land wird es wohl nicht so wild werden. Die haben alle kleine Kinder.

Zwei Tage lang spielen die Letten ihre nationale Paraderolle. Und die Moskauerin Daria Kulagina spielt das Spiel des Landes, in dem sie wohnt, gewissenhaft mit. Auch sie hat weiße Blusen und gehäkelte Stolen hervorgezaubert und Wollröcke, Schals und Bänder bei der Familie ihres Mannes aus der Mottenkiste gezogen. In der kürzesten Nacht des Jahres geht der Lette aufs Land, um dort ganz aus dem Häuschen zu geraten. Der Auszug aus Riga und den anderen Städten hat gerade erst begonnen.

Auf dem blühenden Klatschmohnfeld macht Daria mit ihrer Familie eine Pause. Krišjānis auf ihrem Arm drückt seine mit Schokolade verschmierten Händchen kräftig auf Mamas leinenweiß umhüllte Mädchenbrust. Natürlich muss sie ihren Jüngsten böse anschauen, aber wieder kann sie ein Lachen kaum unterdrücken. Und als Marija vor ihr steht, die gerade noch mit einer Kiste zuckersüßer Erdbeeren auf dem Schoß im Auto gesessen hat, prustet sie wieder los. Die Bluse der jüngsten Tochter ist inzwischen rot-weiß gefleckt. Ach, was soll's, schließlich ist Jani ein lustiges Fest und keine bierernste Veranstaltung.

Pēteris Viņķelis, Darias Ehemann, schaut strenger als sie. »Let's move«, ruft er, denn auf der vollen Landstraße müssen noch ordentlich Kilometer zurückgelegt werden. Aber dass das gerade geknipste Foto mit seiner lettischen »Vorzeigefamilie« witzig ist, sieht er schon ein. Er selbst ist ein Lette, wie er im Buche steht, groß und kantig. Dadurch wirkt er ein bisschen plump neben seiner zierlichen Daria. Seine langjährigen Aufenthalte in Moskau und Washington, D.C., haben ihn gegenüber allen Arten von nationaler Symbolik und Folklore skeptisch werden lassen. Pēteris

Daria mit ihrem jüngsten Sohn Krišjānis

zögert noch, ob er sich wirklich sein altes Jani-Band, eine Art dünner Krawatte, umhängen soll. Im Übrigen bleibt er sowieso in seinen üblichen Büroklamotten.

Dieses Foto im Mohnfeld müsste man *hören* können, denkt Daria. Ein Wirrwarr unterschiedlicher Sprachen würde einem aus dem Bild entgegenschallen. Am deutlichsten wäre Englisch zu hören, der größte gemeinsame sprachliche Nenner ihrer russisch-lettischen Familie. Der älteste Sohn Michael wurde vor fünfzehn Jahren in Australien geboren und fühlt sich am meisten in der englischen Sprache zu Hause. Ursprünglich hatte Daria ihn russisch *Michail* genannt. Die ersten Lebensjahre verbrachte er mit Daria bei ihren Eltern in Sydney, wo der Großvater Konsul war. Von den Großeltern lernte er schon als kleiner Junge Russisch.

Wenn Michael von seinen vielen Umzügen erzählt, gibt er ganz von selbst Einblick in die wichtigsten Entscheidungen der Familie Viņķelis-Kulagina. »Als ich drei war, gingen wir von Australien nach Riga zu Papa, 1998 nach Amerika, und seit 2003 leben wir wieder in Lettland.« Mit seinem Vater spricht er meistens Lettisch, sagt er, und mit den anderen Englisch. »Da denkt man gar nicht so drüber nach. Meine Eltern sprechen zum Beispiel immer noch miteinander Russisch, weil sie sich in der Sprache kennengelernt haben.«

Anna, Darias zweites Kind, wurde in Lettland geboren. Sie ist zwölf und hat sich seit Beginn der Pubertät sehr zurückgezogen, stellt ihre Mutter fest. Die dritte, Marija, ist das extrovertierte »amerikanische« Kind. Marija wurde in den Vereinigten Staaten geboren und spricht Englisch mit breitem amerikanischem Akzent, den sie dort im Kindergarten angenommen hat. Die Achtjährige schaut sich jeden Abend eine Tierdokumentation im National Geographic Channel an. Und der kleine Rigaer Krišjānis alias Christian schaut gerne gemeinsam mit seiner Schwester fern und ruft dann mit ihr zusammen: »Come on! Come on!«

Aus pädagogischer Sicht macht Daria alles falsch, findet sie. »Ich spreche wirklich viel Russisch mit meinen Kindern, aber sie antworten einfach auf Englisch.« Sie lacht hilflos. »Was soll ich machen? Mit dem Russisch, das Anna und Marija in der Schule lernen, kann man nichts anfangen.«

»Russisch ist nicht mehr sexy«, sagt Pēteris zu Daria und lenkt seine ganze Schar »back on the road«. »Wenn ich gefragt werde, ob unsere Kinder ›beide Sprachen unseres Landes‹ sprechen, antworte ich: ›Ja, Lettisch und Englisch‹. Dein Lettisch ist besser als das vieler Russen, die hier geboren sind.«

Er schickt aber direkt hinterher, dass dies nicht unbedingt die Schuld der lettischen Russen selbst sei, wie die meisten Letten behaupten, deren Muttersprache Lettisch ist. »Wenn ein Land, in dem ein Drittel der Einwohner Russisch spricht, nicht genug ins Lettische an russischsprachigen Schulen investiert und in die lettischen Schulen nicht mehr russischsprachige Schüler aufnehmen will, muss es sich über die Folgen nicht wundern.«

Pēteris setzt sich mal wieder für »die Russen« ein, stellt Daria fest. In seinen Moskauer Jahren hat ihr Mann so manches Vorurteil abgelegt. »Die meisten Russen in Lettland waren durchaus für die Unabhängigkeit von der Sowjetunion«, fährt Pēteris fort. »Nach 1991 fühlten sie sich jedoch hintergangen und erniedrigt. Ihnen war Gleichberechtigung garantiert worden, aber auf einmal mussten sie nachweisen, dass sie hier zu Hause sind, während die meisten von ihnen doch nie woanders gelebt hatten.«

Die russischen Landsleute mussten sich ihre lettische Staatsbürgerschaft mit einem Test in lettischer Sprache und Geschichte erst »verdienen«, erklärt Pēteris: Sie mussten herunterbeten können, dass sie langjährige Besatzer waren, nicht die Befreier des Landes, wie es ihnen früher erzählt worden war. Ein paar Hunderttausend Russen, Ukrainer und Weißrussen haben diesen Einbürgerungstest nicht bestanden oder haben sich gegen ihn gewehrt. »So haben sie ihr Wahlrecht verloren. Und die lettische Gesellschaft hat die Chance auf ein erfolgreiches Miteinander verpasst.«

Während des Fahrens schweifen Pēteris' Gedanken in das Jahr 1990 ab. Lettland erklärte sich von der Sowjetunion einseitig unabhängig, als er in Moskau gerade Psychologie studierte. »Ich war dort, als Gorbatschow an die Macht kam. Die Perestrojka blühte, an der Universität und in den Medien durfte man auf einmal alles Mögliche sagen, was vorher undenkbar gewesen war.« Das kam ihm sehr entgegen, denn er schrieb Beiträge für das lettische Radio. In dieser turbulenten Zeit lernte er die Studentin der Journalistik und Internationalen Beziehungen Daria Kulagina kennen.

»Im Januar 1991, kurz vor meinem Examen, blockierte die Rote Armee den Zugang zu einer Reihe von Ministerien in Riga – aber nicht lang genug. Die Belagerer zogen sich zurück. Wir sind haarscharf an einer Katastrophe vorbeigeschrammt. Glücklicherweise war die Sowjetunion zu diesem Zeitpunkt bereits sehr geschwächt.«

In Sommer 1991 arbeitete Pēteris gelegentlich für die politische Vertretung Lettlands in Moskau. »Das war eher ein netter Treffpunkt als eine offizielle Botschaft.« Dann kam es im August zum Putsch des linken Flügels der Partei gegen Staatspräsident Gorbatschow, der Unterstützung von Boris Jelzin, dem Präsidenten der Teilrepublik Russland, erhielt. »Ich habe zwei Nächte im Weißen Haus in Moskau, dem Amtssitz Jelzins, verbracht, während es von Panzern belagert wurde. Das war eine unglaubliche Zeit.« Auch diese Belagerung verlief erfolglos. »Kurz darauf zerfiel die Sowjetunion, Russland erkannte Lettland an, und ich ging zurück nach Riga.« Bald wurde ihm eine Stelle in der lettischen Botschaft in Washington, D.C., angeboten. Daria ging mit.

Als eine durchschnittliche lettische Familie können sich die Viņķelis-Kulaginas daher wohl kaum bezeichnen. Lettisch-russische Paare gibt es dort zwar zuhauf, doch durch die vielen Einflüsse aus den Ländern, in denen sie gelebt haben, sind sie außergewöhnlich weltoffen geworden. Michaels bester Freund ist zum Beispiel der Sohn eines Letten und einer Venezolanerin, die ein Leben in Lateinamerika gegen eines im unabhängigen Lettland tauschten. Seine Freunde sucht man sich nicht zufällig aus.

Das Ligo-Fest könnte nicht besser beginnen. Der herausgeputzte Hof ihres Freundes Peter glänzt in der Sommersonne. Der Gartentisch ist mit Leckereien und kalten Getränken beladen, und die Gastfamilie hat sich mit Blumenkränzen geschmückt. Das wäre für Pēteris' Geschmack wiederum nicht nötig gewesen. Bei fast fünfundzwanzig Grad legt er sich kein Jani-Band um, hat er beschlossen. »Pēteris, Mann, das ist doch nur so zum Spaß«, sagt Peter, dessen Name englisch ausgesprochen wird.

Peter ist ein junger lettischer Kanadier, der in das Land seiner Eltern, in dem er nie gelebt hat, »zurückgekehrt« ist. Auch seine Frau ist eine solche kanadische Import-Lettin, sie haben sich aber erst hier kennengelernt. »Heirate nie außerhalb der *community*, habe ich von meinen Eltern in Kanada gelernt. Eine Frage des Kulturerhalts«, sagt er augenzwinkernd. Daran hat er sich sogar gehalten. »Einschließlich der ›Wiedereinbürgerung‹, um das Land zu retten. Die Mission ist erfüllt!« Peter liebt die Ironie. »Ich fühle mich mit meiner Pizzakette und dem altertümlichen Lettisch meiner Eltern manchmal wie auf einem fremden Planeten. Aber das wird alles anders werden. Dafür sorgen wir gemeinsam. Prost!«

»Ligo, Liiiiigoooo!« Die übrigen Freunde sind angekommen: Lisa, Juris und ihre drei Töchter in ihren folkloristischen Gewändern. »Yeah, let's roll«, ruft Peter ihnen zu, was ungefähr dasselbe bedeutet wie »Ligo«, sagt er. Sie stimmen alle ein Jani-Lied an, mit dem sie die Dämonen vertreiben wollen, die neben Krankheiten und Missgeburten auch für Hagelschäden verantwortlich sind. Juris, ein hoher Manager in der Kosmetikbranche, nimmt die Tradition aufs Korn, indem er unter seinem Kranz aus Eichenzweigen ein afrikanisches Gewand trägt. Seine Frau Lisa, eine Italoamerikanerin, singt aus vollem Halse mit. Daria sieht ihre Freundin bewundernd an. »Ich musste die Jani-Lieder für unsere Kinder lernen«, erklärt ihr Lisa und muss laut über sich selbst lachen.

Lisa hat sich über das Peace Corps, ein amerikanisches Netzwerk, das Freiwillige ins Ausland vermittelt, verschicken lassen, um Englischunterricht zu geben. Sie wollte reisen, egal wohin.

Und so kam sie nach Lettland, »of all places«. Es ist besonders Lisas Selbstsicherheit, die Daria so anspricht. Für die Geburt ihres ersten Kindes ist Lisa 1995 nach Finnland entwischt, denn das Gesundheitswesen in Lettland war damals nicht das beste. Lisa hat ihr Leben im Griff, nicht andersrum. Sie bewegt sich darin sicher und selbstverständlich. Daria hingegen hat das Gefühl, vieles geschieht ohne ihr Zutun. Sie fühlt sich dann wie in einer Soap, in der die Figuren über ihr Handeln auch nicht selbst entscheiden, sondern nach einem Drehbuch handeln, von dem sie immer nur die nächste Folge kennen. So sieht Daria ihre journalistische Karriere und ihr soziales Leben unter dem Druck ihrer großen Familie zusammenschrumpfen. Lisa dagegen dirigiert ihre eigene italienisch-amerikanisch-lettische Soap mit Verve. Sie hat einen netten Job, genügend Geld, und sie scheint das Immigrantendasein als eine große, spannende Herausforderung zu empfinden.

Auf der Terrasse wird die »Repatriierung« zurückgekehrter Letten besprochen, auch das eine Art Soap: »Anfang der neunziger Jahre wurden wir als Außenseiter mit offenen Armen empfangen«, erzählt Lisa. »Die ganze Provinz war angerückt, um uns mit Blumen zu begrüßen.« »Aber danach kamen die Ressentiments«, ergänzt Peter. »*Ihr* habt nicht durchmachen müssen, was wir hier durchgemacht haben, und *ihr* seid jetzt mit den besten Jobs und den besten Häusern fein raus‹, wurde geklagt.« »Aber inzwischen sind die Emotionen uns gegenüber natürlicher geworden«, sagt Lisa. »Das herzliche Willkommen war unecht. Daran hing die Forderung: Was habt ihr uns zu bieten?«

Daria hört amüsiert zu, während Pēteris geschäftlich telefoniert – sogar heute. Lisa gibt selbst die Antwort auf die Frage, was sie als Outsider Lettland zu bieten haben: »Wir können uns hier zum Beispiel nicht an die Korruption gewöhnen, wir versuchen, uns zu wehren.« Peter, der Kanadier, setzt seine lettische Maske auf. »Korruption? Hier gibt es keine Korruption. Jemand besorgt mir einen Lada, und ich gebe ihm Bier.« Woraufhin Lisa in einem unverfälscht italienisch-amerikanischen Mafiaakzent fragt: »Was musst du blechen für deine Pizzakette? Na? Pay the man, darling!« Peter entgegnet: »Nein, jetzt nicht mehr. Wir bezahlen ›den Mann‹ schon seit drei Jahren nicht mehr.«

»Sitzt der etwa im Knast?«

»Nein, der Mann, der dafür geschnappt wurde, hatte mit der Sache nichts zu tun. Der echte Erpresser hat die Justiz geschmiert, damit ein Unschuldiger hinter Schloss und Riegel kommt.«

Wer »der Mann« war, will Daria wissen. »Er kam in meinen Läden vorbei, um sie zu ›schützen‹«, erklärt Peter. Lisa, jetzt ganz Robert De Niro: »Und du hast so ganz locker gesagt: Hey man, ich zahl' dich nicht mehr?«

»Ich habe gesagt, wir sind inzwischen eine *big company*, wir haben sogar ein Geschäft auf dem Flughafen von Riga eröffnet … Erinnerst du dich, dass ich einen Jeep hatte? Ich hab gesagt, wofür bezahl' ich euch eigentlich? Mein Jeep ist futsch, wo ist der Jeep?« Zu Daria gewandt fährt er fort: »An ein und demselben Abend wurden mein Jeep und der eines finnischen Bankdirektors geklaut. Gleiche Jeeps in derselben Nacht. Der Bankdirektor hatte was in der Hinterhand, womit er den Mafiajungs drohen konnte, und, na ja, am nächsten Tag hatte er seinen Jeep zurück. Aber das war *mein* Jeep, seiner war zweifellos schon in Weitwegistan. Und ich hatte den verdammten Wagen gerade komplett waschen und polieren lassen.«

Ein brüllendes Gelächter schallt vom Gartentisch den Hügel herunter über Peters siebzig Hektar Weide- und Waldland. Vom Bach wird das Echo zurückgeworfen. »Vor ein paar Jahren wurden die Autos von den Leuten gestohlen, die sich keine Alarmanlage und keine Autoversicherung leisten konnten«, fügt der in die

Runde zurückgekehrte Pēteris hinzu. »Und dann bekamen sie das Angebot, den Wagen zurückzukaufen.« »Genau«, sagt Peter, »aber heute leasen sich viele einfach einen Luxuswagen. Für 99 Latu, 140 Euro im Monat, ist man *king of the road*. Der Mafiaplan geht nicht mehr auf.«

Daria fragt sich inzwischen, ob Peter eigentlich nie Angst gehabt hat. Lisa ist schneller und fragt scherzhaft: »Hast du keine Identitätskrise gekriegt?« »Das nicht«, antwortet Peter. »Aber ich hab' begriffen, dass wir anders sind und immer bleiben werden. Wir sind *Expats*, auch wenn wir längst lettische Staatsbürger sind.« Er habe jetzt einen Plan entwickelt, teilt er mit, um dieses »Anderssein« zum Nutzen der Allgemeinheit und gleichzeitig zum Vorteil für sein Portemonnaie einzusetzen. Zu Demonstrationszwecken nimmt er eine leere Orangensaftpackung vom Tisch und reißt sie auseinander. »Guckt mal, die Deutschen würden dieses Stückchen in den Plastikmüll werfen, diesen Folienstreifen zum Aluminium und den Rest ins Altpapier. Das hab ich selbst gesehen.« Sein Publikum bricht wieder in Gelächter aus. »Aber hier in Lettland«, fährt Peter fort, »landet alles auf einem großen Haufen. Ich will ein Recyclingunternehmen aufbauen. Im Müll liegt das Geld, um mit Tony Soprano zu sprechen.«

Im Abendlicht, das hier im Norden in den Sommernächten fast nicht erlischt, vergnügt sich die Gesellschaft mit den aktuellen Erpressungs- und Korruptionsskandalen im politischen Alltag Lettlands. »Vaira Vike-Freiberga, die ehemalige Staatspräsidentin, ist eines der wenigen hohen Tiere, die keinen Dreck am Stecken haben«, sagt Peter. »Sie kam ja auch aus Kanada, aus dem *Exil*. Mein Anwalt kann sich kaum eine Existenz aufbauen, weil er sich weigert, das Gericht zu schmieren.« Und Pēteris spottet: »Ja, darum kann er die großen Fälle nicht gewinnen und muss die Kleinarbeit machen. Wie dich und deine Pizzaläden vertreten.«

Wieder schallt das Gelächter vom Tisch das Landgut herunter. Peter schlägt vor, zur Abkühlung ein Bad im Bach zu nehmen. Die Freunde spazieren mit den Kindern den Hügel hinunter. Unterwegs stoßen sie auf Röhren, die teilweise oberirdisch liegen. »Mein Wasser«, erläutert Peter. »Ich habe unten eine kleine Quelle entdeckt. Jetzt muss ich mich mit Halunken streiten, die meinen Boden mit Abwasser und Abfall verdrecken. Ich habe die Polizei informiert und das Umweltamt oder was man so nennt. Und zu guter Letzt wurde nur *ich* angeklagt. Und zwar wegen illegalen Aushebens eines Grabens.« Als die Gesellschaft in den Bach hüpft, vergisst sie für einen Moment die Wasserqualität.

Ein paar Stunden später tanzen die Kinder um das Feuer, das Peter oben auf dem Hügel angezündet hat: gut sichtbar, »um das Böse zu vertreiben«. Das unwirkliche Mittsommernachtslicht verleitet Daria, ein verhaltenes *Oci cjornye* anzustimmen. Sie singt den russischen Evergreen so bezaubernd, dass alle für einen Augenblick still sind: »*Schwarze Augen, leidenschaftliche Augen … Deine Augen lockten mich in ferne Länder … Aber hätte ich dich nicht getroffen, würde ich nun nicht so leiden.*«

Ansonsten heißt es »Ligo« hier, »Ligo« da. Bis Juris und Pēteris aus voller Kehle das markige Trinklied »*Blas, Wind, treib mein Boot an, bring mich nach Kurzeme*« anstimmen. Sie schauen dabei feierlich, schließlich sind sie hier in der westlettischen Provinz Kurzeme, dem alten Kurland. Dieses Lied über einen unbeugsamen Letten, der das ihm versprochene Mädchen nicht haben darf und es trotz aller üblen Nachrede schließlich doch bekommt, fungierte als lettische Nationalhymne, als die echte unter den Sowjets verboten war. Das Mädchen, von dem Pēteris und Juris singen, ist ihr Land. Und auch wenn sie oft und flammend darüber herziehen, es bleibt, »verdammt noch mal«, ihr Land.

Strandgedanken

JŪRMALA, AM NÄCHSTEN TAG – Das Schöne am Jani-Fest ist, dass es von und für Letten ist, findet Daria. Es wird nicht für Touristen inszeniert. Zumindest sieht man keine, an diesem für Europa einmalig weißen, unberührten Stadtstrand. Mit Juris, Lisa, Pēteris und den Kindern ist sie nach Jūrmala zurückgefahren, wo beide Familien zehn Kilometer voneinander entfernt wohnen. Jūrmala, das Badeparadies der Rigaer. Zwanzig Kilometer lang ist diese Landzunge zwischen Ostsee und dem Fluss Lielupe, die sich westlich von Lettlands Hauptstadt erstreckt. Wie still es dort ist. Die Einheimischen schlafen natürlich noch. Sie erholen sich von der langen Ligo-Nacht.

Am Strand trödelt Daria dem kleinen Krišjānis hinterher. Sie ist müde, fühlt sich leer. Die anderen Kinder haben weiter vorn jede Menge Spaß. Im Moment ist es Daria egal, dass Jūrmala heute wie ausgestorben ist. Allerdings ist das schon die ganze Woche so, trotz der sommerlichen Temperaturen. Und im August wird es auch nicht viel anders sein. Etwas stimmt also nicht: Es ist Sommer, und niemand ist an diesem wunderschönen Strand. Sie weiß, woran das liegt: Es ist die rüde Art, mit der die Touristen hier empfangen werden. Das spricht sich rum. Sie ertappt sich immer öfter bei dem Gedanken, dass sie es anders machen würde. Ganz anders.

In diesem attraktiven Touristenort mit seinen pittoresken, hölzernen Datschas steigen die Preise unaufhörlich. Das zieht eine neue Gruppe von Touristen an – solche, die Wert auf Service legen. Aber dieser Service wird ihnen hier nicht geboten. Während ihre Imagezeitschrift *The Insider* Werbetexte über die boomende Wirtschaft produziert, bekommt man in Jūrmala kein frisches Brot. In ihrem Supermarkt, mitten im Ort, gleicht die Gemüseauswahl einem verkümmerten Häuflein Grünzeug. Die Frau an der Fleischtheke versucht, mit einem stumpfen Messer in lädierter Hand Wurst abzuschneiden. Wenn ein Tourist den Versuch unternimmt, hundert Gramm Salami zu erwerben, wird ihm ein böser Blick zugeworfen. Umsatz? Der ist der Frau gleichgültig. Auch Daria ist das alles ziemlich egal, zumindest, was das Essen angeht. Die Kinder bekommen in der Schule eine warme Mahlzeit, und Pēteris isst auf seinen zahlreichen Mittags- und Abendterminen. Sie selbst macht sich nicht so viel aus Essen. Aber aus dem, was hier fehlt, lässt sich eine neue Geschäftsidee entwickeln, denkt sie sich.

Krišjānis reißt sie kurz aus ihren Gedanken und fordert ihre Aufmerksamkeit. Sie hat sich daran gewöhnt, sich gleichzeitig um den Kleinen zu kümmern und ihren Gedanken nachzuhängen, aber sie hätte gern mehr Zeit für ihre eigenen Bedürfnisse. Gerne würde sie sich zum Beispiel intensiver mit der Energiepolitik beschäftigen. Dazu hat Peter gestern mit seinen Geschichten über Wasser und Abfall bestimmt beigetragen. Kürzlich hat sie für *The Insider* eine Titelstory über die lettische Ölindustrie geschrieben. Aber es ist ihr schwergefallen, die Energie, die sie für diesen Artikel brauchte, aufzubringen, neben den Kindern und dem Haushalt, der schwer auf ihren Schultern lastet.

Sie rennt hinter Krišjānis her, der nun brüllt, damit sich seine Mutter um ihn kümmert. Sie hat noch einen anderen Plan, den zu verwirklichen sie wirklich Lust hat. Wie gerne würde sie ein Kulturcafé eröffnen. Es müsste ein Treffpunkt werden, an dem sich die ganze Welt zu Hause fühlen kann. Zumindest jener Teil der Menschheit, der sich für die Welt interessiert, korrigiert sie sich. Diese Sowjet-Haltung in den Cafés und Geschäften ärgert gerade sie, die Russin, sehr. Dieses rüde, uninteressierte Verhalten, über das auch ihre alten Moskauer Bekannten klagen, wenn sie in

Lettland sind. Ganz zu schweigen von Leuten aus dem Westen. Sie gehen in ein Café und werden ignoriert oder so lange unfreundlich angeguckt, bis sie wieder gehen. Das Personal hört einfach nicht auf zu streiten oder zu fegen – dieses ewige Fegen.

Daria träumt von einem Raum, in dem man nicht durch ständige Musikberieselung abgeschreckt wird, wie in Jūrmalas Vergnügungsmeile Jomasstraße. Ein Raum, in dem man ein ordentliches Gespräch führen und Bücher und Zeitschriften in verschiedenen Sprachen lesen kann. Schließlich ist sie von fremden Sprachen fasziniert. Während ihres Studiums der Internationalen Beziehungen hat sie zusätzlich Hebräisch und Arabisch gelernt. Gerade, als sie 1991 ein Praktikumsjahr in Tel Aviv vereinbart hatte, kündigte sich Sohn Michael an, und aus dem Plan wurde nichts.

Es gibt also viel nachzuholen. Warum nicht von Lettland aus? In ihrem Traumcafé würde über Kultur und Kulturen vorgelesen und debattiert werden. Aber vor allem würde es ein Ort sein, an dem man freundlich und in schöner Atmosphäre empfangen wird. Kurz, es würde genau der Ort werden, der Jūrmala fehlt und der selbst in der nahe gelegenen Hauptstadt schwer zu finden ist. Einen Standort dafür in Jūrmala hat sie schon im Auge.

Obwohl die Sonne noch scheint, wird Daria von einem Hagelschauer aus ihren Gedanken gerissen. Die beiden Familien suchen Schutz unter den Nadelbäumen am Strandrand. Bis auf ein paar alte Pavillons, ein ausgebranntes Gewerkschaftshaus und ein renoviertes Sanatorium gibt es hier keine Bebauung. In einem Schatteneckchen hat sich schnell ein wahrer Mittsommereisklumpen gebildet. Dass sie selbst keinen Hagelschaden zu verzeichnen haben, verdanken sie selbstverständlich Peters Jani-Feuer, das die bösen Geister abgeschreckt hat. Alle schauen nach oben, zum fantastischen Regenbogen über Strand und Meer.

Auf dem Weg nach Hause sind die Kinder der Familie Viņķelis-Kulagina erschöpft und überdreht. Peter, der Kanadier, kannte einen Hof in der Nähe seines Landguts mit einem Wurf neu geborener Hundewelpen, und die mussten natürlich bewundert werden. Vater Pēteris hört es schon tapsen. Fünf gegen einen: In ein paar Wochen wird die Familie um ein Mitglied reicher sein.

Pēteris schmollt noch, als sie eine protzige Villa passieren, die gerade fertiggestellt wird. Mit den Nebengebäuden reicht sie bedrohlich nah an den Strand. Bisher sind es vor allem die Gärten, die hier und da mit ihren pseudoantiken Zäunen an den Strand grenzen. Daria hat das Gerücht aufgeschnappt, dass das Landhaus für einen ihr unsympathischen russischen Popstar gebaut wird. Das führende Forbes Magazine zählt eine Reihe von Landgütern in Jūrmala und Riga zu den teuersten der Welt, sagt Daria, zu den »Top Spots«. Wenn in Lettland etwas boomt, dann ist es die Immobilienbranche. Pēteris braucht man über die absurd steigenden Preise nichts zu erzählen. Dies ist seine Heimat. Jūrmala war schon zu Sowjetzeiten ein Ferienparadies für die Nomenklatura aus Moskau. Und jetzt wird es das für die Generation der Neureichen. Auch wenn Daria und er nichts gegen die Entwicklung der Region haben, sie haben Angst vor Auswüchsen.

Pēteris biegt in eine Seitenstraße ab. Er parkt vor einem alten Häuschen, hinter dem ein neues, größeres hervorragt. Aus diesem tritt fröhlich seine Schwester Māra. In dem kleinen alten Holzhaus davor wurden sie beide geboren, ebenso wie ein Bruder und eine Schwester, die jetzt in Amerika wohnt. Seine Eltern hatten wenig Wohnraum, aber viel Land, wie es hier üblich ist. Mitten durch das Land legten die Russen allerdings die Küstenstraße, und außerdem wurde das schönste Stück, von der Straße bis dicht an den Strand, konfisziert. Das ist ungefähr da, wo jetzt der russische Popstar baut. Nach der Unabhängigkeit bekamen

Familie Viņķelis-Kulagina (v.l.n.r.: Marija, Pēteris, Daria, Krišjānis, Anna; ohne den ältesten Sohn Michael) mit ihren Freunden Juris, Lisa und deren Kindern am Strand von Jūrmala

die Eltern zum Ausgleich ein paar Kilometer entfernt ein anderes Grundstück zugewiesen. Und auf dem haben Pēteris und Daria im letzten Jahr ihr Haus gebaut. Zwar ein Fertighaus, aber endlich eines, das groß genug für sechs Personen ist.

Pēteris merkt man nicht an, was er denkt. Als echter Lette trägt er das Herz nicht auf der Zunge, und erst recht nicht, wenn es um seine Vergangenheit in der Sowjetrepublik Lettland geht. Seine Eltern hatten ihm beigebracht, zu schweigen, weil alles, was man sagte, gegen einen verwendet werden konnte.

Daria, die 1971 geboren wurde und damit einige Jahre jünger ist als er, blickt viel unbefangener auf ihre Jugend in der Sowjetunion zurück. Die Schwere des Lebens in einem Staat, der von einem anderen unterdrückt wurde, kannte sie nicht. Außerdem gehörten ihre Eltern zur Elite, die viel Zeit im Ausland verbracht hat. Sie begreift, dass sie viel Glück hatte.

Es ist also Daria, die vor dem Geburtshaus ihres Mannes auf seine Jugend zu sprechen kommt. »Pēteris' Eltern waren glühende Antikommunisten«, erzählt sie. »Das Einzige, womit sie ein bisschen Geld machen konnten, waren Tulpen. Sie kreuzten Tulpen und tauschten mit Nachbarn und Bekannten.« Sie schaut sich um. Wo jetzt Gras wächst, müssen überall rechteckige Tulpenbeete gewesen sein. »In der Sowjetunion waren Tulpen sehr gefragt. Als Pēteris klein war, musste er regelmäßig alleine mit dem Zug nach Leningrad fahren, um die Tulpen am Bahnhof zu verkaufen.«

Und dann kam Pēteris eines schönen Tages mit einer Russin nach Hause – so einer richtig waschechten, mitgebracht aus Moskau. »Aber seine Eltern haben mich sehr lieb aufgenommen«, sagt Daria. »Ich habe angefangen, Lettisch zu lernen, weil sie so nett zu mir waren.« Ein ganz besonderes Ereignis kommt ihr in den Sinn. Ihr Vater, der Diplomat, kam, um ihre Schwiegereltern kennenzulernen. »Und dann versuchte Pēteris' Vater, der so ein leidenschaftlicher Russlandhasser war, ein paar Worte Russisch zu sprechen. Die kramte er tief aus seinem Gedächtnis hervor. Mein Vater war von seiner Geste so beeindruckt, dass er mit den paar Brocken Lettisch, die er irgendwann einmal gelernt hatte, antwortete. So sind die beiden Freunde geworden.« Die Geschichte rührt sie noch heute.

Pēteris gesellt sich wieder zu ihr, und Daria fragt ihn, was seine Eltern eigentlich davon hielten, dass er zum Studium ausgerechnet nach Moskau ging. »Da gab es einfach die beste Ausbildung«, antwortet er trocken. »Man musste sehr gute Noten haben, um dort genommen zu werden. Und das machte sie stolz.«

Der »lange Arm« von George Soros

RIGA, EIN PAAR TAGE SPÄTER – Eigentlich fährt Pēteris die fünfundzwanzig Kilometer von seinem neuen Haus zur Arbeit in Lettlands Hauptstadt recht gerne. Aber von Jahr zu Jahr ärgert er sich
mehr darüber, dass er sein Auto in der Innenstadt kaum noch
parken kann. Dort hat er die meisten Termine. Er gibt noch einmal ungeduldig Gas, als er den Fluss Daugava (Düna) überquert.
Dann beginnt er mit seinen vertrauten Runden auf der Suche
nach einem Parkplatz zwischen dem nationalen Museum über
die Besatzung Lettlands und dem nicht weniger nationalen Frei-
heitsdenkmal.

Der innere Bereich der Altstadt von Riga ist eine »No-Go-Area«
geworden, findet Pēteris. Für sein Auto, wohlgemerkt. Auch gewohnt wird hier kaum mehr: Es ist das Zentrum der Banken und
schicken Läden, der Hotels, Nachtclubs und Cafés, der Regierungs-
gebäude und, nicht zu vergessen, der Touristen. Heute wird es
wieder nichts, stellt Pēteris an der Brivibas iela fest, der Freiheits-
straße, die auch mal Adolf-Hitler-Straße und Leninstraße hieß.

Für das Getue mit den Parkhäusern ist er nicht der Typ. Fürs
Laufen noch weniger. Bewegung bekommt er am Sonntag, beim
wöchentlichen familiären Gymnastik- und Saunanachmittag zu
Hause bei seiner Schwester Māra. Er wendet. Weiter flussaufwärts,
in der alten Moskauer Vorstadt, will er nicht parken. Da gäbe es genug freie Plätze, vor allem, weil es dort kaum Autos gibt. Aber die
Gerüche von Hafen und Fisch, die Geräusche des Zentralmarkts
und der Anblick verfallener Holzhäuser sind nicht seine Sache.

Endlich ein Parkplatz! In zweiter Reihe, aber nah am Schloss
und an anderen Regierungsgebäuden, in denen er zu tun hat.
Kaum aus dem Auto gestiegen, muss er der unvermeidlichen
Gruppe betrunkener Briten ausweichen. »Die Typen kommen für

ein Wochenende mit so einem Billigflieger und wissen nicht einmal, wo in Europa sie gelandet sind. Warum auch, ein Wochenende in London auszugehen ist teurer für sie.«

Pēteris muss darüber trotzdem lachen. »Mit *Sex Partys* werden sie hierhin gelockt. Das liest man zumindest in den lettischen Medien, die davor warnen, dass Riga zu Europas Hauptstadt der Prostitution wird. Sie schreiben, dass die Innenstadt bald nicht mehr nur für Autos eine No-Go-Area ist.« Er lacht und findet das maßlos übertrieben. »Riga ist einfach wie Amsterdam, mit allem, was dazugehört. Und die Briten sind auf Sauftour, für Sex sind sie viel zu betrunken.«

Eine Stunde später ist Pēteris unterwegs zum Büro der Soros Foundation. Er ist der stellvertretende Geschäftsführer der berühmten Stiftung des US-amerikanischen Investmentbankers George Soros in Lettland, die Demokratisierungs- und Reformprozesse im ehemaligen Ostblock unterstützt. Das Büro der Stiftung befindet sich in einem der schicken Jugendstilgebäude, die in der um 1900 entstandenen Neustadt ganze Straßenzüge säumen.

Es klingt schon toll, in einem so herrschaftlich verzierten Eckgebäude zu arbeiten. Michail Eisenstein, der Vater des Cineasten Sergej Eisenstein, hat es entworfen. Aber der Schein trügt, weiß Pēteris. Die belgische Botschaft nimmt den Hauptteil des Hauses in Beschlag. Die Soros Foundation teilt sich nur eine bescheidene Etage mit ein paar von ihr subventionierten Nichtregierungsorganisationen. Er selbst muss sich mit einem kleinen, kargen Raum begnügen.

Im Zimmer neben ihm arbeitet eine Politologin von Providus, einer NGO, die über die politischen Entscheidungsprozesse im Land wacht. Sie tauschen kurz Neuigkeiten aus. Heiße Eisen wie Fremdenfeindlichkeit und Korruption werden auf der Soros-Etage täglich besprochen. Und auch die heftigen Reaktionen, die ihre Arbeit bei den Politikern hervorruft. Das ist kein Wunder, so stellen sie fest, in einem Land, in dem nahezu alle Politiker für einen Spottpreis Immobilien in Riga erstehen konnten. »Die Mächtigen denken und handeln noch genau wie zu Sowjetzeiten«, seufzt die Politologin, die selbst eine lettische Russin ist. »Wenngleich eher konservativ-christliche Werte hinzugekommen sind. Zum Beispiel, wenn der Präsident erklärt, Homosexualität sei mit den ›richtig lettischen Werten‹ unvereinbar.«

Wie praktisch, dass Pēteris seine Moskauer Diplomarbeit über das »Posttraumatische Stresssyndrom« geschrieben hat. Als Koordinator der Soros-Aktivitäten stößt er auf so manches unverarbeitete Trauma. »Das kommunistische System ist noch nicht verarbeitet, da muss man sich schon mit dem nächsten rumschlagen«, spottet er. »Die Europäische Union und Soros haben viel für Demokratie und Rechtsstaatlichkeit getan. Als etwas Positives wird das hier jedoch nicht wahrgenommen. Das rächt sich.«

Er spielt auf die Hasskampagne gegen die NGOs, die Soros Foundation und sogar gegen George Soros persönlich an, die in den letzten Jahren von einflussreichen Politikern geführt worden ist. Soros soll mit seinen »Tentakeln« von Amerika aus »antilettische Netzwerke« aufgebaut haben. »Leider ist man hier für solche Verschwörungstheorien, auch für solche mit antisemitischem Unterton, empfänglich«, sagt seine Kollegin. Das Gute an der Sache ist, so sehen es beide, dass Lettland genügend Medien hat, die diese »Tentakeltheorie« in der Luft zerrissen haben.

Auf Pēteris' Schreibtisch liegt ein Exemplar des *Insider*. Daria konnte immerhin einen kritischen Artikel über einen der reichsten Initiatoren der Hasskampagne gegen Soros platzieren – einen korrupten Bürgermeister und Ölbaron. Ausgerechnet Daria hatte sich, fällt ihm ein, kürzlich beim Ligo-Fest für den lettischen

Staatspräsidenten eingesetzt. Der Präsident wird verdächtigt, in seiner Zeit als Arzt Schmiergelder von seinen Patienten angenommen zu haben. Auch darüber haben die Zeitungen groß berichtet. Seine Frau hatte als Entschuldigung angeführt, die lettischen Ärzte verdienten so wenig, dass sie ihre Honorare nun mal aufbessern müssten.

Leider ist solches Verhalten üblich geworden, denkt Pēteris ein bisschen zynisch. »Das geht so nicht, und das werden wir ihnen, von dieser bescheidenen Etage aus, ständig um die Ohren hauen.« Auf der anderen Seite, dies ist nicht Russland. Er hält es seinen skeptischen Freunden, wie Peter, dem Kanadier, oft genug vor: »Leute, es geht in die richtige Richtung. In Lettland wird es wirklich keine Diktatur mehr geben.«

Haus Kunterbunt

JŪRMALA, MITTE DEZEMBER – Als Anna und Marija Viņķelis aus der Schule nach Hause kommen und das Gartentor öffnen, werden sie von einem wilden, ausgelassenen, großen Hund angesprungen. Marija rennt weg. Sie ist verrückt nach den Tieren, die sie im Fernsehen sieht, und will später beim Tierschutz arbeiten, aber vor ihrem eigenen Hund hat sie Angst bekommen. Anna gibt sich gleichgültig. Das ist nicht der Welpe, den sie sich im Juni aussuchen durften, das Kuscheltier, das sie »Lacis«, Bär, getauft haben. Ein Bär ist der Hund jetzt, ein halbes Jahr später, tatsächlich fast geworden. Ein noch recht ungebändigter Bär, denn niemand hat Zeit gefunden, ihm Manieren beizubringen. Lacis springt wild auf und heult vor Freude: endlich Menschen! Ein lettischer Wachhund hat's nicht leicht.

Michael, der Älteste, ist schon aus der Schule zurück und macht seinen Schwestern die schwere Tür auf. Seine Eltern kommen erst irgendwann am Abend von der Arbeit. Es ist schon dunkel, aber das neue Haus ist hell erleuchtet. Die Fußbodenheizung sorgt für fast tropische Temperaturen. Die Fenster bleiben geschlossen. Familie Viņķelis-Kulagina ist auf ganz andere Kälte vorbereitet als auf dieses schmuddelige Wetter, das jetzt schon seit Wochen andauert. Die ganze Landschaft wirkt tagsüber grau-grün, vom Waldrand bis zum Ufer des flachen, breiten Flusses Lielupe. Die Dunkelheit wird von einer permanent flimmernden Weihnachtsbeleuchtung an einem Nachbarhaus durchbrochen. Möwen kreischen, das Meer ist nicht weit.

Während die kleine Marija das Haus auf der Suche nach Schokolade durchstreift und Anna Brot toastet, zündet Michael oben eine Kerze mit Grapefruitduft an. Die Wände seines Zimmers sind mit Beatles-Postern beklebt. An seinem Schreibtisch hat der Fünfzehnjährige einen handgeschriebenen Zettel aufgehängt: »*I can, I will, Positive!*« Daneben ist eine leuchtende Sonne gezeichnet. Michael ist ein Idealist. Dass er schon Lebenserfahrungen auf drei Kontinenten gesammelt hat, hat einen jungen Philosophen aus ihm gemacht. Unter seinen glatten, langen Haaren stellt er sich viele Fragen. »Warum gibt es so viele verschiedene Staaten?«, fragt er sich zum Beispiel. Er findet das nicht gut. »Ich bin auch gegen Leute, die behaupten, man müsse ein guter Patriot sein. Das treibt die Völker auseinander, weil dann jeder sein Volk für besser als das andere hält.«

So zu denken hat er nicht in seiner lettischsprachigen Schule gelernt. »Ich habe einen sehr guten Geschichtslehrer, der uns viel über den Zweiten Weltkrieg und so erzählt. Aber er ist ein bisschen nationalistisch. Er sagt zwar, dass nicht alle Russen schlecht waren, dass sie aber schon die Bösen sind, so wie früher die Deutschen. Die Letten hingegen sind die Guten. Er ist ein bisschen xenophob, glaube ich, schon ein ziemlicher Patriot. Aber er versucht immerhin meistens, neutralen Unterricht zu machen.«

Michael kennt Wörter wie »xenophob« und recherchiert gern »politische und historische Dinge« im Internet. »Ich denke, dass die meisten Letten vergessen haben, welche Rolle sie im Zweiten Weltkrieg gespielt haben«, fährt er fort. »Sie waren Opfer, aber auch Täter. Was hätte ich selbst in der Situation getan, frage ich mich manchmal.«

Mit dieser »Vergesslichkeit« spielt Michael darauf an, dass eine ganze Reihe ethnischer Letten die Nazis noch immer als »die Guten« ansehen, zumindest gut für Lettland. Hitler war gekommen, um die Letten von den Sowjettruppen zu befreien. In der Europäischen Union sagt man das besser nicht laut, das wissen sie. Aber jedes Jahr am Legionärstag wird diese Haltung offensichtlich. Dann marschieren die Veteranen der lettischen SS zusammen mit Tausenden jungen Leuten, um ihrer toten Kameraden zu gedenken.

Dieselbe »Vergesslichkeit« herrscht auch für die Zeit des Kalten Krieges, weiß Michael, weil seine Eltern oft darüber sprechen. Das dünn besiedelte Land hätte heute keine politische Führung mehr, wenn alle Verräter und geheimen Mitarbeiter des KGB entlassen würden. Man hält die Akten über diese Zeit lieber verschlossen, sofern sie nicht rechtzeitig nach Russland geschafft worden sind.

Michael gibt zu, dass aber auch er jedes Jahr wieder gerührt ist, wenn er das Feuerwerk zum Gedenken an die Errichtung der ersten Lettischen Republik 1920 sieht. Dennoch fühlt er sich nicht unbedingt als Lette, auch nicht als Amerikaner oder Australier. Nicht einmal als Russe, trotz seiner geliebten russischen Großeltern. »Ich bin mit der Politik von *Mister* Putin nicht glücklich«, erläutert er. »Und Moskau finde ich eine unangenehme Stadt.

Letztes Jahr war ich mit meinen Eltern und meinem Bruder in Amsterdam. Da hab ich mich zu Hause gefühlt. In den kleinen, alten Häuschen habe ich Riga und die europäische Kultur wiedererkannt.« Dort will er später mal studieren, sagt er.

Daria kehrt erschöpft, aber zufrieden aus der Redaktion des *Insider* zurück. Sie hat bis weit in die Nacht an einem Artikel geschrieben. Erst als wirklich alle Kinder schliefen, hatte sie die Ruhe dazu gefunden. Sie huscht noch eben in den Laden um die Ecke, um bei der ständig mürrischen Verkäuferin Toastbrot und Wasser zu besorgen. Ihr eigenes Leitungswasser ist eine schwefelhaltige, manchmal braune, stinkende Brühe. Endlich zu Hause, möchte sie sich gerne um alle vier Kinder kümmern, in Ruhe kochen, gemütlich mit ihrer Freundin Lisa plaudern und den Haushalt machen. Aber wie soll sie das alles jetzt noch schaffen? Zum Kochen ist es sowieso zu spät.

Krišjānis wurde von Pēteris' Schwester Māra nach Hause gebracht. Māra springt beinahe täglich ein, um Darias Viererbande von Pontius nach Pilatus zu bringen – vor allem jetzt, da Daria wegen eines blöden Missgeschicks für ein halbes Jahr den Führerschein los ist. Die Schwägerin hilft, das scheint selbstverständlich. Aber Daria begreift nur zu gut, wie besonders das ist. Denn Marija ist kein Heimchen am Herd, sie ist Verwaltungsratsvorsitzende der Lettischen Nationalbank. Da hat man genug um die Ohren, auch wenn Māra ihr Aufgabengebiet gerade etwas reduziert, um mehr Zeit für sich selbst zu haben. Und für ihre Enkel und die vier Kinder von Daria, auf die sie ganz wild ist.

Und doch. »Es ist typisch für Lettland, und übrigens nicht weniger typisch für Russland, dass von Frauen erwartet wird, neben ihrer Arbeit noch für die Kinder zu sorgen.« Daria drückt sich wie eine echte Diplomatentochter aus. »Nach dem nordeuropäischen

Lebensmodell sind Mann und Frau gleich. Es wird bloß erwartet, dass die Person, die weniger Geld verdient, den Haushalt übernimmt. Und weil es der lettische Mann nicht aushält, wenn seine Frau mehr verdient als er, sind die Rollen klar verteilt.« Māra ist eine Ausnahme, sagt sie. Nicht als Frau in hoher Position, sondern als eine, die gleichzeitig eine friedliche Ehe aufrechterhalten kann. »Sie respektiert ihren Mann. Außerhalb der Bank, in der er ebenfalls arbeitet, ist er derjenige, der alles bestimmen darf – zumindest lässt sie es so aussehen.«

Daria hat nach Lettland eine Menge relevanter Berufserfahrung mitgebracht. In Australien fand sie direkt die Stelle ihres Lebens, als Pēteris noch in Moskau und Michael gerade »in die Welt geplumpst« war. »Das australische Radio hatte für jede Immigrantengruppe ein eigenes Programm. Es gab Sendungen in 62 verschiedenen Sprachen. Ich konnte als Journalistin beim russischen Programm anfangen. Fantastisch war es da. Es liefen alte Antikommunisten herum, jüdische Emigranten aus Russland, die erst kurz in Australien lebten, und eine Menge anderer Typen. Hier mussten sie miteinander arbeiten. Selbst das Russisch, das sie sprachen, stammte aus verschiedenen Zeiten.«

1992 ging sie zurück nach Moskau, um ihr Studium zu beenden. »In meiner Diplomarbeit habe ich dargelegt, wie das neue Russland multikulturelle Medien gestalten könnte. Schließlich gibt es in meinem Vaterland jede Menge ethnische Minderheiten, und in Sowjetzeiten hatten sie kein richtiges Sprachrohr. Die Examenskommission ist vor Überraschung fast vom Stuhl gefallen. Aber sie hatten Interesse an meinen Erfahrungen.«

Nichts schien einer glänzenden Karriere in Moskau oder Sydney im Weg zu stehen. Für kurze Zeit arbeitete sie in beiden Städten, erzählt sie. »Dann beschloss Pēteris, nach Lettland zurückzugehen, und ich ging mit.« Ähnliches passierte, als sie 1998 nach

Washington, D.C., zogen. Pēteris fing in der lettischen Botschaft an, und sie gab ihre wunderbare Stelle als investigative Journalistin im Auslandsressort in Riga auf. Fünf Jahre später wollte Pēteris zurück nach Lettland. »Er hatte sich entschieden, in die Politik zu gehen.« Daraufhin beschloss sie, inzwischen Mutter von drei Kindern, selbst Regie in der Soap zu führen, die ihr Leben bis jetzt war: Sie blieb in den USA.

»In Washington wohnten wir in einem *shabby* Apartment, denn Lettland hatte kaum Geld für die ganzen neuen Diplomaten. Aber das Leben dort war schön und spannend, und die Kinder gingen auf gute Schulen. Außerdem verdiente ich viel Geld, mehr als Pēteris.« Gerade hatte sie sich auf den aufkommenden Online-Journalismus spezialisiert. »Lettland dagegen wäre wieder ein Schritt ins Ungewisse gewesen.«

Das Leben als alleinstehende Mutter in Amerika war jedoch kein Vergnügen. »Pēteris arbeitete in Lettland ohne Honorar. Ich musste in Washington in ein anderes, noch billigeres Apartment umziehen, habe ein Vermögen für Babysitter ausgegeben und mich kaputt gearbeitet. Nachts im Bett habe ich ausgerechnet, wie viel Geld ich noch zum Essen hatte. Damals dachte ich oft, wäre ich doch besser in Australien geblieben. Da hatte ich ein glückliches Leben mit Freizeit und Freunden.«

Nach einem Jahr lenkte sie ein. »Ich war vollkommen fertig. Mittlerweile hatte Pēteris in Lettland einen guten Job als Berater des Premiers bekommen, und ich kam mit den Kindern nach. Dann kam Krišjānis auf die Welt, und so froh ich auch darüber war, mein Handlungsspielraum wurde noch kleiner.« Nachdem der Premier abgetreten war, fing Pēteris bei der Soros Foundation an. Daria fand einen Job bei *The Insider* in Riga. Sie stieg sogar als Freelancerin vorübergehend zur Chefredakteurin des Hefts auf – ihr Bild im Editorial selbstverständlich mit Photoshop auf lettischblond getrimmt, damit die nationale Ausstrahlung stimmte. Aber die Arbeit war neben der Familie nicht zu schaffen, auch nicht, nachdem sie einen Schritt zurück gemacht hatte, um unter einem anderen Chefredakteur zu arbeiten. Pēteris hat sie diesen erzwungenen Knick in ihrer neuen Laufbahn nie vorgeworfen. Anderen die Schuld zuweisen für die eigene Ohnmacht ist nicht ihre Art. Eher argumentiert sie, ganz pragmatisch: »Wie bekommt man in Lettland einen Babysitter? Fast alle jungen Frauen sind in England oder Irland. Wer geblieben ist, ist unbezahlbar oder zu nichts zu gebrauchen.«

Gerade heute hat sie sich endlich getraut, die logischen Konsequenzen aus der unhaltbaren Situation zu ziehen. Sie hat ihren Chefredakteur um zwei freie Tage gebeten, wohlwissend, dass sie sie nicht bekommen würde. Aber sie brauchte diese Tage dringend. Am Schluss hat sie ihren Chef angeschnauzt: »Dann ist heute mein letzter Tag beim *Insider*.« Nun ist ein Schlussstrich gezogen – und deshalb ist sie heute erschöpft, aber ganz zufrieden aus der Redaktion nach Hause zurückgekehrt.

Sie öffnet eine Dose süße Kondensmilch und fängt an, sie auszulöffeln. »Russische Angewohnheit.« Sie hofft, sagt sie, dass Pēteris vor Mitternacht nach Hause zurückkehrt. Dann kann sie ihm berichten, dass sie nun kurz davorsteht, ihren Traum zu verwirklichen. In den letzten Monaten hat sie ihre Freizeit in das Experiment gesteckt, aus dem das Kulturcafé entstehen soll. Das Mädchen, das sie für zwei Tage die Woche dort eingestellt hat, ist heute plötzlich krank geworden – deshalb brauchte sie die Urlaubstage. Jetzt aber ist sie ganz frei!

Hoffentlich wird Pēteris ihre Entscheidung akzeptieren. Als er seine Frau zuletzt hinter der Caféthéke stehen sah, hat er sich schon ein bisschen erschreckt. Vielleicht ist es doch besser, ihn nicht sofort damit zu überrumpeln, überlegt sie. Er ist ganz von seinem eigenen Traum in Beschlag genommen, für den er kürzlich die Soros Foundation verlassen hat.

Pēteris kommt nach Hause, schlägt dem aufgeregten Lacis gegenüber einen autoritären Ton an, der sich prompt mit eingezogenem Schwanz verdrückt, sieht zu, dass er nicht über das Spielzeug im Wohnzimmer stolpert, und streckt sich auf dem Sofa aus. Die Wahlkampfdebatte im Fernsehen fängt an. Nach wenigen Minuten beginnt er schallend zu lachen. Immer wieder greift er zum Handy, um sich mit alten Bekannten und neuen Kollegen aus der Beraterbranche über das Spektakel im Fernsehen zu amüsieren.

Pēteris hat seinen Job bei Soros gegen die Arbeit als selbstständiger Politikberater eingetauscht. Heute habe er überhaupt nichts getan, sagt er, und davon werde man erst richtig müde. »Meine Kollegen und ich werden von unseren Kunden dafür bezahlt, Meinungen zu politischen Themen für sie zu formulieren. Aber die Politik, wie ich sie jetzt im Fernsehen sehe, ist eine einzige Show.«

Er habe eine neue Herausforderung gesucht, sagt er. »Die Soros Foundation schränkte ihre Arbeit in Lettland schon ein, als ich dort vor drei, vier Jahren anfing. Schließlich gibt es schlimmere Länder als Lettland.« Finanziell hätte es auch besser sein können. »Ich muss meine Familie ernähren und die Hypothek für das Haus bezahlen. Aber ich berate Soros weiterhin, das ist Ehrensache.«

Pēteris' Kunden sind Unternehmen und Institute. »Ich berate sie in *good citizenship*: Umweltgesetzgebung, Ausbildung, Aufbau eines Lobbyistennetzwerks – in Lettland, aber zum Beispiel auch in Brüssel. Ich hoffe, wieder mehr zu reisen.« Im Grunde verfolgt er die Sendung mit gemischten Gefühlen. »Wenn der Bankier da neuer Premier wird, bin ich fein raus, denn seine Bank ist ein großer Kunde von mir. Aber für unser Land wäre das eine Katastrophe.«

Das Bookmark Café

JŪRMALA, AM NÄCHSTEN MORGEN – Daria hat ungewohnt viel Zeit. Erst um zwölf Uhr muss sie das Café öffnen. Sie streift durchs leere Haus. Womit soll sie anfangen? Mit dem Spielzeug, der Wäsche? Noch eben eine Tasse Kaffee, diesen ruhigen Morgen muss sie genießen. Nur Krišjānis ist zu Hause, der Kleine sieht fern. Jetzt, da er das Reich mit seiner Mutter alleine hat, muss er nicht ständig um ihre Aufmerksamkeit kämpfen.

Und natürlich ist Lacis da. Der Hund ist überglücklich, denn er darf mit Frauchen Gassi gehen. Doch das ist nicht so einfach, muss Daria feststellen. Der Hund tobt um sie herum und wickelt die beiden ständig in die Leine. Etwas entfernt sieht sie den missbilligenden Blick ihres Nachbarn, der seine zwei riesigen Hunde ordentlich im Griff hat. Der Nachbar ist Däne und lebt mit seiner lettischen Frau in einer Villa mit Innenpool. Daria hatte bei ihm schon mal Gutwetter gemacht, in der Hoffnung, dass er die Kinder zum Planschen einladen würde. Als er dann von sich aus erzählt hat, sie hätten das Schwimmbad nur zum Waschen der Hunde, war sie froh, ihn nicht direkt gefragt zu haben.

Daria geht kurz bei Gina vorbei, die mit ihrer Familie im kleinsten Haus der Straße wohnt. In der Nachbarschaft leben Russen, Letten und andere Nationalitäten bunt gemischt, und Daria hat immer gemeint, Gina sei Russin, weil sie mit der Familie und mit Daria Russisch spricht. Als ihr Gina jetzt erzählt, dass sie gar keine Russin ist, wird Daria klar, wie wenig sie sich kennen. Ginas Mutter ist Lettin, und ihr Vater stammt aus Weißrussland. Aber bei ihr zu Hause wurde Russisch gesprochen, erst nach der Unabhängigkeit hat sie Lettisch gelernt.

Eine Stunde später sitzt Daria in einem vollen Minibus auf dem Weg nach Majori, dem Zentrum von Jūrmala. Der Bus fährt an dem sehr teuren Kindergarten vorbei, in dem sie Krišjānis abliefert. Er fährt weiter durch das Viertel mit billigen Plattenbauwohnungen, die es auch im idyllischen Jūrmala gibt. Dann biegt er auf die Autostraße ab, die entlang des Flusses Lielupe angelegt wurde, und tuckert an schick hergerichteten Holzvillen vorbei. Dazwischen sieht man immer wieder welche, die schon stark verfallen sind. Nahe der Fußgängerzone steigt Daria aus. Sie will Servietten und Obst für das Café kaufen – für *ihr* Bookmark Café.

Sie hatte ihn schon lange im Auge, den Saal mit drei Glaswänden an der Straßenseite des Stadtmuseums von Jūrmala. Bis auf eine einzige Vernissage wurde der modern gestaltete Raum bis vor Kurzem nicht genutzt. Die helle Holzbar wartete geradezu auf sich aufstützende Arme, lässig abgestellte, volle Gläser und schön präsentierte Schalen mit Obst und Süßigkeiten, meinte Daria. Das Museum vermietete ihr den Raum gern. Sie fand einen britischen Geschäftspartner und schließlich Personal, selbst konnte sie ja zunächst nur freitags und samstags dort arbeiten. Damit startete das Experiment im letzten Herbst.

Doch sie hätte es besser wissen müssen: Die Mädchen hinter der Theke hatten keine Ahnung von Atmosphäre und Kundenbindung. Der Partner ging zurück nach England. Aber jetzt hat sie Nägel mit Köpfen gemacht: Ab sofort übernimmt sie selbst das Bookmark Café!

Durch Jūrmalas Einkaufsmeile Jomasstraße mit den teuren Restaurants und billigen Getränkeläden schlurfen nur ein paar alte Frauen, klein und rund und eingepackt wie russische Matrjoschkas. Ob es wirklich Russinnen oder doch Lettinnen sind, kann Daria nicht erkennen. Die Frauen sehen sich nicht an, als sie aneinander vorbeigehen. Sie sind arm, ärmer als im Kommunismus, und sie haben kaum einen Grund, strahlend und offen in die Welt zu schauen, denkt Daria. Es ist Dezember. Im Sommer tauchen mehr Tagestouristen aus Riga auf. Sie kommen zu den Popkonzerten im Freilichttheater oder zum Feiern. Das ist nicht ihre Klientel, weiß Daria: nicht so gut gebildet und zu laut.

Was ist ihr Jūrmala doch für eine merkwürdige Mischung von Menschen, zum Großteil sind es Russen. Die, die hier wohnen oder Urlaub machen, in ihren Villen und Datschen zwischen Waldstreifen und Meer, sind wohlhabend. Die, die nur zu einem Ausflug hierherkommen, gehören zu den Benachteiligten. Die ganze Mittelklasse fehlt, begreift Daria erschrocken, und damit die Kunden für ihr Café. Ihre potenziellen Cafégäste, die Poesie- und Diskussionsabende besuchen sollen, muss sie irgendwie aus Riga rekrutieren. Oder unter den Touristen aus Westeuropa und Amerika. Die Zeit wird für sie arbeiten, da ist sie sicher: Irgendwann wird das hier ein trendiger Touristenort.

Auch das Stadtmuseum von Jūrmala ist nicht mehr als ein Versprechen. Daria genießt den Anblick der stolzen weißen Front mit dem vielen Glas. Dahinter glänzt ihr Café. An der Außenwand wird gerade ein langes Stoffbanner entfernt, das eine Ausstellung mit Arbeiten von Benno Tālivalds ankündigt. Innen wird umgebaut, deshalb gibt es gerade keine ständige Ausstellung, weder die historische über den Ort noch die über lettische Kunst. Immerhin ist im Tiefgeschoss die Ausstellung über das Leben unter Wasser geöffnet, aber die ist so sehr abgedunkelt, dass man die Hand vor Augen nicht sieht. Und die Ausstellung historischer Bademoden kommt erst wieder im Sommer, weiß sie. Die Badeanzüge aus Lettlands fröhlichen, freien Zwanzigern und die, die während der Zeit der Deportation in Sibirien hergestellt wurden, haben den Kommunismus überdauert. Anders als viele ihrer Träger, die das Regime nicht überlebt haben. Im letzten Sommer war diese Ausstellung die größte Attraktion des Museums. Jetzt muss der

Besucher sich mit dem oberen kleinen Saal zufriedengeben. In ihm hängen Fotos und Amateurgemälde, die sportliche Ertüchtigung zu Sowjetzeiten zeigen. Die Bilder der rhythmischen Sportgymnastik mit ihren Bänder wirbelnden und Keulen werfenden Mädchen sind für Daria pure Nostalgie.

Da die Museumsbesucher fehlen, ist auch ihr Café leer. Eigentlich wollte sie von den Museumsgästen profitieren. Wie es aussieht, muss sie jedoch eher mit ihren Cafégästen das Museum zum Leben erwecken. Immerhin sitzt jede Menge Museumspersonal da, die meisten Lettinnen aus der Mittelklasse, die gerne ins Café kommen, dort Besprechungen abhalten oder einfach nur ein bisschen herumtrödeln.

Hinter dem Schaufenster ordnet Daria einladend die vielen Bücher und Zeitschriften. Kunstmagazine und Reiseführer wie der *Lonely Planet* von Istanbul und Prag liegen neben beklemmenden lettischen Deportationsbiografien und internationalen Kuriosa, wie einem Buch über die Beziehungen zwischen Riga und Amsterdam im Wandel der Zeit. Das meiste stammt aus ihrem persönlichen Regal. Das Ausleihen und Verkaufen von Büchern will sie zu einem besonderen Service des Cafés ausbauen – und irgendwo muss sie ja anfangen. Sie dimmt das Licht, legt melodiöse Musik auf und geht in die kleine Küche, um Salat zu machen. Als sie zurückkommt, steht Benno Tālivalds im leeren Café. Der alte Grafiker kam im letzten Monat sehr häufig vorbei. Er ist stolz auf seine Ausstellung *Modern Gothic*, die leider schon zu Ende ist. Seine superrealistisch gemalten Tiere, die die Ostsee verschmutzen und sich in das World Trade Center bohren, nennt er »eine Warnung an die Menschheit«. Tālivalds ist froh, wenn er »seine Freundin« hinter der Theke antrifft, denn mit ihr kann er wenigstens über Kunst und Politik reden, sagt er.

Daria in ihrem Bookmark Café

Daria weiß, dass der Grafiker einsam ist. Er ist 1998 aus Chicago in sein Geburtsland zurückgekommen, zusammen mit seiner großen Liebe, die ursprünglich ebenfalls aus Riga kam und inzwischen gestorben ist. Er ist Daria sofort aufgefallen, weil er im Café mit jedem zu plaudern anfängt. Das macht ein lettischer Lette nicht, im Gegensatz zu einem amerikanischen Letten. Genau wie sie trägt er Jeans und spricht besser Englisch als Lettisch. Bei ihr kann er sich über die Letten und über die Russen beklagen, über den Krieg, die Emigration und über das Leben in Jūrmala. »In den Vereinigten Staaten hab ich mich nie mit Nationalitäten beschäftigt«, sagt er. »In einem Einwanderungsland ist das kein Thema. Hier ertappe ich mich dabei, dass es mich stört, wenn ich Russisch höre. Wahrscheinlich, weil ich in jedem Russen einen Kommunisten und Besatzer vermute. Ich kann hier keine russischen Freunde haben. Ich kann es nicht.«

Daria, die verständnisvoll zugehört hat, wird unruhig. Soll sie ihm sagen, dass sie selbst Russin ist? Es ist nicht ihre Art, Menschen in Verlegenheit zu bringen. Heute ist aber *ihr* Tag, der Tag der großen Veränderungen. »Ich bin Moskauerin, aber …«, hebt sie an. Tālivalds schaut, als habe er es nicht gehört, und redet weiter. Etwas später versucht sie es noch einmal: »Ich komme aus Russland, aber ich finde auch, dass …« »Oooooooh«, reagiert der Grafiker überrascht. Ihre Worte sind angekommen. »Du bist Russin? Dann muss ich mich entschuldigen. Oh, wie peinlich. Ich meine natürlich nicht *alle* Russen.« »Nein, nein«, sagt Daria, »ich verstehe Sie sehr gut. Als Moskauerin empfinde ich die Russen hier auch als sehr grob.« Und sie setzt nach: »Ich finde Letten sehr höflich, es sind Menschen mit Geschmack. Wenn ich einer Gruppe Russen begegne, ertappe ich mich auch dabei, dass ich Vorurteile habe.«

Jetzt ist Tālivalds derjenige, der einlenkt. »Ich bin ja selbst auch kein reiner Lette«, bekennt er. »Meine Mutter war eine Deutsch-

Baltin.« Zum ersten Mal fragt er nun nach ihrer Herkunft. Sie erzählt, wo ihre Kinder geboren wurden: »Eins in Amerika, eins in Australien und zwei in Riga. Mein Ältester, Michael, ist russisch-orthodox getauft«, fährt sie fort. »Das haben wir meiner Mutter zuliebe so gemacht. Das zweite ist katholisch getauft, das wollten die Eltern meines Mannes. Das dritte ist evangelisch, denn so macht man das in Amerika, nicht wahr? Den vierten wollten wir zuerst gar nicht taufen lassen. Ich habe meine Freundin Lisa, eine Italienerin, die auch aus Amerika kommt, gefragt, ob sie Krišjānis' Patentante werden wollte, und sie meinte, dann müsse er aber katholisch werden.«

Was für eine Soap, denkt Daria wieder. Was ist eigentlich mein Anteil an der Geschichte? »Ich selbst wurde, als ich elf war, heimlich nachts von meiner Großmutter zu Hause abgeholt«, erzählt sie munter weiter. »Das war 1982, noch zu Breschnew-Zeiten. Sie brachte mich in eine finstere kleine Kirche, die extra geöffnet werden musste. Und in dieser leeren, orthodoxen Kirche bin ich in der Nacht getauft worden. Als Kind fand ich das spannend.«

Drei Mitarbeiterinnen des Museums kommen auf eine Tasse Tee vorbei. Daria bereitet Tee und Kekse vor, legt Edith Piaf auf und denkt über ihre Worte von eben nach. Was sie über die Russen gesagt hat, meinte sie ernst. Früher hat sie sogar ihren Eltern erzählt, sie würde jetzt verstehen, warum die Letten die Russen hassten. Aber ist sie nicht ins andere Extrem gefallen?

Sie schaut sich die drei lettischen Frauen beim Tee an. Hatte sie eben gesagt, Letten hätten Geschmack? Vielleicht gab es sie vor zehn Jahren tatsächlich, die stilvoll gekleideten Lettinnen. Eine der Museumsdamen hat viel zu rote Haare, die andere viel zu weiße, während die dritte ein zu enges und zu kurzes rosa T-Shirt trägt, unter dem sich ein ordentlicher Bauch wölbt. Sie sind alle über vierzig und zu dick. Andererseits, was gibt ihr, Daria, das

76

Recht, so über Frauen zu urteilen, die aufrichtig glauben, sich nach der Mode der Zeit sexy zu kleiden?

Das Telefon klingelt. Ihre ehemalige Kollegin Jelena vom *Insider* möchte aus Riga ins Bookmark Café kommen, hat aber keine Ahnung, wie sie es finden kann. Das macht Daria klar, dass sie mehr Werbung für ihr Café machen muss. Jelena ist eine junge Russin, ehrgeizig und selbstsicher. Sie schwärmt immer von der »russischen Seele«, die so viel größer, besser und wärmer als die Lettische sei. Einerseits brüstet sie sich damit, dass sie perfekt Lettisch spricht, findet andererseits aber, dass man von ihrer fünfzigjährigen Mutter nicht verlangen kann, die Sprache des Landes, in dem sie lebt, noch zu lernen.

Ein Bündel voller Widersprüche, diese Jelena. Erst zieht sie über die »lettische Denunziantenmentalität« her, im nächsten Moment spricht sie begeistert vom Leben hier, das so relaxed sei, und erklärt, dass viele russische Offiziere, die in ihr Land zurückgekehrt sind, ihre Heimkehr zutiefst bereuen. Jelena hat einen lettischen Vater, den sie nie kennengelernt hat. Nicht verarbeitete Trauer? Das fragt sich Daria unwillkürlich.

Eines ist für Daria sicher: Sie möchte nie mehr in Russland leben, nicht einmal mehr in Moskau, »russische Seele« hin oder her. Auch wenn Pēteris ab und zu sagt, er könne es sich ganz gut vorstellen, wieder in der Stadt seiner Studienzeit zu leben.

Durch die Glastür zwischen dem Café und dem Museumsschalter dringt Lärm. Zwei Mitarbeiter sind im angeregten Gespräch. Was sollen sie sonst auch tun. Lieber hört Daria dem Geräusch des Besens auf der Straße vor dem Café zu. Dieses ewige rhythmische Fegen, *schuff, schuff*. Das Geräusch begleitet ihre neue Arbeit beinahe ständig. Aber sie hört es nur, wenn sie darauf achtet, wie jetzt. Die vorbeirasenden Autos auf der Autostraße entlang der

Lielupe, einen Steinwurf vom Museum entfernt, übertönen alles. Aber jetzt hört sie es, das *Schuff, Schuff* des sinnlosen Fegens einzelner später Blätter. Alle fegen hier ständig oder wischen, fahren Auto, lärmen herum. Zusammen mit dem Meer und den Möwen sind das die Geräusche von Jūrmala. So vertraut ist das alles und so schön, eigentlich.

Noch ein vertrautes Geräusch: Lisa stürzt herein. Lisa, mit ihrem ansteckenden gurrenden Lachen und italienisch-amerikanischen Flair. »Wie hübsch du hier alles gemacht hast!« Daria erzählt Lisa von Jelenas Worten, die ihr gerade durch den Kopf gegangen sind: dass man Jelenas fünfzig Jahre alter Mutter nicht zumuten könne, jetzt noch Lettisch zu lernen. Lisa, die sich die Sprache einfach so angeeignet hat, reagiert heftig:»Ich frage die Letten, die sich über die russischen Landsleute beschweren, immer: Sprichst du denn Lettisch mit ihnen? Oder wechselst du automatisch ins Russische? Die meisten tun das nämlich.« Selbst hat Lisa »jeden« gezwungen, mit ihr Lettisch statt Englisch zu sprechen, sagt sie. Sie kann es nicht fassen, dass Menschen fünfzig Jahre in einem Land leben, ohne die Sprache zu beherrschen. »Mein Vater in Amerika spricht kein Wort Italienisch«, sagt sie. »Wirklich, ich habe ihn noch nie etwas auf Italienisch sagen hören. Seine Eltern hatten einen einzigen Grundsatz: Mit unseren Kindern wird Englisch gesprochen.«

Würde sie doch so im Leben stehen wie Lisa, denkt Daria, als ihre Freundin gegangen ist. So energisch und selbstbewusst sein, so sicher, das Richtige zu tun. Und könnten sie doch mal wieder, wie früher, zusammen ordentlich einen draufmachen. Lisa schlägt ihr regelmäßig vor, ein Wochenende wegzufahren, shoppen in London oder so. Aber wie könnte sie das bezahlen und organisieren? Pēteris kann sie das nicht antun, und seine Familie springt schon viel zu oft ein. Und das ewige Schuldgefühl den

Kindern gegenüber … Lisa bereitet es kein Kopfzerbrechen, Juris und die drei Töchter mal sich selbst zu überlassen. Sie glaubt glühend an die Rechte der Frau. Inzwischen leidet ihre Freundschaft etwas. Sie telefonieren nicht einmal mehr täglich, wie noch vor ein paar Jahren. Was hatten sie damals gelacht, als sie sich im International Women's Club in Riga kennenlernten, zwei Außenseiterinnen, die entdeckten, dass sie sich sogar auf Spanisch verständigen konnten.

Pēteris und sie waren in den letzten Jahren sehr mit sich und ihrer Familie beschäftigt. Ihre beste Freundin, neben Lisa, wohnt in Moskau. Und sein bester Freund auch, ein russischer Jude, mit dem er bei der Armee war. Hier in Lettland haben sie keine russischen Freunde, aber auch keine »richtigen« lettischen. Pēteris sagt selbst, dass die Letten keine »socializers« sind, nicht sehr gesellig. Ihre wenigen engen Freunde sind Spanier oder Russen, oder so ausgefallene Verbindungen wie die zwischen einer Inderin und einem Chinesen. Aber diese Freunde wohnen überall, in den Vereinigten Staaten, in der Schweiz, in Moskau, nur nicht in Lettland.

Sobald Anna, ihre »stille Tochter«, das Café betreten hat, setzt sie sich zum Malen hin. Etwas später kommt Marija dazu – die Schule der beiden liegt in der Nähe. Und schließlich erscheint ihre Schwägerin Māra, um die Mädchen nach Hause zu fahren. Daria winkt ihnen von der Theke aus nach. Sie rechnet. Bisher hat sie heute zehn Lati, kaum fünfzehn Euro, eingenommen. Die Kinder zahlen natürlich nicht und Lisa auch nicht. Das Museumspersonal lässt alles anschreiben – zusätzlich zum ausgehandelten Rabatt –, und der Grafiker bekommt seinen Tee im Tausch gegen die Zeitschriften, die er immer mitbringt. Sie konnte eine kleine Startunterstützung an Land ziehen, aber ein Gehalt für sie als »Geschäftsführerin« und für eine feste Angestellte ist nicht vorgesehen.

Nun ja, der Anfang ist geschafft. Daria bestellt Getränke und Süßigkeiten nach und macht noch ein paar Termine mit dem Museum. Samstag findet im Bookmark Café der erste Poesieabend statt. Und sie wird dafür sorgen, dass die lokalen Medien ordentlich darüber berichten!

Im Land der Vertriebenen

Eine polnisch-niederländische Familie in Schlesien

Am Ufer des Flusses Bober im Südwesten Polens steht ein deutsches Fach-
werkhaus. Anders als die meisten Häuser in Janowice Wielkie ist es frisch
und originalgetreu renoviert. Auf der dazugehörenden Weide laufen Zie-
gen, Schafe und Pferde herum. Die Niederländerin Dieuwke und ihr polni-
scher Mann Mirek Brejwo leisten Pionierarbeit in Sachen »Urlaub auf dem
Bauernhof«. Das ist in Niederschlesien keine einfache Sache. Die Menschen
sind stur, die Bürokratie ist schwerfällig und die Unterstützung mager. Die
Bevölkerung des Gebiets wurde nach dem Krieg aus dem Osten hierhin um-
gesiedelt, damit sie die Plätze der vertriebenen Deutschen einnahmen. Der
Umgang mit den Nachbarn fordert von Dieuwke und Mirek viel Durchset-
zungsvermögen. Und das, während Dieuwke an einer chronischen Krankheit
leidet. Aber ihre hauptsächlich deutschen Gäste fühlen sich in der offenen
und entspannten Atmosphäre willkommen, die die Brejwos inmitten der
verschlossenen, manchmal feindseligen Gemeinschaft zu schaffen wissen:
»Für die Deutschen sind wir ein sicheres Fleckchen in Polen.«

JANOWICE WIELKIE, AN EINEM HERBSTABEND – Den drahtigen
Mirek Brejwo kostet es kein bisschen Anstrengung, rasend schnell
den Hügel heraufzusteigen. Der Endvierziger macht diese Übung
jeden Tag, um die Pferde zu versorgen und zu schauen, ob die
Ziegen sich nicht in ihren Ketten verfangen haben. Eine hatte

sich schon einmal beinahe erwürgt. Noch eine tote Ziege wäre für Dieuwke, Zita und Roma eine Katastrophe. Zu frisch ist die Erinnerung an das tote Tier, das sie bei ihrer Rückkehr aus den Niederlanden am Ufer des Bober fanden.

Die Tiere wärmen sich in der letzten Abendsonne. Das hohe Gras leuchtet in einem kräftigen Ocker auf. Auch Mirek genießt. Die Tannen im nahen Wald bilden einen schönen Kontrast zu dem Rot, Braun und Gelb des Laubes. Glücklicherweise kann Dieuwke das alles vom Haus aus sehen. Den Hügel kommt sie nicht mehr hinauf. Auch der kleine, wackelige Motorroller, den sie sich angeschafft hatte, packte das nicht. »Vor zwei Jahren sind wir noch zusammen hier hochgelaufen«, sagt Mirek. »Aber Dieuwke hat schon wieder eine neue Lösung ausgebrütet: einen Pferdekarren. Bald können wir hoffentlich wieder richtige Touren machen.«

Dann kann seine Frau diese unwahrscheinlich schöne Aussicht wieder genießen. Unter ihm plätschert der Bober, ihr Bauernhof liegt dicht dahinter, leuchtend weiß. »Der Weiße Biber« haben sie das Haus genannt, »Biały Bóbr«, nach dem polnischen Namen des Flüsschens. Eigentlich lustig, denn der ursprünglich deutsche Name »Bober« bedeutet überhaupt nicht »Biber«. Wir ändern einen einzigen Buchstaben und haben was Sinnvolles, müssen die Polen gedacht haben, als sie 1945 hierherkamen.

In der Ferne kann Mirek noch gerade die Spitze der Śnieżka sehen, der Schneekoppe. Sie ist die Krone des Riesengebirges, das die Grenze zu Tschechien bildet. »Da war ich schon in meiner Jugend, mit den Eltern«, sagt er. »Wir wohnten in einem Ferienkomplex für das Militär und dessen Familien. Aber ins Tal kam man nie. Erst 1999, als Dieuwke und ich mit meinen Eltern noch einmal in den Bergen waren, fuhren wir zum ersten Mal runter, in diese Richtung. Mein Vater hatte zufällig gerade eine Karte des Gebiets aus der Vorkriegszeit aufgetrieben. Diese offene, wellige

Landschaft, durch die wir fuhren: Ich dachte, was ist es hier still und schön! Dann sahen wir dieses Haus, ein verfallener kleiner Bauernhof, der nicht so teuer war. Zurück in Eindhoven, habe ich in größter Eile meinen alten polnischen Pass rausgekramt. Der war natürlich abgelaufen, ich war schon seit vielen Jahren Niederländer. Aber zu meiner Überraschung konnte ich mühelos zugleich wieder Pole werden, sonst hätten wir den Hof nicht kaufen können. Ausländer dürfen das nicht.«

Mirek Brejwo kommt aus Warschau. Wie die meisten Polen kannte er vom ehemals deutschen Niederschlesien, wo er jetzt wohnt, nur den äußeren Zipfel: das Riesengebirge, das von der kommunistischen Regierung für Touristen wieder erschlossen worden war. Das für seine liebliche Schönheit berühmte Hirschberger Tal am Fuß des Gebirges war ein weißer Fleck auf der Landkarte. »Das Tal sah einfach zu deutsch aus, heute weiß ich das. ›Polens ewiger Feind‹, nicht wahr? Die Polen tun zwar so, als ob sie hier die Ersten waren und die Deutschen später als ewige Eindringlinge kamen und die Atmosphäre vergifteten, aber so war es nicht.« Wenn irgendein Volk hier zuerst war, dann die Kelten oder die Vandalen.

In der polnischen Geschichtsschreibung der Nachkriegszeit wird das mittelalterliche Schlesien »polnisches Territorium« genannt, aber in Wirklichkeit stand das Gebiet während vieler Jahrhunderte unter ganz unterschiedlicher Herrschaft mit wechselnden Allianzen polnischer, deutscher und böhmischer Fürsten und hatte eine ethnisch gemischte Bevölkerung, sagt Mirek. Ab dem 16. Jahrhundert wurde das Gebiet nacheinander habsburgisch-österreichisch, preußisch und Teil des Deutschen Reiches. 1945 kam es zu Polen. »Wieder zurück zum Mutterland«, wie es hier heißt.

Noch immer wird das Hirschberger Tal mit all seinen habsburgischen und preußischen Schlössern in der Tourismuspolitik Polens totgeschwiegen, hat Mirek bemerkt. Auf einem Streifen von zehn Kilometern kennt er schon mindestens fünf dieser fürstlichen Residenzen entlang des Bober: Die einen sind schon piekfeine Hotels, die anderen nur provisorisch renovierte Burgen oder gar romantische Ruinen. Sie werden von Deutschen und Belgiern, Amerikanern und Polen zu neuem Leben erweckt. »Wer will schon kein Wochenendhaus mit Aussicht auf die Schneekoppe haben?«

Der Himmel färbt sich rot. Mirek kann nur noch die Umrisse der beiden Falkenberge erkennen. Hinter deren Kamm liegt das Hirschberger Tal in Finsternis. Vom Bober ist nur noch die Kurve zu sehen, wo der Mond das Wasser erhellt. Aber das Flüsschen ist gut zu hören: wie ein Bach, der über Steine rauscht.

Als das Pfeifen des Güterzugs Richtung Wrocław erklingt, scheint die romantische Märklin-Landschaft vollkommen. Aber die Idylle trügt, weiß Mirek. Und nicht nur wegen der steigenden Anzahl Güterzüge, die Granit und Erz aus dem Tal transportieren und dafür neue Autos zurückbringen. »Ich habe gesehen, wie sich die Landschaft in zehn Jahren verändert hat. Am Anfang konnten wir überall durch das hohe Gras streunen, zwischen den Wiesenblumen und Schmetterlingen. Jetzt bekommen die Kleinbauern Subventionen, um die Flächen zu mähen, die sie früher der Natur und ihrem Vieh überließen. Die Heuballen liegen manchmal ein Jahr lang auf dem Feld herum und verrotten. Milchviehhaltung lohnt sich für sie nicht mehr. Verkaufen dürfen sie ihren Grund auch nicht einfach so. Der Staat versucht, größere Landbau- und Viehzuchtzonen zu schaffen, um sich im Vergleich mit der Konkurrenz in Europa besser zu positionieren. Durch all das entstehen diese großen, kahlen Flächen in der Landschaft. Wir bekommen jetzt allerdings spottbilliges Heu für unser Vieh, das schon.«

Während er eine Ziege an einer neuen Stelle anpflockt, versucht Mirek die Logik hinter diesen Veränderungen herauszufinden. »Wahrscheinlich hat es sich vor dem Sturz des Kommunismus auch schon nicht gelohnt, ein paar Kühe zu haben. Schließlich musste man den Großteil der Milch zu festen, niedrigen Preisen abgeben. Aber wenigstens behielt man etwas für den eigenen Verbrauch und Verkauf. Und den Bauernhof betrieb man meistens neben der Arbeit. So ein kleiner Bauer war gleichzeitig Elektriker bei der Eisenbahn oder so.« Nach 1989 schlossen die Kooperationen, Milch kam billig aus dem Westen und der Hausverkauf brachte auch nichts mehr ein. »Trotzdem gibt es noch genug Janowicer, die mit ihren zwei Kühen voll beschäftigt sind. So, wie sie das immer gemacht haben. Die Tiere gehören einfach dazu.«

Er läuft auf das Licht zu, das vom Hof herüberscheint – ihr deutsches Fachwerkhaus. »Es sieht fast wieder so aus wie vor 1945, glaube ich. Aber bevor der Winter kommt, muss noch einiges passieren.« Das gilt auch für die marode Bober-Brücke unter seinen Füßen, mit ihren klaffenden Löchern. Aber für die Brücke ist Mirek wenigstens nicht verantwortlich.

Die Herbstsonne scheint. Dieuwke sägt, zimmert und bohrt wie wild an Raufen für die Ziegen und Schafe. Auch ohne ihren Stock behält sie zwischen Holz und Kabeln und Geräten das Gleichgewicht. Sie hat sich mit einem Buch beigebracht, Sachen für den Stall nach Maß zu schreinern. Gleich noch die Raufen für Booster und Nollie, das Pferd und das Pony, die sie aus den Niederlanden mitgebracht hat. Oder sie macht morgen weiter.

Dies ist Polen, ihr neues Leben. »In den Niederlanden haben wir neben unseren Berufen eigentlich nie Zeit für die Pferde gehabt«, sagt sie. »Sie standen auf einer Weide am Rand von Eindhoven, bei Geldrop. Und dann passierte so was, wie dass ein Anruf von der Polizei kam: Die Pferde laufen über die Autobahn, und wenn ihr sie nicht sofort einsperrt, gehen sie an den Schlachthof. Oder meine älteste Tochter Carmen rief vollkommen aufgelöst an. Da hatten die beiden es wieder mal durch die Umzäunung geschafft, das dicke kleine Pony Nollie vorneweg. Ein wenig später wurden sie in der Marmorhalle des Rathauses aufgegriffen, da gab es so gläserne Türen, die sich von alleine öffneten. Ein beherzter Verwaltungsbeamter hat Nollie eingefangen.«

Es ist gut, dass sie in Polen gelandet sind, meint Dieuwke. »In Eindhoven habe ich jeden Tag eine Stunde lang die Zäune repariert, ständig sind die Pferde weggelaufen, weil ihnen langweilig war.« Mirek erneuert gerade eine Stallwand. »Die Reparaturen hab ich gemacht, ja?«, ruft er. Dieuwke erwidert: »Stimmt überhaupt nicht! Erst als ich krank wurde, hast du das gemacht.«

Sie reden miteinander niederländisch. Mirek beherrscht die Sprache perfekt. »Jede Woche hatten wir mindestens eine Katastrophe«, seufzt er. »Ich denk nur an die Schweine, die ich mit dem Personenwagen von Nijmegen nach Geldrop transportieren musste.«

»Du hattest sie erst einen ganzen Tag lang in deiner makrobiotischen Bäckerei untergestellt. Das wird die Leute dort besonders gefreut haben.«

»Und die große Milchziege, auch hinten im Auto. Ich sehe noch die Blicke vor mir, in den entgegenkommenden Wagen auf der Autobahn, wenn die Leute diesen Ziegenkopf hinter der Scheibe sahen.« Sie wischen sich die Lachtränen aus den Augen. »Der Unterschied zu damals ist«, sagt Mirek, »dass wir jetzt für unsere wöchentliche Katastrophe Zeit haben.«

»Ja, Polen hat mir Ruhe verschafft«, fügt Dieuwke hinzu.

Na ja, Ruhe … »Mama, Tata, wisst ihr noch, die Überschwemmung letztes Jahr?« Tochter Zita, zehn Jahre alt, hat das Wort »Katastrophe« aufgeschnappt. »Tata« ist polnisch für »Papa«. Der Bauernhof stand unter Wasser – ausgerechnet im August war das, als sie das Haus voller Gäste hatten. Der liebliche Bober hatte sich von seiner schlechtesten Seite gezeigt, wie schon einmal, vor sieben Jahren, im Jahr 2000, als sie selbst noch nicht hier wohnten. Mirek hat vor, das Ufer bis zum nächsten Frühjahr ungefähr dreißig, vierzig Zentimeter aufzuschütten. Das sollte reichen.

»Man braucht hier gute Nachbarn«, sagt Dieuwke. Schon um der wöchentlichen Katastrophe zu begegnen – von ihren sozialen Bedürfnissen ganz zu schweigen. Aber es kann passieren, dass gerade ein Nachbar die Katastrophe verursacht. »Die paar Mal, die wir in den Niederlanden waren, versorgte der Nachbar unsere Ziegen. Als wir von so einer Reise zurückgekommen sind, hat er gesagt: ›Eine der Ziegen ist tot.‹ Mehr nicht. Zita hat später die Ziege gefunden, er hatte das Tier einfach so in den Bober geschmissen. Es sah fürchterlich aus, war ganz aufgedunsen, die Augen waren raus. Zita kommt damit immer noch nicht klar.«

Was vorgefallen ist, bleibt ein Rätsel, das macht es so unheimlich. »Rattengift? Eine Schlange? Oder einfach Nachlässigkeit?« Dieuwke wird kurz still. »Die Menschen hier können sehr hart sein. Manche sind fast ständig sturzbetrunken, und davon werden sie bösartig. Wir sind dann bequeme Sündenböcke. Wir sind die Neuankömmlinge, an denen sie ihre Unzufriedenheit auslassen können.«

Routiniert zersägt sie für die Raufe ein dickes, altes Dielenbrett. »Der Nachbar, der sich um die Ziege kümmern sollte, sollte auch aufpassen, falls es heftig frieren würde. Na ja, Pustekuchen. Alle Leitungen sind geplatzt, und als wir zurückkamen, taute es, es gab also riesige Leckagen … Immerhin, in Zukunft müssen wir uns über ihn nicht mehr ärgern, der Mann ist weg, zurück zu seiner Mutter. Seine Frau mit den fünf Kindern hat er sitzen gelassen. Sie arbeitet sich in der Fabrik kaputt, bei uns springt sie ein, wenn Gäste da sind, und dann hat sie noch ihre Familie und ihren Hof. Kein Wunder, dass der nicht schön renoviert ist. Und ihr Mann trinkt nur noch, jetzt, bei seiner Mutter. Weil er keinen Handschlag tut, braucht er auch keine Alimente zu zahlen.«

»Die Frauen sind nicht unbedingt knallhart geworden«, relativiert sie, »sie sind eher fatalistisch. Ein Mann liegt kotzend vor der Tür, und seine Mutter und seine Frau stehen daneben und lachen – das ist hier normal. Wer jung ist und einen Ausweg sieht, geht weg.« Aber es gibt Hoffnung. »Inzwischen kommt dafür ein anderer Menschenschlag wieder: junge, dynamische Polen und Nicht-Polen, die die großartigen Möglichkeiten dieser Gegend sehen.«

So wie der Tourismus im kleinen Stil, die »Ferien auf dem Bauernhof«. Mirek und Dieuwke haben eine Agroturystyka gegründet. Wer »boerderij« oder »Bauernhof« und »Polen« googelt, wird beinahe direkt auf ihre Website www.purepoland.eu geleitet. Dieuwke staunt noch immer, wie wenig Konkurrenz es offenbar gibt.

Sie hat ein Foto von zwei Heu wendenden Männern auf die Website gesetzt, einer mit dicker roter Nase, dazu auf Deutsch die Unterschrift: »*Hier, wo die Menschen mit der Natur leben und die Wärme nicht nur vom Lagerfeuer kommt …*« Über ihren Einfall mit der Wärme muss sie lachen. Ernst gemeint ist das schon, aber es bezieht sich nicht auf die beiden auf dem Foto. »Das sind unsere Nachbarn nach hinten raus, die sind zu nichts zu gebrauchen. Sie leben bei ihrem alten Vater. Die Eltern überleben ihre Kinder hier oft. Die sind im Gegensatz zu ihren Nachkommen immer sehr maßvoll gewesen.«

Bei »Wärme« denkt Dieuwke eher an ihren Krankenhausaufenthalt. »Da bekam ich schnell Kontakt zu anderen Frauen im

Zimmer. Echten Kontakt, nicht dieses oberflächliche, holländisch-herzliche »Hee, hallo!«, während sie dich einfach ignorieren, wenn es ihnen besser passt. Hier siezen sich alle, und es gibt sehr viele undurchsichtige Verhaltensregeln. Aber im Krankenhaus habe ich entdeckt, dass unter dieser dicken, undurchsichtigen Schicht von Verhaltensformen und -normen bei den Polen etwas sehr Schönes liegt. Etwas extrem Empfindsames. Meine Mitpatienten und ich haben miteinander so viel gelacht und so ernst geredet: über Kriege, Amerika, Deutschland, über Männer, über uns … Und immer fand sich jemand, der übersetzen konnte.«

Auch an ihre polnischen Ärzte denkt sie mit Wärme zurück. »Diese unterbezahlten jungen Ärzte haben sich unglaublich viel Mühe gegeben, um sich einen Überblick über mein kompliziertes Krankheitsbild zu verschaffen. Sie haben sich offen darüber ausgetauscht, mit den Fachbüchern in der Hand. Hier versucht man noch Therapiemöglichkeiten zu finden. In den Niederlanden tun sie nichts mehr.«

Gegen ihre mitochondriale Krankheit gibt es kein Medikament. Es handelt sich um eine Beeinträchtigung des Stoffwechsels, die ihre Muskeln angreift. Heilbar ist die Krankheit nicht, bestenfalls kann der Verlauf verzögert werden. Das haben ihr die Ärzte kürzlich bestätigt, und es war fast ein Trost: endlich Sicherheit. Denn ihr war schon vorher einigermaßen klar, wie es um sie steht. Sie hat sich schon viele Jahre mit ihrer Krankheit beschäftigt, hat in Internetforen, Büchern und medizinischen Einrichtungen recherchiert. Sie ist Mitte vierzig. »Manchmal spüre ich einfach, dass da was abgerissen wird, oben in meinem Gehirn. Dann arbeitet mein linkes Ohr plötzlich nicht mehr. Oder mein rechter Fuß ist gefühllos geworden, was im August noch nicht so war.« Im Moment kann sie keine dreißig Meter weit laufen. »Du bist dein Gehirn. Wenn da irgendwas falsch gesteuert wird, ist das ganz schön bedrohlich.

Dieuwke und Mirek Brejwo vor ihrem Fachwerkhaus in Janowice Wielkie

Ich versuche dann nicht zu viel darüber nachzudenken, auch was Positives zu sehen: Klasse, meine Nase funktioniert noch.«

Vor zwei Jahren, 2005, sind sie ganz auf ihren Bauernhof in Ja-nowice Wielkie gezogen, Mirek und Dieuwke, ihre beiden jüngs-ten Töchter, das Pferd und das Pony. »Das Landleben war unser Traum. Wir hatten regelmäßig in Spanien einen leer stehenden Hof gemietet. Da wollten wir uns niederlassen, aber ein anderer Käufer war schneller. Zum Glück, denn es war ein abgelegener Ort auf einem steilen Berg. Und ich bekam plötzlich Schwierig-keiten zu gehen, Probleme mit den Armen und die Augen fielen mir zu. Damals hatte ich diese Häkchen noch nicht entdeckt.« Weil manche ihrer Muskeln auch im Gesicht nicht richtig funk-tionieren, sind zwei kleine Bögen aus Eisen raffiniert hinter ihr Brillengestell montiert. Sie ziehen die Augenlider nach oben und halten so die Augen künstlich offen. »Polen ist ein riesiges Aben-teuer, aber wir hatten nichts zu verlieren. Im Gegenteil, dies ist in unserer Situation das bestmögliche Leben.«

Die Agroturystyka Pure Poland läuft langsam an – der Name Biały Bóbr, nach dem Haus, war dafür nicht so geeignet. »Wir ha-ben leider noch gastfreie Perioden«, sagt Dieuwke, »besonders au-ßerhalb der Saison, wie jetzt.« Wegen der ganzen Renovierungs-arbeiten passt das gerade ganz gut, finanziell ist es allerdings schwierig. Aber sie hat jede Menge Pläne, Geld zu verdienen. »Die moderne neue Generation hat immer mehr Interesse an unge-spritztem Gemüse, das geht bis nach Wrocław. Und für Ziegen-käse. Ich kann locker ein Kilo Käse pro Woche herstellen. Bares Geld, das einfach so aus den Ziegen strömt.«

Zugegeben, das ist auch Arbeit. Manchmal fast zu viel Arbeit, mit diesem unbeholfenen Körper. Sie manövriert sich mit ihrem Stock zwischen Brettern, Sandhaufen und Kabeln hindurch in den

Stall. Diesen alten Holzstall bauen sie zu einem neuen Winterquartier für die Tiere um. Oje. Was fabrizieren die angeheuerten Nachbarjungen denn da Schiefes? »Mirek!« Wo ist er denn? In gebrochenem Polnisch und mit Händen und Füßen legt sie sich schon mal kräftig ins Zeug. »Man bekommt hier nämlich keinen Respekt, wenn man freundlich ist. Ich muss mich unholländisch-autoritär geben, um etwas auszurichten, das war erst mal gewöhnungsbedürftig.«

Mirek kommt dazu. Mirek kommt immer. Er steht holländisch-unautoritär im Leben. So verhält er sich gegenüber den Nachbarjungen und gegenüber Dieuwke, die seine Hilfe oft genug braucht – wegen ihrer Krankheit und wegen der polnischen Sprache. Zwei Jahrzehnte in den Niederlanden haben Mireks Identität geprägt. Er hat dort gelernt, geduldig zu sein, viel auszuhalten. Aber auf der Nase lässt er sich nicht herumtanzen. Er weicht allerdings, in dieser Hinsicht ist er ganz Pole geblieben, Konfrontationen eher aus. Dieuwke dagegen geht sie gierig an. Wo Mirek etwas feststellt (»die Ziege ist tot«), weiß Dieuwke eine solche Situation sofort zu deuten (»Gift«, »Alkohol«). In dieser Hinsicht ist sie ganz Holländerin geblieben.

So war das nicht geplant, denkt Dieuwke, dass Mirek so viel Haushaltsarbeit erledigen muss. Es ist auch nicht befriedigend, den Mann als Krankenpfleger und Mädchen für alles einschalten zu müssen. Er hat eigentlich schon alle Hände voll zu tun mit den Umbauten.

Mirek geht einkaufen, Mirek hängt die Wäsche auf, Mirek rennt Roma hinterher, der jüngeren, fast vier Jahre alten Tochter, die mit ihrer Entwicklung etwas im Hintertreffen ist. Dieuwke fühlt sich manchmal wie eine Sklaventreiberin, die von ihrem Sessel aus Kommandos gibt. Und jetzt wird Mirek beim Geschirrspülen auch noch klatschnass. Die Gelegenheitsarbeiter aus dem

Dorf, die in ihrer Abwesenheit die Küche montiert haben, haben eine glänzende Marmorarbeitsplatte eingebaut, von der das ganze Wasser herunterläuft.

Aber Schwamm drüber. Mirek hat sich bereits mit Feuereifer auf die nächste Heimwerkerarbeit gestürzt. Er hat nämlich den Lehm wiederentdeckt, den soliden, altbekannten deutschen Lehm. Er knibbelt ihn zwischen den alten Holzbalken hervor, befeuchtet ihn und verwendet ihn noch einmal, zusammen mit neuem Ton, den man in der Umgebung nur zu sammeln braucht. Damit isoliert er jetzt den zukünftigen Salon, ein gemütlicher Raum für die Gäste soll das werden: »Warm und lärmgeschützt, da kann keine Glaswolle mithalten, und das kostet nichts.«

An der Außenmauer des Bauernhofs muss er erst den hässlichen Stahlbeton entfernen, den die Vorgänger zwischen und über die Balken gestopft hatten und der hoffnungslos abgebröckelt ist. »Beton, das ist typisch Nachkriegspolen. Häuser bauen, indem man Betonblöcke übereinanderstapelt, kostete viel weniger Zeit, als einen Bauernhof wie diesen aufzubauen. Auch jetzt bringt fast niemand das deutsche Fachwerk in den ursprünglichen Zustand zurück. ›Preußisches Fachwerk‹ heißt es hier geringschätzig. Aber langsam entsteht ein Bewusstsein für die Tradition, man schaut auf uns. Ein Nachbar ist schon vorbeigekommen, der dann recht sparsam feststellte: ›Das wird doch ganz schön.‹ Noch etwas Weiß an die Außenwand, und dann baue ich eine Veranda, auf der Dieuwke wunderbar aus ihrem Schaukelstuhl auf den Bober sehen kann.«

Ökobrot und holländischer Hering

JANOWICE WIELKIE, AM NÄCHSTEN MORGEN – Ein kleiner Dämpfer, keine wirkliche Katastrophe, sondern ein wiederkehrendes Übel kündigt sich an: Das Spülwasser läuft nicht ab. Mirek hantiert am Hausabfluss mit Eisendraht und Rohrreiniger. Aber jetzt muss er erst Chauffeur spielen, denn Dieuwke soll in der kleinen Arztpraxis von Janowice Wielkie gegen Grippe geimpft werden. Das Autofahren hat sie aufgeben müssen.

Das Dorf erstreckt sich entlang des Bober und über die umliegenden Hügel. Sie fahren an Ruinen von Bauernhöfen aus der Vorkriegszeit und an renovierten Höfen vorbei. Überall wohnen Menschen und überall blühen Herbstblumen in den Gärten. Bei einem heruntergekommenen Häuschen sind die ersten Spuren neuen Lebens zu sehen: Der riesige Stall hat ein neues Dach, der Garten ist zeitgemäß mit Pflanzengrüppchen und Holzschwellen gestaltet, im Sandkasten liegt Spielzeug, und das Grundstück ist von einem nagelneuen Holzzaun umschlossen.

Die neuen polnischen Besitzer sind zwar modern, aber gar nicht wohlhabend, sagt Mirek. »Sie haben bei null angefangen, sogar ohne Wasser und ohne Strom. Sie haben für rund zehntausend Euro eine Ruine gekauft und müssen extra Steuern zahlen, weil der Stall, in dem sie wohnen, als Gewerberaum gilt.« Aber sie scheinen es zu schaffen, zu Mireks und Dieuwkes Freude, denn es sind »Menschen wie wir«, Gleichgesinnte, die die Schönheit und den Wert der alten Höfe und der Gegend zu schätzen wissen. Sie passieren die stillgelegte Viehfutterfabrik, an deren Dach ebenfalls erste Renovierungsarbeiten zu erkennen sind. Mirek hat das Gerücht aufgeschnappt, dass die Fabrik in ein Hotel umgewandelt werden soll. Wer hätte das gedacht, scherzt er, ausgerechnet diese Fabrik, um die herum das ganze Dorf bis zur Wende seine Schwei-

94

ne hat wüten lassen, wie ihm erzählt wurde, damit sie sich auf Kosten des Staats heimlich vollfressen konnten.

Dieuwke ist in Janowice schon richtig zu Hause. Auf den ersten Blick ist die Arztpraxis ein leicht chaotisches Sammelbecken für alte, graue und scheue Patienten sowie ein überarbeitetes Ärztepaar. Auf den zweiten Blick, das weiß sie, gibt es sehr wohl Regeln, Ordnung und Freundlichkeit. Und tatsächlich: Sie bekommt von den alten Frauen Zeichen, wann, wo und wie sie etwas tun muss, und plötzlich kriegt sie die richtige Spritze, bar abgerechnet.

Würde nur alles im Dorf so flott gehen. »Janowice hätte schon längst an das Abwassersystem angeschlossen sein können«, sagt Dieuwke auf dem Rückweg. »Dafür ist Geld von der Europäischen Union da. Aber die alte Clique bestimmt noch alles und tut nichts.« Sie sehen sich die alten kleinen Weiblein an, die mit ihren Einkaufstaschen unterwegs sind, und die rumsitzenden älteren Männer. Noch immer sind sie in der Mehrheit, diese Älteren, die völlig dem Polenklischee entsprechen, wie Mirek erklärt. Eine ganze Generation, die gerade mal über vierzig oder fünfzig war, als der Sozialismus unterging, hat sich mit einer kleinen Rente hinter ein paar Kühen und Hühnern verschanzt, sagt er.

Aber die Häuser, das Dorf, die umliegenden Dörfer schreien geradezu nach Initiativen, meint Mirek. »Kürzlich haben diese Leute den alten Bürgermeister wiedergewählt, zum soundsovielten Mal. Er war in den achtziger Jahren von den Kommunisten auf den Posten gesetzt worden. Der letzte Bürgermeister, der abgewählt wurde, war jung und dynamisch. Er hatte mit Janowice lauter Pläne, interessante Projekte, für die europäische Subventionen bereitliegen.« Aber es gibt Hoffnung. »Die Differenz betrug nur fünfzig Stimmen. Die alte kommunistische Clique stirbt langsam aus.«

Irgendwann wird Mirek nicht mehr mit Eisendraht und Rohrreiniger hantieren müssen. Irgendwann werden die Gäste aus dem Hahn trinken können. Dann gibt es vielleicht eine Wasser- und Abwasserleitung statt Wassergrube und Klärbehälter.

Die Abendsonne spendet dem Gemüsegarten den Rest ihrer Herbstwärme. Dieuwke pflückt den letzten Rosenkohl und den letzten Strunk Mangold. Zita klaubt Raupen vom Kohl und ver- füttert sie an die Hühner, aber die gucken überheblich weg. Das Hündchen Cygan hopst um Zita herum und will auch nichts von den Würmern wissen. »Cygan bedeutet Zigeuner«, sagt sie. Und das ist gar nicht negativ gemeint, ihre kleine Schwester heißt schließlich Roma. »So haben wir ihn wegen seiner schwarzen Schnauze genannt.« Zitas eigenes Schnäuzchen zieht sich über die ganze Breite des Gesichts zu einem schelmischen Grinsen, ganz der Vater. Sie ist laut Herbstzeugnis eine ausgezeichnete Schülerin. Nicht nur im Rechnen, auch in Polnisch ist sie die Klas- senbeste – in polnischer Sprache, die ihr vor ein paar Jahren noch vollkommen fremd war. »Ich lerne die Sprache wie ein Baby«, er- klärt Zita, »einfach durch Sprechen.«

In der Schule musste sie von ihren Vorfahren erzählen. Das ist ein total spannender Vortrag geworden, findet sie, mit einem lan- gen Gedicht als Höhepunkt, das sie, mit ein bisschen Hilfe einer Tante, über ihren Urgroßvater Tjesse geschrieben hat:

»*Mój pradziadek*
Mój pradziadek we Frizii się urodził,
i tam po łąkach chodził.
Do Amsterdamu się przeniósł
tam szczęśliwie dorósł.«
(...)

»*Mein Urgroßvater*
Mein Urgroßvater ist in Friesland geboren,

da lief er über die Weiden.
Nach Amsterdam ist er gezogen,
Und da ist er glücklich groß geworden.«
(…)

Im Haus ist es mollig warm, obwohl der Ofen nicht einmal an ist und die Temperaturen draußen kaum über dem Gefrierpunkt liegen. »Die dicken Mauern halten im Sommer die Wärme draußen und im Winter die Wärme drinnen«, erläutert Zita ein bisschen altklug. »Unsere Zita ist hier ganz zu Hause«, sagt Mirek. »Sie hat schon eine *Gang* von Nachbarskindern um sich geschart.« Er sieht seine Tochter schalkhaft an. »Die Kinder unserer Gäste holt sie auch dazu, und dann kommandiert sie den ganzen Haufen herum. Zita, der Oberst, das schaue ich mir gerne an.«

Zita lacht und Dieuwke tut, als sei sie beunruhigt. Mirek beschwichtigt: »Nein, nein, auch wenn mein Vater Oberst in der polnischen Armee war, ich kann mit der Armee echt nichts anfangen.« Aber ein bisschen stichelt er doch: »Das weißt du ganz genau, Dieuwke, meine kleine Bäuerin!« Zita muss noch lauter lachen und Roma lacht mit, während Mirek eine gespielte Ohrfeige seiner Frau kassiert. Aber recht hat er, das gibt sie zu: »Du hast dich schon als Student makrobiotisch ernährt, damit wärst du in der Armee nicht weit gekommen. Und ich wollte schon mit drei Bäuerin werden.«

Dieuwke durfte von Hause aus viel, ihr Elternhaus war sehr liberal. Bäuerin werden, das durfte sie allerdings nicht. Ihr Mädchenname Rodenburg ist noch heute in Friesland nicht unbekannt, aber vor allem ihr Vorname »Dieuwke« ruft das friesische Bauernleben ins Gedächtnis, das Urgroßvater Tjesse gegen die große Stadt eingetauscht hat. Vom Landleben hatte sich die Familie längst weit entfernt: »Mein Vater war Strahlungsexperte bei

Philips, und meine Mutter arbeitete im sozialen und kulturellen Bereich an Krankenhäusern und Schulen. Offene, weit gereiste Menschen sind sie, inzwischen pensioniert und seitdem leider getrennt.«

Sich selbst beschreibt sie als Pläneschmiedin, immer voller Träume und manchmal einen Tick überaktiv und exaltiert. Sie wurde Spanischlehrerin. Dann arbeitete sie noch beim Flüchtlingswerk, bei einem Frauenhaus, bei einem Transportdienst für Senioren. Danach bekam sie das Angebot, in Geldrop in der Nähe ihrer Geburtsstadt Eindhoven einen Kinderbauernhof zu leiten.

»Ich habe daraus einen Therapiehof gemacht, so was gab es damals noch gar nicht. Alle haben mich wegen des Unternehmensplans ausgelacht: ein Kinderbauernhof, auf den geistig Behinderte, Drogenabhängige im Entzug und ehemalige Kriminelle dürfen. Inzwischen gibt es solche Therapiehöfe in allen Formen und Größen. Aber nicht für alle diese Gruppen gleichzeitig. Das geht einfach nicht, das hab ich dann auch gemerkt.«

Nach vier Jahren Schufterei für den Therapiehof ging sie auf dem Zahnfleisch. Inzwischen war Zita da, hatte Dieuwke zwei späte Fehlgeburten gehabt, und ihr Körper fing auch sonst an, gegen sie zu arbeiten. Zum Glück war schon seit vielen Jahren Mirek an ihrer Seite. »Mirek war das ruhige Element in meinem Leben«, sagt Dieuwke.

»Na ja«, sagt Mirek. »Ich habe in den Niederlanden ganz einfach zwanzig Jahre lang Brot gebacken. Zuerst Anfang der achtziger Jahre in Amsterdam, in der berühmten Ökobäckerei Manna. Das war wirklich schöne Arbeit. Meine Kollegen kamen aus allen Ländern der Welt, um bei Manna Erfahrungen im alternativen Brotbacken zu sammeln. Mein bester Freund war ein Brasilianer. Aber Manna war zu idealistisch und ging pleite.«

Als Mirek noch Forstwirtschaftsstudent in Polen war, hielt er sich »ganz schön fanatisch« an die Lehren der Makrobiotik, sagt er: »Ich habe jahrelang vegetarisch und noch strenger gegessen, das kann ich mir jetzt nicht mehr vorstellen. Kein Fleisch, kaum etwas aus Milch und Käse – und das in Polen. Ich musste ein Praktikum im Wald machen. Während meine Kommilitonen in der Mittagspause in die Mensa gingen, um Makkaroni mit Gulasch zu vertilgen, habe ich monatelang meine eigenen Häppchen hergestellt.«

Zwanzig Jahre später, nach dem Bankrott von Manna, musste Mirek täglich hundert Kilometer zu einer Bio-Brotfabrik bei Arnheim fahren. »Dort in der Fabrik habe ich mitbekommen, wie kommerziell die Ökobranche geworden war und wie viel Betrug dabei war.« Sein kulinarischer Fanatismus war außerdem schon vorher durch die holländischen Sinnesfreuden gebremst worden: »Frischer, grüner Hering mit Zwiebelchen, herrlich!« Nichtsdestotrotz: »Gutes Brot, gutes Gemüse und nicht allzu viel Fleisch und Cola, damit kann man schon sehr angenehm leben.«

Um sich in Polen ein Leben, wie sie es sich wünschten, aufzubauen, mussten Dieuwke und Mirek einen Weg voller Fallstricke nehmen. Ihr Versuch, den »Weißen Biber« als Bio-Therapiehof anerkennen zu lassen, ist an der polnischen Bürokratie gescheitert. »Es gibt Geld von der EU für die Kleinbauern«, sagt Mirek, »wenn sie zu ihrer Landwirtschaft noch etwas Touristisches oder Soziales machen. Aber kein Bauer kann das Geld beantragen, das ist viel zu kompliziert. Und es gibt keine Beamten, die ihm helfen.« »Wir haben es aber trotzdem geschafft«, ergänzt Dieuwke. »Einen ganzen Aktenordner mit Dokumenten haben wir nach Wrocław geschickt. Als wir nach einem Jahr oder so mal nachgefragt haben, was aus unserem Antrag geworden ist, sagte der Beamte, unsere

Dokumente seien inzwischen veraltet. Sie hatten unsere Akte die ganze Zeit im Schrank liegen gelassen.«

Mirek und Dieuwke haben sich nicht unterkriegen lassen, sie erneuerten ihre Anfrage. »Dieses Mal fingen sie ziemlich schnell an zu nörgeln über irgendeinen Dachrinnenbalken, den wir nicht haben durften«, seufzt Dieuwke, »und den wir auch nicht haben. Beweisen Sie das, sagten die. Wie soll man denn etwas beweisen, was nicht da ist?«

Der Antrag wurde also abgelehnt. »Geld kriegt man eigentlich nur, wenn man die richtigen Leute kennt«, sagt Dieuwke entschieden. »Es ist so schade. Wir haben wunderbare Pläne eingereicht: Die Bewohner der psychiatrischen Anstalt da hinten am Bober und die der Rehabilitationsklinik auf dem Hügel hätten auf unserem Biohof helfen können, sie hätten Kontakt zur Natur und den Tieren gehabt. Janowice hätte dann eine schöne Aktivität auf dem Therapiesektor dazubekommen, und wir hätten von ständigen Gästen profitiert. Sollen wir es nicht ein drittes Mal probieren, Mirek?«

Ihr Mann zuckt mit den Schultern. Er ärgert sich fürchterlich über die Vetternwirtschaft, gegen die er hier ständig anrennt. Umso mehr, wenn sie mit einer gewissen Fremdenfeindlichkeit einhergeht. Den dicksten Hund erlebten sie übrigens nicht bei einer polnischen Organisation, sondern ausgerechnet bei einer niederländischen: einem Verein, der von Amsterdam aus nachhaltigen Tourismus u.a. in Polen fördert.

»Weißt du noch, wir hätten uns von dieser holländischen Organisation auf unseren agrotouristischen Gehalt ›testen‹ lassen können«, sagt Mirek. »Das hätte viel Geld gekostet, so viel, dass kaum ein Bauer von hier das aufbringen kann.« Andererseits war es eine verlockende Perspektive, für Pure Poland einen Qualitätsnachweis von diesem europäisch operierenden Agrotourismus-Netzwerk zu kaufen, mit all seinen angeschlossenen kleinen Betrieben und subventionierten Stiftungen. »Wir haben uns dann doch dagegen entschieden.«

»Es war unglaublich, nicht?«, setzt Dieuwke ein. »Die Leiterin der Unterabteilung Polen von diesem niederländischen Verein kam mir tatsächlich feindselig. Sie fing an, dass das dann wohl das erste Mal wäre, dass ein nicht polnischer Betrieb zugelassen werden würde. Es lief so nach dem Motto: ›Was denken Sie, wer Sie sind?‹ Und sie blaffte mich an: ›Hier bestimme ich!‹ Ich habe noch geantwortet, dass mein Mann rein zufällig Pole sei. Blöd von mir, was tut das denn zur Sache.«

Sie vermutet, dass diese polnische Leiterin einfach Angst vor Konkurrenz hatte, und erst recht vor »ausländischer«. Sie hat nämlich selbst einen Bauernhof in der Nähe, der das eigene Ökosiegel natürlich trägt, hat Dieuwke entdeckt. »Wir sind da mal gucken gegangen. Kein Tier lief da rum, nicht mal ein Huhn. Diese ›Bäuerin‹ mit ihren lackierten Nägeln hat sich ihr Leben lang noch nicht die Hände dreckig gemacht, das schwöre ich. Kein Strohhalm lag da auf dem Grundstück. Das war ein stinknormales Hotel.«

Am absurdesten findet sie, dass der Hauptgeschäftsführer der Organisation, ein Amsterdamer, so tut, als wisse er von nichts. »Wir kennen ihn«, sagt Dieuwke. »Er sagt, dass er zur Führung seiner Polen-Abteilung nichts zu sagen habe. Tja, er hat hier selbst Immobilien: auf den Namen von Polen, die für ihn arbeiten.«

Was bleibt, ist, dass Pure Poland *agroturystyka* heißen darf. Das ist kein geschützter Begriff, in manchen Dörfern gibt es bestimmt zwanzig Höfe mit diesem Label. »Wenn man sich *agroturystyka* nennt und ein paar Zimmer an Touristen vermietet, braucht man keine Einkommensteuer zu zahlen«, sagt Dieuwke. »Wovon auch? Ein kahles Huhn kann man nicht rupfen. Unsere ganzen Einkünfte der letzten Saison sind in das neue Heizsystem geflossen.«

Mirek ist mit den Gedanken schon woanders. Er klimpert jetzt auf der Gitarre eine melancholische slawische Melodie.

Die Totenäcker

JANOWICE WIELKIE, EINEN TAG SPÄTER – Die Nachbarn gehen vorbei, dieselben, die auf dem Foto das Heu wenden und die bei ihrem alten Vater wohnen. Die Brejwos haben die zwei noch nie so sonntäglich gekleidet gesehen. Sie sind sogar rasiert. Es ist Allerheiligen.

Zita übt sich im Fierljeppen, Pultstockspringen, über einen imaginären friesischen Wassergraben. Heute, am 1. November, hat sie schulfrei, es ist im katholischen Polen ein Feiertag. Warum eigentlich?, fragt sich die Atheistin Dieuwke. Zita erklärt es ihr: »Allerheiligen ist der Tag für die Toten, die im Himmel sind. Und morgen ist Allerseelen, der Tag für die Menschen, die in den Himmel wollen.«

Allerheiligen findet Zita schon schön. Gleich gehen alle zum Friedhof, Kerzen für die Toten anzünden. »Aber ich bete nicht«, sagt sie. »Ich bin nicht katholisch geworden, nicht mal ein bisschen. Ich glaube nur an mein eigenes Gehirn.« Ihr Vater Mirek ist streng katholisch aufgewachsen. Zita zeigt gerne das Foto herum, auf dem Miroslaw Krzysztof Brejwo, geboren 1959, ganz offiziell und von Kopf bis Fuß in Weiß gehüllt, zur Erstkommunion geht. Besonders wegen seiner weißen Kniestrümpfe lacht sie sich schlapp. Mirek war damals genauso alt wie sie jetzt.

»Auch hier gibt es eine Trennung von Staat und Kirche«, sagt Dieuwke. »Zita wird also auf der Schule nicht benachteiligt, weil sie nicht in die Kirche geht. Aber sie fällt natürlich aus dem Rah-

Zita spielt vor dem Haus der Familie

men.« »Weißt du, Dieuwke, dass der Pfarrer von Janowice einer von denen ist, die noch echte Strafpredigten halten?«, sagt Mirek. »Wenn er fertig ist, ziehen die Dorfomas noch mehr über andere her, Hölle und Verderben für diesen und jenen.« Aber heute sind die Omas von Janowice Wielkie mild gestimmt. Sie werden von ihren sonntäglich ausstaffierten Söhnen besucht, die vielleicht sogar nüchtern sind.

Zita hat in letzter Zeit Angst vor Hexen. Sie traut sich kaum im Dunkeln nach draußen, und sogar der düstere Flur mit dem Klo jagt ihr Angst ein. Aber sie reißt sich zusammen: Heute ist der unheimliche Friedhof schließlich in ein Meer aus roten und gelben Kerzen getaucht. Kurz darauf stehen die Brejwos inmitten der Lichter. Zwischen den Gräbern ist so viel los, dass Dieuwkes Rollstuhl und Romas Kinderwagen Stau und Überholprobleme auf den Sandwegen verursachen. Der Verkehr auf dem Friedhof würde ein ganzes Stück besser fließen, wenn nicht jeder nur mit seinen eigenen Vorfahren beschäftigt wäre. Wenn man, denkt Dieuwke dieses eine Mal nicht laut, auch die Lebenden, die vorbei möchten, mit einem Blick würdigen würde.

Diese Woche hat Zita mit ihrer Klasse Blumen auf cirka zwanzig besondere Gräber gelegt. »Das sind die Gräber, die noch aus der Zeit der Deutschen übrig geblieben sind«, erzählt sie zu Hause. Es gab mal viel mehr, aber die meisten wurden geräumt, weil der Friedhof zu klein wurde. Das war sehr nett von der Lehrerin, fand Zita, mit ihnen zu den toten Deutschen zu gehen. Denn die liegen da einsam und allein gelassen.

Ab und zu fährt Dieuwke mit ihrer Familie zum Einkaufen nach Jelenia Góra, in die nächstgelegene Stadt. Jelenia Góra bedeutet wörtlich »Hirschberg«. Bis 1945 war das der Name des Städtchens, das ja in Deutschland lag, weit von der damaligen polnischen Grenze entfernt. Manchmal machen Dieuwke und Zita auch in der am höchsten gelegenen Einkaufsstraße von Jelenia Góra, der Straße des 1. Mai, Besorgungen. Sie wurde kürzlich zu einer Fußgängerzone umgewandelt, wie man sie in ganz Europa findet. Die Shopping-Atmosphäre kollidiert mit dem Anblick der riesigen alten Kirche, die auf halber Strecke am Rand dieser Straße steht. Durch eine dicke Friedhofsmauer mit Grabkammern darin ist die Kirche vom Abgrund getrennt. Und in diesen Grabstätten ruhen die reichen Deutschen der letzten Jahrhunderte.

Die Deutschen in den vergitterten Nischen in Jelenia Góra bekommen zu Allerheiligen keine Blumen. Die meisten dieser Gräber sind leer; sie sind geschändet, geplündert, die Ornamente wurden abgeschlagen und die Inschriften zerstört.

Einzelne Knochen sind heute durch die Gitter nicht mehr zu sehen, wie noch vor ein paar Jahren. Aber ab und zu brennen hier noch Kerzen: wenn die Gruftis oder Gothics feiern kommen. Oder andere Jugendliche. »Punk is not dead«, hat jemand auf einen Grabstein geschmiert. Jene eingesackten Gräber, die nicht durch Gitter geschützt werden, sind voller Getränkeflaschen, Chipstüten, Unrat. Und auf die Grabplatten, die in den Mauern zwischen den Kammern stehen, wurden allerlei magisch anmutende Zeichen gemalt – aber auch Judensterne und Hakenkreuze.

Auf dem anderen Friedhof, dem von Janowice Wielkie, kann Mirek die Nachkriegsgrabsteine gut lesen. Das sind selbstverständlich zumeist polnische Gräber. Mirek kann manchmal an den Namen erkennen, wo der Tote herkam. Ziemlich viele Namen klingen nach den Ostgebieten, die Polen 1945 an Stalin abtreten musste. Die armen polnischen Bauern aus dem verlorenen Osten wurden zwangsweise in dieses neue, ehemals deutsche Randgebiet des Landes umgesiedelt, das Polen zur Kompensation hatte annehmen müssen. Die Eliten aus dem polnischen Osten hatten

Nazi-Deutschland und die Sowjetunion schon vorher beseitigen lassen, weiß Mirek.

Von manchen Namen auf dem Friedhof von Janowice vermutet Mirek, dass sie polonisierte Formen litauischer oder ukrainischer Namen sind. Der kleine Rest ethnischer Minderheiten, der den Krieg überlebt hatte und nicht jenseits der Landesgrenzen deportiert wurde, wurde ebenfalls nach Niederschlesien und in andere ehemals deutsche Gebiete am Rande Polens zwangsumgesiedelt. So konnte das »wahre« Polen ethnisch rein gehalten werden. Seitdem haben viele dieser Ukrainer, Weißrussen oder Litauer ihre Herkunft verschwiegen, aus Selbstschutz und weil sie vorwärtskommen wollten. So schien das Nachkriegspolen noch monoethnischer, als es schon war.

Diese Namensänderungen sind aber nicht erst ein Phänomen der Zeit nach dem Zweiten Weltkrieg. »Mein eigener Name Brejwo ist zum Beispiel kein typisch polnischer Name«, stellt Mirek fest. »Eher litauisch, meine Vorfahren werden wohl Brevius oder so geheißen haben. Sie haben ihren Namen polonisiert, als die Region Vilnius nach dem Ersten Weltkrieg Teil des wiederaufgebauten polnischen Staates wurde.«

Aber es gab auch den umgekehrten Fall. »Mein Vater wurde 1930 in Vilnius geboren, der heutigen Hauptstadt von Litauen. Damals hieß die Stadt noch Wilno, auf Deutsch Wilna, und lag in Polen. Er erzählte mir, dass 1939, als die Deutschen Polen überrollten und Wilna den Litauern übergaben oder zurückgaben – wie man es sehen will –, viele polnische Einwohner der Stadt litauische Formen ihrer Namen entwickelt haben. Hitler wollte die slawischen Völker schließlich einen Kopf kürzer machen«, sagt Mirek und macht eine Gebärde, als wollte er sich die Kehle durchschneiden. »Da war es besser, als Balte zu gelten.«

Durch die ganzen Grenzverschiebungen war es sowieso nicht

besonders klar, wer in Mitteleuropa nun genau was war, findet Mirek. »Das Wilna von vor dem Krieg war zum Beispiel ein Schmelztiegel von Völkern. Mein Vater hat mir erzählt, dass er als Junge häufig kleine Fische fangen ging, die er zu einem der jüdischen Händler brachte. Von dem Geld konnte er ab und zu ins Kino. Die Juden und die Polen bildeten in Wilna die größten Bevölkerungsgruppen, und sonst wohnten dort Litauer, Deutsche, Weißrussen und viele andere, und natürlich hatten sich diese Volksgruppen bunt gemischt.«

Nach 1945 war genau das nicht mehr erwünscht. Die Alliierten haben die Zwangsumsiedlung von Millionen Deutschen und Polen, Ukrainern und Litauern sowie vielen anderen auf dem Gewissen. Der neue polnische Staat zögerte nicht, sich daran zu beteiligen. Polen wurde ethnisch so homogen, dass sich heute die Menschen in Mireks Dorf und in der Umgebung kaum an die »Fremden« gewöhnen können, die das Hirschberger Tal wiederentdecken. Dazu gehören auch Dieuwke und er selbst, der zwar ein Pole ist, aber merklich nicht »von hier«.

Die Traumata der Volksumsiedlungen nach dem Krieg, die mit allen Arten von Gewalt und Erniedrigungen einhergingen, leben bis heute weiter. Das merkten Mirek und Dieuwke neulich auf einem Fest in Nemoland, dem niederländischen Zentrum für freie Wanderer und Idealisten, das etwas weiter westlich, an der polnischen Seite des Isergebirges, liegt. Dort trat eine Gesangsgruppe aus Amsterdam auf, die für diese Gelegenheit slawische Lieder einstudiert hatte. »Sie sangen auch ein paar ukrainische Lieder, erinnerst du dich noch daran, Dieuwke?«, sagt Mirek. »Und etliche der Polen waren plötzlich sehr gerührt. Sie fingen an mitzusingen, und einer nach dem anderen rief, dass er eine ukrainische Oma habe oder sogar zwei. Das war ein fantastisches Erlebnis. Hier wurde ein riesiges Tabu durchbrochen.«

Kein Einwohner von Janowice Wielkie oder einem anderen Dorf in Niederschlesien durfte im kommunistischen Polen laut sagen, dass er, seine Eltern oder seine Großeltern nicht freiwillig in dieses Gebiet gekommen waren. »Jetzt ist es zu spät«, sagt Mirek. »Die meisten, die das betrifft, sind schon tot. Und die Enkelkinder sind nicht interessiert. Ich werde hier bestimmt keinen Litauenverein gründen.« Außerdem wurde sein Vater nicht hierhin vertrieben, fügt er hinzu. Der Oberst durfte in Warschau wohnen.

Als Student der Forstwirtschaft wollte Mirek Brejwo etwas von der Welt sehen. »Ende der siebziger Jahre bin ich ein paarmal in die Niederlande gereist. Das war vielleicht ein Theater, mit den Visa, aber es klappte, weil meine Schwester da wohnte. Sie ist mit einem Niederländer verheiratet, den sie um 1975 während eines Ferienjobs in Schweden kennengelernt hatte. Dadurch konnte sie mich offiziell einladen. Und beim letzten Mal bin ich einfach in Holland geblieben. Ich hatte einen Aushilfsjob als Tofuhersteller ergattert. Für die Aufenthaltsgenehmigung bin ich mit einer Bekannten eine Scheinehe eingegangen. Nach drei Jahren konnte ich die niederländische Staatsangehörigkeit annehmen, und wir haben uns scheiden lassen.«

Er war bestimmt nicht auf der Flucht, betont Mirek. »Ich musste nicht wirklich dringend aus Polen weg. Aber Ende 1981, als ich gerade wieder für ein paar Monate in den Niederlanden war, hat General Jaruzelski in Polen das Kriegsrecht verhängt. So wollte er den Widerstand der Gewerkschaft Solidarność brechen. Die Hochschulen wurden geschlossen. Wäre ich damals zurückgegangen, hätte ich in den Kriegsdienst gemusst. Anders als mein Vater habe ich, wie gesagt, mit der Armee nichts am Hut. Mein jüngerer Bruder übrigens auch nicht. Er war bei der Solidarność aktiv und musste sich ein paar Jahre lang verstecken – aus Polen konnte er nicht mehr raus.«

Mireks Vater wurde, kaum fünfzig Jahre alt, in Frühpension geschickt. Diese ganzen familiären Verstrickungen mit den feindlichen Niederlanden wurden bei der militärischen Führung nicht gerne gesehen, und dann war da noch der rebellierende Sohn in Warschau. Sein Vater hatte die Wahl seiner Kinder gelassen ertragen, sagt Mirek, und das wurde zu seinem Verhängnis. »Mein Vater glaubte an den Kommunismus. Er kommt aus einer bettelarmen Familie, ein paar Kinder starben jung. Die Volksarmee war für sozial Benachteiligte wie ihn die beste Möglichkeit aufzusteigen.«

Vater Brejwo absolvierte im letzten Kriegsjahr irgendwo tief in der Sowjetunion eine Militärakademie, weitgehend isoliert musste er so immerhin nicht an die Front. »Als Polen waren sie da unter sich gewesen, von den Russen abgeschirmt und mehr oder weniger eingesperrt, hat er mir erzählt.« Als er nach Wilna zurückkehrte, war das inzwischen Vilnius geworden, die Hauptstadt der Litauischen Sozialistischen Sowjetrepublik. »Er konnte seine Familie nicht mehr finden, die war von den Russen Richtung Westen vertrieben worden. Irgendwo in einem Dorf bei Krakau holte er sie ein. Er sah, wie eine alte Frau Zigarettenkippen von der Straße sammelte. Das war seine Mutter.«

Viele Einwohner von Wilna und Umgebung mussten sich eine neue Existenz in Schlesien aufbauen, und zwar in den Häusern und Höfen, die von den ebenfalls vertriebenen Deutschen zurückgelassen worden waren. Mirek denkt mit Vergnügen an eine Begegnung zurück, die sein Vater hatte, als er hier zu Besuch war. »Da kam so eine polnische kleine Oma von achtzig. Sie wohnt hier um die Ecke und ist ein bisschen dement. Sie kam vorbei und bat um ein Glas Wodka. Ich wusste, dass sie aus dem heutigen Litauen kommt, also rief ich meinen Vater. Und da fingen die doch an, Wilnaer Dialekt zu quatschen! Es war eine großartige Mischung aus Russisch, Polnisch, Jiddisch, Deutsch und Litauisch oder so, ich habe nichts verstanden. Ich hatte meinen Vater noch nie diesen Dialekt sprechen hören.«

Zita hat die ganze Zeit aufmerksam zugehört und kommt jetzt mit einem alten Foto an. Darauf ist ein junger Mann mit Schnurrbart in einer Uniform der österreichischen Armee zu sehen. Es ist nicht ihr friesischer Urgroßvater Tjesse und auch nicht ihr Urgroßvater aus Wilna. Aber ein Urgroßvater ist es auch – nur welcher? Es ist Franciszek Petit, der Vater von Mireks Mutter, stellt sich heraus. »Ja, Zita, das ist unsere belgische Seite«, sagt Mirek. »Er sieht nett aus, nicht wahr? Dieser Mann, also mein Opa, war Polsterer und Möbelmacher in Galizien. Dessen Vater Aimable Petit war ein Wallone, der aus Brüssel dorthin emigriert war, um Öl zu fördern. Am Ende des 19. Jahrhunderts erlebte die Region östlich von Krakau einen kleinen Ölboom. Mein Urgroßvater Aimable war damals eine Art belgischer Ölscheich.«

Das Foto mit Franciszek muss ungefähr von 1915 sein, aus dem Ersten Weltkrieg. Der polnische Staat war noch unter den europäischen Großmächten aufgeteilt. Mirek erklärt seiner intelligenten Tochter, dass manche Polen, so wie Franciszek, für das Habsburger Reich kämpfen mussten, während die Polen ein paar Dörfer weiter für das russische Kaiserreich kämpften. Und manchmal standen sich diese Nachbarn an der Front direkt gegenüber. »Und Babcia?«, fragt Zita. Babcia bedeutet »Oma«, Mireks Mutter aus Warschau, also Franciszeks Tochter. »Babcia wurde auch in Galizien geboren«, antwortet Mirek. »Aber erst 1930, als es polnisch geworden war.«

»Da, in den Ausläufern der Karpaten, ist es noch schöner als hier bei uns«, erzählt er weiter. »Und noch stiller. Als ich noch jung war, hat mich Babcia manchmal mit dorthin genommen. Ich erinnere mich an wunderschöne orthodoxe Holzkirchen. Babcia war in ihrer eigenen Jugend nie dorthin gekommen, sie hat diese Berge erst mit mir zusammen entdeckt, als sie schon in den Vierzigern war. Da ging man früher nicht hin, sagte sie. Denn das war eine andere Kultur. Dort lebten alle möglichen Bergvölker, die orthodox waren und Ukrainisch oder ganz andere Sprachen sprachen.«

»Babcia ist toll«, mischt sich Dieuwke in das Gespräch ein. »Sie ist hier neulich wieder eingesprungen, als ich in die Niederlande musste, weil meine älteste Tochter Carmen niederkam. Sie ist fast achtzig, aber sie hat schon ein paarmal unseren ganzen Garten umgegraben. Man würde nicht denken, dass sie so handfest ist. Sie strahlt so einen klassischen Schick aus, ist schlank wie Mirek und trägt elegante Kostüme wie von Chanel. Mirek, ist das ihre französisch-belgische Seite?«

»Schick, findest du? Das gehört auch zweifellos zu Warschau. Von Hause aus sprach sie Französisch, das schon.«

»Und jetzt lernt sie an der Uni Englisch – nicht zu glauben.«

Die Deutschen sind da!

JANOWICE WIELKIE, IM NÄCHSTEN SOMMER – Seit gestern ist Zita Brejwo stolze Besitzerin einer Zahnspange. Und was für eine: aus gelb-rot-grünem Plastik. Das Farbspektakel ist zwar in ihrem Mund versteckt, aber gleich, an ihrem letzten Schultag, wird sie noch mal ordentlich damit angeben. Beim Abschlussgrillen wird sie das Ding demonstrativ herausnehmen, angeblich, weil sie noch nicht weiß, wie man Würstchen mit Klammer isst. »Wurst, die ewige *kiełbasa*, und nichts Gesundes dazu, das setzen sie den Kindern vor«, klagt Mirek. »Von solchem Essen kriegt man erst die schlechten Zähne!«

Der Rest von Zitas Klasse ist noch in der Kirche, als sie sich, in einer weißen Bluse und einem halblangen schwarzen Rock, selbstbewusst kombiniert mit Sneakers, auf den Weg macht – im Auto und mit Eltern und Schwester. So ein letzter Schultag ist in Polen ein Ereignis. Janowices Grundschule plus Kindergarten, nur ein kleines Stück weiter am Bober gelegen, ist auf einen ehemals deutschen Gebäudekomplex mit Spitzdach und einen angeschlossenen Betonbau mit Flachdach von nach 1945 verteilt. Ein anliegendes Vorkriegsgebäude beherbergt das »Gymnasium«, was eine Sammelbezeichnung für allerlei Schultypen ist.

»Guck mal, Mirek, die Bauernjungen in ihren schlecht sitzenden anthrazitfarbenen Anzügen«, sagt Dieuwke, die im Rollstuhl auf dem Spielplatz wartet, mit Blick auf Roma, die in sich gekehrt auf einem Eisenpferdchen schaukelt. »Aber einer hat einen Cowboyhut auf, ein kleiner Abweichler. Und dann die Gymnasiastinnen, manche ganz züchtig bedeckt und mit vielen spießigen Spitzen, aber andere in durchsichtigen Röckchen und Blusen mit Dekolleté bis fast zu den Zehen. So kommen sie sogar aus der Kirche!«

Mirek ist abgelenkt, er beobachtet ein Auto mit niederländischem Kennzeichen, aus dem ein Mann steigt, der seine Kinder abholen kommt. Ein Holländer, der hier seit Kurzem mit seiner polnischen Frau lebt, wie Dieuwke weiß. Die Kombination kommt öfter vor als umgekehrt, wie bei Mirek und ihr. Spannend, sie müssten mal Erfahrungen austauschen.

Gestern hat Dieuwke einen Storch vorbeifliegen sehen. Den hat sie wenigstens noch gesehen, sagt sie. Aber die Schubkarre in zwei Metern Entfernung konnte sie nicht mehr erkennen. Nun

112

ja, sie hatte dieselbe Farbe wie der Pfad, auf dem sie stand. Trotzdem: Ihren Augen geht es schlechter. Wie viel schlechter, das ist eine Frage der Interpretation. Hat der alte Feyenoord-Crack Willem van Hanegem nicht mit nur fünf Prozent Sehkraft Fußball gespielt? Daran hält sie sich einfach fest. Zum Glück sind ihre Arme und Beine kräftig, sie scheinen sogar stärker zu sein als vor einem halben Jahr. Im Gemüsegarten wartet Arbeit, auf geht's!

Sie hat einen ziemlich erbärmlichen Winter hinter sich. Nicht, dass sie schlecht laufen und schlecht sehen konnte, machte ihr am meisten zu schaffen, sondern der apathische Zustand, in dem sie sich regelmäßig befand. »Diese Apathie ist wirklich heimtückisch. Zu nichts Lust haben, den Schreibtischstuhl kaum verlassen, ein fürchterlicher Druck auf dem Kopf.« Das ist nicht psychisch, weiß sie, das gehört zum Krankheitsbild. Aber versuch mal, deinen physischen Zustand von deiner Geistesverfassung zu trennen.

Es ist nicht einfach, immer nur stark zu erscheinen, nicht einmal für die starke Dieuwke. Sie lebt mit der ständigen Anspannung, den Launen ihrer Krankheit ausgeliefert zu sein. Mehr noch schnürt ihr manchmal eine andere Angst die Kehle zu: dass ihre Mädchen die Krankheit ebenfalls haben könnten. Vor Kurzem hat sich herausgestellt, dass Dieuwke vermutlich an einer erblichen Variante ihrer mitochondrialen Erkrankung leidet, die auf so vielfältige Weise zutage tritt, dass es auch den Spezialisten nicht gelingen will, sie exakt zu diagnostizieren. Noch fast ein Teenager, hat sie von einem hübschen Marokkaner, von dem sie sonst nichts wollte, ihre älteste Tochter bekommen. Doch auch Carmen kämpft für ihr Alter mit zu vielen Gesundheitsproblemen. Dieuwkes Freude über ihren ersten Enkel wird von ihren Sorgen getrübt. Ihre jüngste Tochter Roma scheint in der Entwicklung immer weiter zurückzubleiben. Nur Zita, der mittleren, fehlt wohl nichts.

Viel lachen, sein Elend mit Schicksalsgenossen teilen und anderen Hilfe anbieten, denen es schlechter geht – das ist Dieuwkes Devise gegen die Angst. Das Internet ist dabei unentbehrlich. Genauso wie für die Arbeit. »Im Winter habe ich über unsere Website noch niederländische Schaffelle verkauft«, sagt sie. »Die Kadaver werden nach Polen gebracht, und die Häute gehen zurück auf die Watteninsel, von der das Schaf stammt. Das Gerben ist in Polen billiger, zumindest jetzt noch.«

Zum Glück gibt es auch immer noch Melanie, Dieuwkes überraschendste Wintertätigkeit. Melanie ist eine spirituell-schamanistische Beraterin, und Dieuwke spielt diese Rolle mit Verve. »Ich habe vor allem traurige niederländische Männer am Telefon, die von ihrer Freundin verlassen wurden oder so. Dann erläutere ich ihnen in spirituellen Begriffen, dass man, wenn man selbst nichts zu geben hat, nicht erstaunt sein darf, wenn man nichts bekommt. Und ich empfehle ihnen, ihr Bett für eine Nacht unter freien Himmel zu verlegen oder was mir sonst so einfällt. Nur Kaffeesatzlesen mache ich nicht, das sage ich immer direkt dazu.«

Dieuwke hält viel aus, aber dass Cygan schon seit Wochen weg ist, das setzt ihr wirklich zu. Sie ist überzeugt, dass der Hund gestohlen oder vergiftet wurde – aus Versehen vielleicht, mit dem Rattengift, das der Nachbar gestreut hat, der Tauben und deswegen auch viele Ratten hat. Oder besser gesagt, bis letzte Woche war sie davon überzeugt. Dann kam eine Nachbarin vorbei und erzählte, dass ihr eigenes Hündchen von dem bösartigen Hund des Nachbarn etwas weiter rauf totgebissen wurde.

Totgebissen und dann weggeschmissen – sollte das auch Cygans Schicksal gewesen sein? Gestern kam aber eine andere Nachbarin vorbei mit der Nachricht, dieser Nachbar habe Cygan mit Sicherheit selbst umgebracht, genau wie ein paar ihrer Hühner, denn das mache er nun mal mit Tieren, die auf sein Land kommen. Wenn sie doch nur wirklich Kaffeesatz lesen könnte, denkt Dieuwke. In diesem Dorf wird bei unschönen Vorfällen vor allem geschwiegen und weggeguckt. Es wird zwar viel geklatscht und getratscht, aber niemand redet wirklich miteinander. Jetzt zum Beispiel, das Haus voller Gäste, bleibt die übliche Aushilfe aus der Nachbarschaft einfach weg, ohne Bescheid zu sagen, als ob es keine Termine und Vereinbarungen gäbe.

Doch Dieuwke hat keine Zeit zum Grübeln, die deutschen Gäste sind von ihrem Ausflug zurück, es gibt zu tun. Die Gynäkologin und der Pharmazeut, die Neurologin und der Ingenieur waren mit ihren Kindern auf der Jagd nach den schönen Steinen, die hier überall herumliegen. Dieuwke wird ihnen Pizza machen, nur nicht für die zwei Töchter, die ernähren sich ausschließlich von Nutella.

Eine Stunde später serviert Mirek im Gästetrakt das Essen, und sobald alle Kinder im Bett liegen, sind Dieuwke und er mit den vieren am großen Tisch bei der Bar in ein Gespräch über die Europäische Union und Polen vertieft, auf Englisch. Kein böses Wort über Europa fällt hier und kein böses Wort über Polen. Die Deutschen, die hierherkommen, sind überzeugte Europäer und politisch immer sehr korrekt: Sie wissen, wer den Krieg angefangen hat, und werden nicht müde, das zu erwähnen. Mirek stellt es immer wieder fest: Das Fluchen über »die Polen« überlassen deutsche Gäste lieber ihm.

Um Mitternacht beginnt der Sommer. Im Gästehaus ist die Atmosphäre vertraulicher geworden. Dieuwke erzählt den Deutschen, wie sich ein Pole und eine Niederländerin in den achtziger Jahren kennenlernten. »Über die spanische Musik! Oder nein, eigentlich über die russische.« Sie war als Spanischstudentin Mitglied einer

Tuna-Musikgruppe aus Nijmegen, einer Musikgruppe, die traditionelle Studentenlieder der iberischen Halbinsel vortrug. »In der Wohnung, in der wir probten, hörten wir immer einen Mann singen, wir fingen Fetzen von dramatischen russischen Liedern und von Balalaikamusik auf.« Mirek ergänzt etwas verlegen: »Na ja, ich hatte so eine Art Band mit meiner Schwester.« Und Dieuwke fährt fort: »Irgendwann haben wir an seine Tür geklopft, nach dem Motto: Wenn er bei uns mitmacht, stört er uns nicht länger. Mirek machte auf, und ich war sofort hin und weg von ihm.«

Das ist wahre europäische Romantik, die das Herz der deutschen Urlauber sofort zum Schmelzen bringt. Mirek grinst: »Als ich gerade neu bei Dieuwkes Tuna war, fuhren wir zu einem Festival nach Portugal. Wir sollten auf der Straße spielen, aber dann mussten wir in der Oper auftreten, vor dreitausend Leuten! Ich hab' mich zu Tode erschrocken.« »Da standen wir auf einmal zu viert auf der Bühne, mit diesem dummen Polen dabei.« Dieuwke wirft ihrem Mann einen zärtlichen Blick zu. »Und was meint ihr, es wurde ein Erfolg, mit tosendem Beifall – olé! Und Mirek war als Nicht-Spanier, Nicht-Niederländer und Nicht-Student der große Star.« Unter Gelächter schauen sich Gäste und Gastgeber Fotos aus dieser Zeit an, begleitet von Tuna-Musik.

Bei Pure Poland machen mehr deutsche als niederländische Gäste Urlaub. Deutschland ist natürlich näher, vor allem die ehemalige DDR. »Jetzt haben wir gerade nette Westdeutsche im Haus, aber häufiger haben wir nette Ostdeutsche«, sagt Dieuwke. Besonders denen gefällt es hier gut, weil sie keine übertriebenen Ansprüche an die Unterkunft stellen. »Aber das könnte mit daran liegen, dass Janowice für sie eher ein Wochenendausflug ist.«

Dieuwke hat noch andere Erklärungen für die deutsche Pure-Poland-Begeisterung. »Unsere Website klingt weder deutsch

Mirek mit einem deutschen Pensionsgast im Garten

noch polnisch. Ich habe geglaubt, mein Ton sei international, aber wahrscheinlich ist er doch ein bisschen holländisch. Das entdeckte ich über einen deutschen Studenten, der meinte, er könnte meinen holprigen deutschen Text ein bisschen verbessern. Danach erhielten wir keine Buchungen aus Deutschland mehr.

Wo ich zum Beispiel in meinem eigenen Deutsch so was wie ›Du kannst hier, wenn du willst, dein eigenes Essen kochen‹ geschrieben hatte, stand jetzt: ›Es steht Ihnen eine voll ausgestattete Küche zur Verfügung.‹ Das ist natürlich der total falsche Ton, viel zu deutsch für die Deutschen, denen es hier gefallen würde.«

Im Übrigen ist es den Deutschen hier in Schlesien doch oft schon schnell »zu polnisch«, fügt Dieuwke hinzu. Das bezieht sich sowohl auf das Essen als auch auf die ostpolnische Folklore, die man hier für eine Touristenattraktion hält. Und natürlich vermuten und fürchten die Deutschen polnische Rachsucht. »Wer Polen ein bisschen unheimlich findet, sieht in Pure Poland eine Art Safe House, einen sicheren Ort, der ihnen Schutz bietet. Und wo man sich mit dem Vornamen anredet. Darüber sind viele unserer deutschen Gäste ganz gerührt.«

Pure Poland hat sich inzwischen auch in Homokreisen einen Ruf als Safe House aufgebaut. »Auffallend viele schwule und lesbische Paare melden sich an. Wenn auch nicht immer so direkt: Dann mailen zwei belgische Schwäger mir, um erst hier zu erzählen, dass sie keine Verwandten, sondern ein Paar sind. Zuletzt hatten wir tatsächlich ein deutsch-polnisches lesbisches Paar mit seinem holländischen Kind, das mithilfe der Samenbank Amsterdam zur Welt gekommen ist. Was für ein Fest!«

Den Nachbarn und Nachbarinnen fallen die Augen aus dem Kopf. Was da bei den Brejwos alles ein und aus geht! In ihrem ganzen Leben haben die Janowicer nicht so viele Varianten der menschlichen Spezies gesehen wie diesen Sommer in ihrem Dorf. Sie konnten unter anderem ein indianisch-deutsches Paar bewundern, einen Asiaten, der mit einer Deutschen zusammen ist, sowieso alle Arten von Deutschen, Händchen haltende Männer natürlich, aber auch einen polnischen Motorclub und eine Gruppe Gothic-Lesben mit lila Haaren.

Am nächsten Morgen geht Mirek zu Bogdan Kamiński, der im modernistisch angehauchten »Lehrerviertel« mit den flachen Betonhäusern etwas weiter den Bober hinunter wohnt. Mit Herrn Kamiński, einem Bauingenieur in Altersteilzeit, der gerne bastelt und an der Schule noch ein bisschen technische Hilfe anbietet, tauscht Mirek Fernseherzubehör und andere Elektronikartikel aus, die das Dorfleben angenehmer machen. Auch erstellt oder organisiert Kamiński Umbauzeichnungen für ein paar kleine Bauernhöfe, die Mirek für Dritte verwaltet. Im Winter, wenn sie keine Feriengäste im Haus haben, regelt er die ganzen Formalitäten um so einen Ankauf, zumindest solange die polnische Regierung Ausländern bei der Anschaffung von Immobilien noch Steine in den Weg legt. Und das tut sie, es wird sogar schwieriger, im Grenzgebiet etwas zu kaufen, meint Mirek.

Während die niederschlesischen Randgebiete Polens dringend Initiativen brauchen, hält die Politik die Grenze für vermeintlich unpolnische Aktivitäten gerne geschlossen. Denn nicht auszudenken, wenn sich Polen zum soundsovielten Mal ein Trojanisches Pferd voller Germanen hereinholt. Ein Pole kann in den Niederlanden ein Haus kaufen, während ein Niederländer das hier in Schlesien nur mit Tricks über Strohmänner wie Mirek schafft. Der nennt das »krumm«. Mit dieser Arbeit verdient er zwar eine Kleinigkeit, dafür muss er beim Warten auf alle erforderlichen Genehmigungen große Risiken eingehen.

In der Verwaltung sitzen meist ältere Männer voller Ressentiments, die lassen diese ehemals deutsch-österreichische Kulturlandschaft lieber verkümmern oder nutzen sie als Abbaugebiet für Stein, Brennstoff und Mineralien. Hochrangige Mitarbeiter der Unesco haben versucht, die Regierung davon zu überzeugen, für das Hirschberger Tal mit seinen Schlössern und Parks einen Platz auf der Welterbe-Liste zu beantragen. Vergeblich: Warschau erteilt lieber Konzessionen für landschaftszerstörende Industrie.

Gerade wieder hat ein großes polnisches Unternehmen die Genehmigung erhalten, im Naturgebiet von Karpniki, ein paar Kilometer von hier, ganze Hügel abzugraben. Diese Firma fördert Feldspat, ein Grundstoff für die Porzellanindustrie, in offenen Gruben. Riesige Löcher entstehen in der Landschaft und der Grundwasserspiegel sinkt erheblich. Der Boden wird so porös, dass zum Beispiel die ehemalige Hohenzollern-Residenz Fischbach abzusacken und einzustürzen droht. Außerdem verschmutzt der Tagebau ernsthaft die Luft, zudem donnern Lastwagenkolonnen hin und her über die Landstraßen und durch die Dörfer. Das ist ein Schlag ins Gesicht für den langsam entstehenden Tourismus, und die Bewohner werden in ihrem Fatalismus bestärkt.

Mirek macht sich darüber ernsthaft Sorgen. Zum Glück hat er in Kamiński einen Gleichgesinnten gefunden. Der braun gebrannte Ingenieur berichtet ihm regelmäßig von herrlichen Spaziergängen über die Hügel und durch das Flusstal. Kamiński genießt die Natur. Das tut hier in Janowice Wielkie fast niemand aus seiner Generation, hat Mirek beobachtet. Natur bedeutet für die meisten, dass man genug zu essen, zu saufen und zu heizen hat. Sie pflanzen Kartoffeln, bauen ein bisschen Kohl an und hacken Holz. Immerhin haben die Leute Blumen im Garten, sogar in allen Sorten und Größen.

Manchmal beschleicht Mirek das Gefühl, dass er die Polen von hier nie verstehen wird. Dieuwke hat neulich gesagt, dass alles, was man hier in die Erde steckt, von selbst wächst: das schönste Gemüse, das herrlichste Obst. Warum essen die Leute dann so schlecht und einseitig? Kartoffeln und Fleisch, meistens ohne Gemüse, oft auch Junkfood, ein schneller Happen. Mirek denkt, dass den meisten ihrer Nachbarn die Zeit und Energie fehlt, sich diese

Frage überhaupt zu stellen. Wer nicht trinkt, arbeitet sich kaputt, um all die Colas und Computer zu bezahlen, die man braucht, um auszustrahlen, dass es einem gut geht.

Bogdan Kamiński empfängt Mirek herzlich. Sie schließen ein Tauschgeschäft ab, das für beide vorteilhaft ist: Mirek gibt Kamiński den neu angeschafften Satellitenempfänger, mit dem er nicht weiterkommt, und erhält ein selbst gebasteltes Kästchen zurück, mit dem man hervorragend niederländische und andere Fernsehkanäle empfangen kann. Kamiński trifft Mirek gerne, weil Mirek sich genau wie er für die Lokalgeschichte interessiert. Gerade hat Kamiński wieder etwas über die ersten Lebensjahre von Janowice Wielkie entdeckt. Er ist nämlich auch noch Hobbyarchivar.

Das hat einen besonderen Grund, weiß Mirek. Kamińskis Vater war im Krieg jahrelang Zwangsarbeiter für die Deutschen. Dadurch hat er gut Deutsch gelernt, und deswegen wurde er nach der Befreiung zum ersten polnischen Bürgermeister von Janowice Wielkie ernannt, wie der »Luftkurort Jannowitz am Riesengebirge« ab da hieß. Von den 2500 Einwohnern waren nämlich Ende 1945 noch zwei Drittel Deutsche. Ihre systematische Vertreibung musste erst noch in Gang gebracht werden, genau wie die Umsiedlung von Polen in die verlassenen Häuser. Bogdan war 1946 das erste polnische Kind, das in Janowice Wielkie geboren wurde. Diese Tatsache, und dass er durch sein Elternhaus über alte Dokumente verfügte, haben in ihm eine lebenslange Faszination für die Volksumsiedelungen geweckt, die um seine Geburt herum in seinem Dorf stattgefunden hatten.

Kamiński weiht Mirek gerne in seine letzte Entdeckung ein. »Ich habe Flugblätter mit Anti-Sowjet-Propaganda gefunden, die um 1950 über Janowice Wielkie abgeworfen wurden«, sagt er.

»Nach meinen Unterlagen waren das kleine amerikanische Flugzeuge oder Luftballons. Die Nato war ja gerade gegründet worden, und es herrschte der Kalte Krieg.« Was mit den Pamphleten bezweckt wurde, bleibt den beiden aber unklar: Die Bauern, die unter Zwang hierher gebracht worden waren, konnten nicht weg, selbst wenn sie gewollt hätten, und die Deutschen waren schon fort.

Kamińskis Archiv zeigt, dass die neue Bevölkerung von Janowice Wielkie zu neunzig Prozent aus den Regionen Vilnius und Lemberg, der Hauptstadt von Galizien, stammt. Viele Zehntausend polnische Kleinbauern aus der Umgebung von Lemberg – das in der Zwischenkriegszeit das polnische Lwów war und nach 1945 als Lviv zur Sozialistischen Sowjetrepublik Ukraine gehörte – wurden in Zügen nach Niederschlesien verfrachtet. 1947 waren höchstens noch zwanzig Deutsche im Dorf. »Eine davon wurde mein Kindermädchen«, erzählt Kamiński. Sie blieb das viele Jahre lang, zur beidseitigen Zufriedenheit. »Sie hatte ihre Familie verloren und brauchte nicht zu gehen.«

Mirek erzählt ihm von ein paar »alten Omas«, die ihm berichtet haben, dass sie monatelang mit Deutschen in einem Haus gewohnt haben, bis diese ausgesiedelt wurden. »Da gab es manchmal Hass und Neid, haben mir einige von ihnen erzählt. Aber genauso oft ging es erstaunlich gut. Eine dieser polnischen Omas, die aus der Gegend von Lemberg kommt, sagte mir, sie habe dort eher mit den Russen und Ukrainern ihre liebe Not gehabt als mit den Deutschen. Die Sowjets hatten ihre Heimat gestohlen, sie verstand also, wie sich die Deutschen in Erwartung ihres Aufbruchs fühlten.«

Kamiński kann sich das gut vorstellen. »Die deutschen Kinder durften während der knappen zwei Jahre nicht zur Schule«, erklärt er Mirek. »Die Regierung schickte die nicht alphabetisierten polnischen Erwachsenen in diese kleine Schule. Das waren Menschen, die buchstäblich nichts hatten. Ihnen war eine Stunde oder weniger gegeben worden, um ihr Päckchen zu schnüren, mit einem Gewehr im Rücken.«

»Dann werden sie wohl froh gewesen sein«, bringt Mirek vor, »wenn sie auf dem ihnen zugewiesenen Bauernhof Hausrat und Geräte vorfanden.« »Vieles war auch im Garten vergraben«, sagt Kamiński. »Ich habe in meiner Jugend regelrechte Schätze ausgegraben, Besteck und so. Die Deutschen dachten, sie würden zurückkehren. Wir haben das auch lange gedacht, sicher noch, bis Willy Brandt 1970 in Warschau war und seine versöhnenden und beruhigenden Worte sprach. Diese Unsicherheit war einer der Gründe, warum an den Häusern so wenig getan wurde.« Und er fügt hinzu: »Mit vielen Sachen, die sie vorfanden, konnten die Menschen aus Ostpolen aber gar nichts anfangen. Sie kochten, lebten und bauten ganz anders an als die Deutschen, viel einfacher.«

»Ich weiß«, sagt Mirek. »Neben unserem Haus stand eine riesige Wassermühle. Man kann die Reste noch sehen. Auf unserem Dachboden wurde das Korn getrocknet und gelagert. Darum ist dieser schöne Holzboden des Speichers auch so schrecklich schief, zum Boberufer hin hat er bestimmt dreißig Zentimeter Neigung: So konnte man das Getreide leicht durch die Luken nach draußen schieben. Aber nach 1945 wurde die Getreidemühle nicht mehr benutzt, man wusste nicht, wie sie funktionierte. Also begriff auch keiner mehr, warum der Boden so konstruiert war. Ein junger Pole, der uns beim Umbau geholfen hat, dachte, die Deutschen müssten besoffen gewesen sein, so schief zu bauen.«

Als er wieder nach Hause geht, muss Mirek an Kamińskis deutsches »Pendant« denken, eine Frau, die zur selben Zeit wie der Pole geboren wurde. Ihre Mutter war aus Jannowitz/Janowice geflohen, und sie kam in Deutschland zur Welt. Kamiński wurde sozusagen an ihrer Stelle in Janowice geboren. Seit ein paar Jahren übernachtet diese Frau jeden Sommer mit ihrer Familie in dem stolzen alten Landhaus von Huub Ruijgrok – ein Niederländer, der in Janowice hängen geblieben ist, nachdem er hier einen Film über nachhaltigen Tourismus gedreht hatte, und mit dem Dieuwke jetzt Pläne für gemeinsame Gruppenaktivitäten entwickelt. Von Huubs Gästehaus aus kann die deutsche Frau mit etwas Mühe das Haus sehen, das ihre Vorfahren gebaut haben und in dem ihre Mutter aufgewachsen ist. Sie würde so gerne ein einziges Mal in ihrem Leben einen Blick in dieses Haus werfen. Aber die Bewohner weigern sich, sie hereinzulassen.

Mirek sieht bei seiner Rückkehr zufrieden, wie ein Nachbarsjunge sehr genau einen letzten Strich weißer Farbe zwischen den Balken ihres Bauernhofs anbringt. »Biały Bóbr«, »Der weiße Biber«, strahlt in der Sonne. Vor Kurzem stand ein alter deutscher Mann da und fotografierte den Hof. Dieser Hof war zwar nicht sein Elternhaus, sagte er, das war die Ruine ein Stückchen weiter. Aber so muss es ausgesehen haben.

Mirek sieht mit noch größerer Zufriedenheit, dass Dieuwke auf einer freien Parzelle zwischen Frühlingszwiebeln und Kürbissen Kohlsetzlinge pflanzt. Es geht ihr besser als im letzten Winter. Sie bewegt sich viel und braucht nicht so viel Ruhe. Mit den deutschen Gästen hat sie noch beim Lagerfeuer gesungen. Dann läuft sie gleich viel besser, scherzt sie. Nur ihr Herz macht ihm Sorgen. Es benimmt sich merkwürdig, steht manchmal sogar einen Moment lang still. Das gehört zu ihrem Krankheitsverlauf. Ende August bekommt sie einen Herzschrittmacher, das beruhigt ihn einigermaßen.

Beim Kaffee reden Mirek und Dieuwke weiter über die Deutschen, die in den kleinen Ort kommen. Von manchen der »polnischen Omas« werden sie freundlich empfangen und dürfen die alten Häuser ihrer Vorfahren besichtigen. Oft schlägt ihnen aber auch Misstrauen entgegen, obwohl manche sich für die Region einsetzen und zum Beispiel Renovierungsarbeiten in Gang bringen. Das Einzige, was Dieuwke wirklich an diesen Touristen stört, ist, dass sie die Vergangenheit oft so verherrlichen, obwohl Janowice auch in deutscher Zeit alles andere als ein reiches Dorf war.

Ein Amsterdamer Spielplatz

JANOWICE WIELKIE, EINIGE TAGE SPÄTER – Die Hühner sind mal wieder im Gemüsegarten. Der Nachbarsjunge hat ein Stück Land mit Drahtzaun abgetrennt, hinter dem sie bleiben sollten. »Aber um den laufen sie in aller Seelenruhe herum oder flattern drüber, und wir kommen nicht mehr an die Wäscheleinen«, ist Dieuwkes Kommentar. »Mirek!« Sie bekommt das Federvieh unmöglich aus dem Gemüsegarten, wenn sie nur mit der Krücke fuchtelt. Mirek kommt und schmeißt Huhn um Huhn zurück über die niedrige Umzäunung. »Ich kämpfe schon seit vielen Jahren mit den Hühnern«, sagt er grinsend. »Was willst du erwarten bei einem Bauern, der aus Warschau kommt. Ein Pole mit belgischen Vorfahren.«

Heute ist es tropisch heiß. Die Hühner graben sich prompt in die Erde ein, und die Ponys stehen auf dem schattigen Fleckchen hinter ihrem Stall. Mirek zimmert ein kleines Reetdach für die Terrasse. Eine junge Nachbarin im sexy Bikini kommt auf ein kaltes Getränk vorbei. Sie will sich gleich im Bober etwas abkühlen. Und sie ist nicht die Einzige. Hinter Mireks und Dieuwkes Haus, an der Brücke, die zur Hälfte von ein paar ständig streitenden

Arbeitern erneuert worden ist, planschen noch mehr Janowicer. Warum gerade hier? Weil weiter stromabwärts das Wasser verdreckt ist: Die psychiatrische Anstalt, die in einem alten deutschen Schloss untergebracht ist, führt das Abwasser direkt in das Flüsschen ab.

Bei Pure Poland geht es heute zu wie auf einem Spielplatz. Zita dirigiert ungefähr zehn Nachbars- und Gästekinder nacheinander zum Ponyreiten, Schafestreicheln und Trampolinspringen. Das Trampolin ist wieder heil und die größte Attraktion des Hofes. Ein paar schwere Einzelteile waren verschwunden, ihre Spur konnten Dieuwke und Mirek locker über den Weg ins Dorf zurückverfolgen.

Mirek blickt zufrieden auf die spielende Kinderschar. »Dies ist ein ganz besonderer Ort in so einem Dorf.« »Und nächste Woche kommt ein echter Spielplatz aus Amsterdam-Slotervaart«, fügt Dieuwke hinzu. »Für alle Dorfkinder. Den konnte ich organisieren: gratis, aber wir mussten ihn selber abbauen. Es stellte sich heraus, dass um jeden Pfahl ein Betonblock gegossen war. Aber mein Schwager hat es mit ein paar engagierten Amsterdamer Kommunalbeamten vom Grünflächenamt hingekriegt. Und der Bürgermeister von Janowice Wielkie hat uns die Genehmigung erteilt, die Geräte auf dem Feld hier gegenüber aufzustellen. Das machen wir gerne, denn dann setzt da keiner ein Haus oder so hin.«

»Das ist so ein Glücksfall«, sagt sie, »zu merken, dass man, wenn man positiv in die Welt schaut, einfach Positives zurückbekommt.« Als Zeichen für diesen Optimismus hat sie Booster, das widerspenstige Pferd, gegen zwei Ponys eingetauscht. Sie sind von einem Körperbehinderten aus den Niederlanden so perfekt ausgebildet worden, dass die ganze Nachbarschaft auf ihnen reiten kann. Das ist schon ganz schön, aber Dieuwke hat größere Pläne. Sie sieht sich selbst in Kürze auf dem Bock einer Ponykutsche sitzen und Touren durch das Hirschberger Tal machen. »Sollte ich jemals blind werden, werden die Ponys schon für mich sehen.«

Es ist, als habe ihr die Vorsehung Wilbert Bakker geschickt. Auf seinem Auto steht: »Wagenmakers Bakker, alles voor mensport« (»Stellmacher Bakker, alles für den Fahrsport«). Wilbert kann ihr die perfekte Ponykutsche beschaffen. Booster ist bei ihm »in Pension«, gut dreißig Kilometer von hier. Er ist der Einzige, der auf dem Tier reiten kann. Oder der zumindest ein paar Minuten auf dem Pferd sitzen bleibt.

Wilbert hat mit der Familie zur Zeit seines Hauskaufs im letzten Jahr häufig bei ihnen gewohnt. Mirek war ihr Berater. Jetzt sitzt er zwischen Wilbert und Bogdan Kamiński, der mit Bauzeichnungen für Wilberts Stall vorbeigekommen ist.

Was wollen die ganzen Niederländer bloß hier im Tal?, fragt sich Dieuwke beim Zubereiten eines spanischen Bauernsalats. Die Bakkers gehören zu den vielen Landsleuten, die hier Pionierarbeit leisten. Es gibt allein schon drei, vier holländische Campingplätze in der Nähe. Die meisten halten es allerdings nicht lange aus, ihnen fehlen die sozialen Kontakte. Das geht Dieuwke genauso. Darum hat sie den »Melting Pot« gegründet, eine monatliche Runde für nette Menschen, die heute Abend wieder stattfindet. Die Idee entstand letztes Jahr zusammen mit Wilberts Frau Emmy: regelmäßig zusammen essen und Polnisch lernen, Probleme besprechen, Neuigkeiten austauschen. Emmy ist zwar gerade mit den Kindern auf Familienbesuch in den Niederlanden, aber die Bakkers bleiben zum Glück hier in Schlesien. Sie haben hier wirklich ein neues Leben angefangen, auf ihre absolut unbeirrbare holländische Art: Sie leben, wie es ihnen gefällt, und lassen sich von niemandem dreinreden.

Wilbert erzählt einem polnisch-niederländischen Pärchen, das ebenfalls zum »Melting Pot« gekommen ist, von seinen Plänen.

Dass er kein Polnisch spricht, stört ihn wenig, und seine Kinder, da ist er sicher, werden in ihrer neuen Heimat gut zurechtkommen: »Denen geht's hier prima. Mein kleiner Sohn wird schon so ein richtiger Naturbursche, ganz verrückt nach unseren Pferden. Und meine kleine Tochter ist so gesellig, genau wie meine Frau, das wird schon alles.«

Jetzt kommen auch die Schweden und die Finnen an. Nur schade, dass die Deutschen nicht bleiben konnten. Dieuwke hat den »Melting Pot« extra auf heute Abend gelegt, weil die Gesellschaft jetzt schön international ist. Sie sind den ganzen Weg nach Janowice Wielkie per Bahn und Boot gekommen, die beiden Pärchen mit kleinen Kindern aus Schweden und Lappland. Ab übermorgen machen sie eine Woche Häusertausch: die Brejwos an der schwedischen Küste und die Skandinavier zum ersten Mal in ihrem Leben auf einem Bauernhof.

Zita erklärt ihnen direkt, wie der Elektrozaun auf der Ponyweide funktioniert. Danach muss kurz ihre Zahnspange vorgeführt werden. Die fällt natürlich beinahe in das Lagerfeuer, wo der Fisch gegrillt wird. Und Mirek führt die Schweden und Finnen schon mal zur nagelneuen Heizungsanlage mit dem gigantischen Wasserbehälter, dem ein paar Holzscheite pro Tag genügen, um heißes Wasser für den ganzen Hof zu produzieren. Holz, das ist den Gästen vertraut. »Wenn ihr nächstes Jahr wiederkommt, haben wir eine Saunaanlage im Garten«, verspricht Mirek. »Dieuwke will das zumindest so gerne. Obwohl es natürlich total unpolnisch ist …«

Als die Skandinavier im Bett und die Niederländer nach Hause sind, nehmen Mirek und Dieuwke auf der Terrasse noch einen Schlummertrunk. Tochter Carmen hat noch angerufen, erzählt Dieuwke. »Sie hat mich gefragt, ob ich denn einigermaßen zufrieden bin in Polen. Wir haben im letzten Jahr ziemlich viel gemotzt, habe ich überlegt. Dabei kann ich hier so tiefzufrieden sein. Wie heute Abend.«

Ein großer Vorteil an Polen ist, dass man hier in Ruhe gelassen wird, da sind sie sich einig. »Diese Freiheit hier!«, ruft Dieuwke aus. »Wenn man die mal mit den Niederlanden vergleicht! Wenn du hier deine Kinder eine Woche nicht zur Schule schickst, steht nicht gleich die ›Schwänzpolizei‹ vor der Tür. Du kannst das Haus renovieren, ohne eine ganze Bürokratie durchlaufen zu müssen.«

»Drei Etagen wären allerdings nicht gegangen«, entgegnet Mirek. »Aber man darf tatsächlich vieles. In den Niederlanden brauchst du gar nicht erst zu versuchen, dein Haus lila zu streichen.« »Die Kehrseite der Medaille ist, dass man hier weniger umsorgt wird als in den Niederlanden oder in Deutschland«, findet Dieuwke. »Man muss alles alleine machen. Aber man darf es eben auch ganz alleine machen.«

Eine Woche später informieren die Schweden und Finnen Dieuwke und Mirek, dass sich eine der Ziegen fast erwürgt hätte. Sie haben sich beinah zu Tode erschreckt, bekamen sie nicht aus dem selbst geknüpften eisernen Strang und haben Zeter und Mordio geschrien. Aber niemand kam helfen, berichten sie.

Das überrascht Dieuwke nicht, so was ist schon mal passiert. Zum Glück hat die Ziege auch dieses Mal nichts zurückbehalten. Die Woche in Schweden haben sie sehr genossen – Finnland ist ganz sicher nächstes Jahr an der Reihe. Ein unverfälschtes und herrliches Land, dieses Schweden, findet Dieuwke. »Und was für ein Genuss, einfach mal nette, offene Menschen um sich herum zu haben. Dann merkt man erst wieder, wie fremdenfeindlich sie hier manchmal sind.« Mirek nickt bestätigend. »Aber zum Glück kommen immer mehr Menschen mit einem etwas weiteren Horizont.«

»Denkst du nicht manchmal irgendwie doch so was wie ›Das ist mein Polen, ich bin wieder zu Hause‹?«, fragt ihn Dieuwke. Mirek zögert und seufzt. »Eigentlich glaube ich«, fährt sie fort, »dass der Schritt, nach Polen zurückzukehren, größer für dich gewesen ist als damals dein Schritt, in die Niederlande zu gehen.« »Ja, das stimmt«, antwortet Mirek. »In die Niederlande, das ging wie von selbst. Nach Janowice weniger. Wenn wir stattdessen nach Spanien gegangen wären, das wäre mir auch nicht ferner vorgekommen.«

»Da in Spanien wären wir genauso auf eingerostete Traditionen gestoßen«, sagt Dieuwke. »Versuch mal, dazwischenzukommen.« »Ja«, sagt Mirek, »wir hätten in Spanien auf einer Insel gelebt. Genau wie hier in Polen. Aber dort hätte ich mich nicht weniger zu Hause gefühlt als hier.« Und haben sie in den Niederlanden nicht auch irgendwie in ihrer eigenen Welt gelebt?, fragt sich Dieuwke. »Wir leben für uns und sind überall zu Hause. Ich vermisse Eindhoven zum Beispiel kein Stück. Es ist eine Todsünde, sein ganzes Leben in Eindhoven zu verbringen.« »Ich vermisse Warschau auch nicht«, ergänzt Mirek. »Und ich würde nie mehr in einer Etagenwohnung wohnen wollen.«

»Ich kann mir überhaupt nicht vorstellen, das hier zu verkaufen«, stellt Dieuwke entschieden fest. »Ich fühle mich hier wohl. Irgendwo in Europa, zufällig hier.«

Händchen halten

Eine deutsch-polnische Familie in Wiesbaden

Neunzehn und fünfundzwanzig Jahre sind sie alt und frisch verheiratet: Tim und Tom, Tomek und Timek. Ein Deutscher und ein Pole. Abgesehen von Liebe, Schwulsein und Frisur haben sie wenig gemeinsam. Tim Wosinski ist die deutsche Hälfte des Paares, er macht eine Ausbildung zum Friseur. Tim hat den Namen seines polnischen Mannes Tomek übernommen. Tomasz Wosinski studiert und ist aktiv in der Schwulenbewegung. Sie fragen sich oft, welche ihrer Eigenschaften typisch deutsch oder typisch polnisch sind, welche typisch schwul sind oder sich aus dem individuellen Charakter oder familiären Hintergrund erklären. Tomeks Mutter ist ihnen sehr nahe, sie gehört zum Heer der polnischen Pflegerinnen in Deutschland. Tims Eltern sind räumlich zwar noch näher, aber irgendwie doch ganz weit weg, in ihrer eigenen Welt. Tomek, pendelnd zwischen seinem Wohnort Wiesbaden und Frankfurt, wo gerade die jährliche CSD-Parade stattfindet: »In Kluczbork musste ich mich als Schwuler verstecken, aber trotzdem weigere ich mich, mich nur negativ an diese Jahre zu erinnern, weil das unerträglich wäre.«

WIESBADEN, AN EINEM SOMMERLICHEN FREITAGNACHMITTAG – Die Peperoni entwickeln sich tatsächlich prima, stellt Tim Wosinski mit großer Genugtuung fest. Er steht auf dem Balkon und raucht. Dass ausgerechnet er, ein verwöhntes Söhnchen aus

Schlangenbad, noch mal einen grünen Daumen entwickeln würde! Na gut, ohne die Hilfestellung der Schwiegermutter hätte es wohl nicht so gut geklappt. Helena Wosinska hatte sich den Topf auf der Heizung mit den schon recht langen, dünnen Pflänzchen angeschaut und ihm gesagt, wenn das noch Peperoni werden sollen, dann müsse er sie umgehend nach draußen bringen.

Vor einem halben Jahr hieß Tim Wosinski noch Tim Bredhauer. Bei der Eheschließung mit Tomek im letzten Winter hat er aber darauf bestanden, dessen Familiennamen anzunehmen. Das war wie eine doppelte Befreiung: ein neues Leben anfangen und dieses belastende »Bredhauer« loswerden. Hier, in Wiesbaden und Umgebung, kennen schließlich alle seinen Vater, allein schon wegen der Autorennen, aber auch, weil sein Haus so auffällig ist: Ganz weiß hinter seinen Säulen steht es hoch auf dem Hügel, drüben im Kurort Schlangenbad, einem beliebten Ausflugsziel.

Als er vor einem Jahr sein dortiges Luxusdasein für ein Leben in Tomeks Frankfurter Studentenzimmer eintauschte, kam er sich zunächst vor wie Paris Hilton, die auf einmal als armes Mädchen leben muss. Von da an musste er alles selber bezahlen, gab es kein Personal mehr, war es vorbei mit der Zweipersonenbadewanne und den viertausend Quadratmetern zum Volleyballspielen. Wenn er nur daran zurückdenkt, wie verunsichert er, seinerzeit noch ein Schüler, sich in den ersten Monaten auf eigenen Beinen gefühlt hat. Er musste erst einmal zu sich kommen. Mittlerweile gefällt ihm das Leben in der Wiesbadener Mietswohnung tausendmal besser als das früher in Schlangenbad.

Ein kleines bisschen skandalös war seine Entscheidung schon, aber das gefällt Tim gerade. Ein Mann, der sich einen neuen, noch dazu einen polnischen Familiennamen wählt, fällt in Wiesbaden auf. Nicht zuletzt auch seinem Vater, der sich so ausländer- und schwulenfeindlich benehmen kann. Na ja, das trifft nicht so ganz

Tomek und Tim Wosinski in ihrer Wiesbadener Wohnung

zu: Der Vater hatte schließlich eine schwarze Freundin und ist mit Tim, dem schwulen Sohn, nicht zerstritten. Aber in Hessens besseren Kreisen redet man nicht offen über solche Themen. Man hat wohl Wichtigeres zu tun. So sind seine Eltern mehr und mehr zu den großen Abwesenden in seinem Leben geworden.

Gleich macht Tim sich ans Putzen, solange Tomek ihm noch nicht im Weg steht, und anschließend wird er den Schweinebraten vorbereiten. Auch beim Kochen kann er niemanden um sich haben, dann wird er ganz wahnsinnig. Er kann nun mal nicht so gut mit anderen zusammenarbeiten, auch deswegen ist Friseur genau der richtige Job für ihn, meint er. Seit ihm vor einigen Wochen mitgeteilt wurde, er habe den ersehnten Ausbildungsplatz bei einem preisgekrönten Wiesbadener Friseur bekommen, ist er ständig ein bisschen in Feierlaune. Der Schweinebraten passt dazu.

In einem anderen Blumentopf hat sich ein Stillleben aus ein paar Hundert aufrecht in der Erde stehenden Kippen formiert. Tim steckt eine weitere dazu. Demnächst sollen die Zigarettenreste Platz machen für Geranien. »Hallo!?« Er hat die Nachbarin auf dem gegenüberliegenden Balkon entdeckt. »Darf ich Sie was fragen?«, ruft er. »Meinem Mann gefällt diese eine Pflanze dort bei Ihnen so sehr. Wissen Sie, wie die heißt? Nicht? Schade.«

Tim ist in doppelter Hinsicht mit seiner kleinen Aktion zufrieden. Vielleicht bringt die Nachbarin demnächst einen Ableger von der Pflanze herüber. Und, wichtiger: Sollen hier doch alle wissen, dass Tom sein Mann ist und nicht nur sein Freund oder, noch schlimmer, ein Mitbewohner. Tim und Tomek, »das Ehepaar Wosinski«. Er genießt das, auch wenn sie längst nicht rechtlich gleichgestellt sind. Tim und Tom, Tomek und Timek.

ZUR GLEICHEN ZEIT IN WIESBADENS ZENTRUM – Tomek Wosinski geht gern durch die Innenstadt. Einkaufen ist bestimmt nicht sein Hobby, aber er freut sich immer wieder darauf, durch den Kurpark, an den alten und neuen Brunnen und den feierlich-fürstlichen Gebäuden entlangzuspazieren. An ihrem Hochzeitstag hat einer der Brunnen Ströme von Licht in den Wintergarten geworfen, in dem sie gefeiert haben. Wie gut, dass die Amerikaner sich schon während des Krieges Wiesbaden als späteres Hauptquartier ausgewählt hatten und deswegen nicht bombardieren ließen. Dass er jetzt selbst in einer dieser leicht abschüssigen Straßen mit ihren prächtigen alten Giebeln lebt, kann er noch immer kaum fassen.

Die Schönheit einer Stadt färbt auf das Gemüt der Bewohner ab, davon ist Tomek überzeugt. Wenn er um sich herum und auf die Leute schaut, kommen sie ihm glücklicher und deshalb freundlicher vor als jene in Frankfurt oder in seinem polnischen Geburtsort Kluczbork. Reicher als jene sind sie jedenfalls. Es ist hier richtig »schickimicki« – das Wort benutzt Tim immer. Forsche Landesregierungsbeamte und betagte Kurgäste besuchen die teuren Geschäfte und Restaurants. Manche der mondänen Omis auf Sanatoriumsbesuch sehen unter ihren orange- und lilafarbenen Haaren, gestützt auf ihre Spazierstöcke, so antiquiert aus, als hätten sie noch mit Dostojewski in der Spielbank des Kurhauses hasardiert.

An sich hat Tomek, emanzipiertes Arbeiterkind, wenig mit schickimicki am Hut. Ein wenig öde und gutbürgerlich findet er Wiesbaden schon: keine Studenten, niemand fährt Fahrrad ... Seine ehemalige Studienstadt Frankfurt, eine halbe Autostunde von hier entfernt, wurde im Krieg nicht geschont, und dort herrscht noch immer städtebauliches Chaos. Aber in dieser Hässlichkeit hat er ganz gerne gelebt: Die Großstadt erwies sich als die richtige Umgebung für sein Coming-out. Tim hat Tomek allerdings öfter gesagt, ihm als Jungen vom Land sei Frankfurt unheimlich. So wurde Hessens kleine, überschaubare Landeshauptstadt Wiesbaden, wo Tim in die Schule gegangen ist, ihr Kompromiss – einer, mit dem Tomek sehr zufrieden ist.

Tomek ist von weit her gekommen, aber der Weg hat sich gelohnt, sagt er. In Kluczbork, auf Deutsch Kreuzburg, war ein Studium für ihn das größte Ziel, das Erstrebenswerteste überhaupt. Niemals wäre es ihm in den Sinn gekommen, das Gymnasium abzubrechen, so wie Tim es aus Widerstand gegen die Anforderungen seiner Familie kürzlich getan hat. Für Tomek war die Ausbildung eine Möglichkeit, sich aus seiner Umgebung zu befreien, während Tim sich von der Ausbildung befreit hat, um seiner Umgebung zu entfliehen. Und Tomeks Mutter hat ihrem Sohn den Weg nach Deutschland, nach Frankfurt am Main, gewiesen, auch wenn sie das selber nicht so sehen würde. Aber sein soziales Leben in Deutschland hat er sich alleine aufgebaut – seine Mutter manchmal vor Rätsel stellend.

»Meine Mutter kommt aus einem Haus mit vielen Kindern«, sagt Tomek. »Ihre Eltern konnten sich nicht leisten, dass sie lange zur Schule ging. Früher war das halt so in Polen. Als sie verheiratet war, hat sie immer nebenbei gejobbt, als Köchin und so, die verschiedensten Sachen. Nach dem Fall des Kommunismus hat sie angefangen, in Deutschland zu arbeiten, wie so viele polnische Frauen. So kam sie irgendwann nach Frankfurt, in die Altenpflege. Sie gehört jetzt zu diesem Heer von Polinnen, die das deutsche Gesundheitssystem aufrechterhalten.«

Als er sechzehn Jahre alt war, pendelte seine Mutter immer für ein paar Monate nach Deutschland, bevor sie wieder für eine kurze Zeit zurück nach Polen kam. »Wie so viele meiner Altersgenossen bin ich dann sehr schnell erwachsen geworden. Ich wohnte zwar mit meinem Vater unter einem Dach, aber wir lebten nicht wirklich zusammen. Ich aß in der Schulkantine, oder ich machte mir zu Hause irgendwas Essbares.«

Sein Vater hat alles kaputt gemacht, sagt Tomek. Durch den Alkohol, wie so mancher polnische Vater. »Vor der Wende war er einer der besten Baggerführer im Süden Polens. Damals war er noch Angestellter bei einer Staatsfirma, und in den neunziger Jahren hat er dann eine Art Ich-AG gegründet, eine Einmannfirma. Er bekam sofort ziemlich viele Aufträge. Aber wer einmal mit ihm gearbeitet hatte, wollte das danach nicht mehr. Wir hätten mehr als genug Geld zum Leben gehabt, wenn er nicht getrunken hätte. Solange meine Mutter die ganzen Finanzen geregelt hat, ging es. Aber das hat er sich nur zeitweise bieten lassen. Es war ja sein

Geld, da wollte er keinen anderen dranlassen. Und so kam es am Ende, wie es kommen musste: Sie haben sich scheiden lassen.«

Tomek hat das Abitur geschafft. Er fragte sich, was er nun weiter tun wollte. »Ich habe drei Aufnahmeprüfungen für Psychologie an drei renommierten Universitäten bestanden. Aber in Posen und Krakau konnte nur einer von etwa fünfundzwanzig aufgenommen werden. In der dritten Stadt, Breslau, bekam ich einen Studienplatz. Ich habe mich dagegen entschieden, ich spürte irgendwie, dass ich weg muss aus Polen: Wenn ich jetzt nicht abhaue, bin ich mein Leben lang ein todunglücklicher Mann. Also bin ich 2003 nach Frankfurt gekommen, wo meine Mutter zu dieser Zeit schon lebte.«

Tomek spricht mittlerweile fließend Deutsch. »Na ja, andere sagen, ich habe einen französischen oder belgischen Akzent. Eben dieses Weiche«, meint er. Doch als er nach Frankfurt kam, war sein Deutsch »katastrophal«. Er hat nur gelernt und gelernt und schaffte in kürzester Zeit die Sprachprüfungen, die er brauchte, um an der Hochschule zugelassen zu werden. Außerdem wurde sein Schulabschluss in Deutschland nicht anerkannt, und er musste auch dafür noch einen Zulassungskurs besuchen. »Das richtige Leben habe ich erst später entdeckt«, sagt er. »Das fing beim ›Regenbogen Polen‹-Projekt an. Seitdem habe ich nicht mehr so fleißig studiert wie damals, am Anfang.«

Als das Frankfurter CSD-Team einen Organisator für ihren Polen-Schwerpunkt bei der jährlichen Parade zum Christopher Street Day suchte, hat er sich gemeldet. Seit ein paar Jahren betreut er die »Regenbogen Polen«-Aktion und ist in Frankfurt Ansprechpartner für die polnischen Lesben und Schwulen. Darüber hinaus wurde die CSD-Gruppe sein Freundeskreis, sein neues Zuhause. »Ich wollte was Soziales, Ehrenamtliches machen. Weil es unserer

Generation so gut geht, hier in der Bundesrepublik. Und weil nur wenige sich dessen bewusst sind, vermutlich, weil sie es nicht anders gewöhnt sind.«

Dankbar und gerührt zeigten sich jedenfalls die hundert polnischen Homosexuellen, die in Frankfurt während des CSD tagelang kostenlos betreut wurden und gefeiert haben. »Manche der Polen bedankten sich mit den Worten, das wären die schönsten drei Tage ihres Lebens gewesen. Sie sind mit größerem Selbstbewusstsein zurück nach Polen gefahren. Genau darum ging es.«

Er sei in den zwanzig Jahren, die er in Polen verbracht habe, schon ab und zu glücklich gewesen, sagt Tomek. »Ich habe nicht nur schlimme Erinnerungen. Aber … es ist halt Polen. Ich musste mich mit meinem Schwulsein verstecken, das stand an erster Stelle. Trotzdem weigere ich mich, mich nur negativ an die Kluczborker Jahre zu erinnern. Ich will das nicht, weil es unerträglich wäre.«

So eine Aussage ist, das versteht sich von selbst, ein gefundenes Fressen für den fünfundzwanzigjährigen Studenten der Psychologie, Psychoanalyse, Romanistik und Amerikanistik Tomasz Wosinski in Frankfurt. Sobald er in Polen ist, greifen alte Verhaltensmuster. Dieser Prozess, sagt er selbstanalytisch, läuft etwa wie folgt ab: »Jedes Mal, wenn ich in Kluczbork bin, mittlerweile höchstens zweimal pro Jahr, zieht es mich in den örtlichen Jazzklub. Da treffe ich Bekannte, und wir haben Spaß wie früher – super. In so einem kleinen Kellerpub kann allerdings auch Schlimmes passieren. Da sitzt die gelangweilte Jugend herum, oft intolerant und angetrunken. Wenn sie Krach wollen, ist jeder Anlass willkommen. Und wenn ich ihnen diesen Anlass biete, indem ich mich erkennbar als Schwuler verhalte, ist das schon ein sehr unangenehmes Erlebnis. Nicht mal, weil sie mich verprügeln, was durchaus denkbar wäre. Sondern weil ich dann nichts von Polen mitnehme, an dem ich mich noch ein bisschen wärmen könnte. Ich würde nur noch Schlechtes denken von der Stadt, aus der ich komme. Das möchte ich nicht, und deshalb verhalte ich mich in Kluczbork anders als hier.«

Dort wissen nur zwei Freundinnen von seinem Schwulsein. »Sie haben Schweigepflicht. Mit meinem Vater habe ich keinen Kontakt. Mein Bruder und meine Schwägerin wissen es auch, aber sie würden ohnehin niemandem davon erzählen. Sie sind zwar zu unserer Hochzeit gekommen, aber in Polen stellen sie Tim am liebsten als meinen Studienkollegen vor. Wenn man mich hier in Deutschland fragt, warum Tim und ich verheiratet sind – so jung, so frisch zusammen –, antworte ich immer, aus Liebe und so und warum warten, wenn wir uns eh sicher sind. Das ist alles auch wahr. Aber vielleicht spielt die Hoffnung mit, dass, wenn es amtlich und offiziell ist, unsere beiden Familien die Beziehung leichter, unverkrampfter akzeptieren.«

Arm, aber sexy

IN DER WOHNUNG, EIN WENIG SPÄTER – Als er das Wohnzimmer betritt, entfährt Tomek ein leicht ermüdetes Stöhnen. Der Tisch ist wie zu einer Hochzeit gedeckt, voller Kerzen und Rosenblätter. Die Stoffblättchen sind wirklich noch von ihrem Hochzeitsessen. »Sofort fertig, nur die Nudeln noch«, ruft Tim aus der Küche.

»Pompös und perfekt«, kommentiert Tomek den Tisch laut. Er muss nur darauf achten, nichts zu verschieben. »Jeder Zentimeter muss stimmen.« Einerseits gefällt es ihm. Tim, der, wie er selbst sagt, aus einer Schickimickiwelt kommt, kann sich wie ein perfekter Gastgeber benehmen, inklusive der richtigen Anzüge und

Bestecke. »Ich verwöhne dich nun mal gerne«, ruft Tim zurück. »Auf der anderen Seite nervt es mich«, so Tomek weiter. »Jeden Tag ein Festessen ist schon anstrengend.«

»Ich glaube, dich nerven viele Sachen an mir, die typisch deutsch sind«, sagt Tim, während er Schweinebraten, Nudeln und Beilagen mit Hingabe auf den Tellern anrichtet. »Mein Perfektionismus, zum Beispiel.« »Das glaube ich eigentlich nicht«, antwortet Tomek ein wenig tückisch. »Schau dir mal das Badezimmer an, wie genau und ordentlich du da bist. All die Cremes, Lotionen und Tuben, die offen herumliegen!« Tomek kommt in Fahrt. »Und was mich auch ganz schön nervt, sind diese Häufchen. Beim Aufräumen machst du hier Häufchen, da Häufchen, und die bleiben dann tagelang liegen. Das macht mich wahnsinnig. Und dein Verbrauch von Klamotten und Handtüchern – oh, diese unglaublichen Mengen Wäsche!«

Tim nimmt Tomeks Scherz ernst genug. »Das alles ist für mich schwer. Ich musste früher gar nichts machen. Ich habe mein leeres Glas hingestellt, und dann war es schon weg. Ich habe ein Handtuch benutzt, habe es hingeschmissen, und am nächsten Tag war es gewaschen wieder an seinem Platz.« »Ich weiß, du gibst dir schon Mühe«, sagt Tomek und schaut Tim liebevoll an. »Und es wird immer besser, oder?«, hakt Tim nach.

Tim und Tom, Tomek und Timek, die Jungverheirateten, können sich zanken wie ein altes Ehepaar. Doch das wirkt meist nur so. Sie suchen eher in großer Offenheit nach einem guten Umgang miteinander. »Ich möchte zum Beispiel öfter für deine Freunde kochen«, sagt Tim. »Dann können sie hierherkommen, anstatt dass du mit ihnen weggehst. Ich koche und wir machen einen Spieleabend oder was weiß ich.« »Willst du wissen«, antwortet Tomek, »was meine Freunde von einem solchen Vorschlag halten? ›Ääh, bist du alt geworden!‹, sagen sie mir. ›Du bist so alt, mit deinem Spielabend und Kochen.‹ Ein Spieleabend! Das ist eine von diesen typisch deutschen Erfindungen. Mit Brettspielen und ein paar Leuten, die sich hinhocken und spielen. Das ist das Grausamste, das man mir antun kann.«

Der neunzehnjährige Tim schaut ein wenig verdutzt. Aber dann überlegt er noch mal ernsthaft. »Weißt du, ich glaube, eigentlich habe ich mir diese ganze Etikette und diesen Häuslichkeitsdrang und das alles selbst beigebracht. Wie eine Schutzmauer. Zu Hause war das alles nicht so stilvoll und gemütlich, wie es sein sollte. Die Eltern getrennt, meine Oma hatte fünf Kinder von fünf Männern und trank furchtbar viel, bevor sie mit dem sechsten Mann endlich glücklich wurde. Dieser Alkoholismus in der Familie – das ist, zusammen mit der Scheidung der Eltern, eine der wenigen Gemeinsamkeiten unserer Herkunft.«

Seit Tim sich bei beiden um die Frisur kümmert, haben sie sich auch in dieser Hinsicht aufeinander zu bewegt. »Die längeren Haare stehen dir wirklich besser«, kommentiert Tim. Dafür hat er seine geschnitten und sie in einem ähnlichen Braun wie dem Tomeks gefärbt. »Im Winter möchte ich Blondine sein und im Sommer Brünette.« Und zwar eine von 1,95 Meter.

Tomek ist mit seinen 1,80 auch nicht gerade klein. »Seit ich mich darum kümmere, bist du auch besser angezogen«, fährt Tim fort. Tomek sieht das nicht ganz so, »zumal nicht mit den neuen Kilos an den falschen Stellen«. »Unsere Flitterwochen sind ja eher Fresswochen gewesen«, stimmt Tim ihm zu. Geflittert haben sie zu Hause in Wiesbaden. Hier haben sie sich in einer Schwulenkneipe kennengelernt. »Den will ich haben«, hat Tim sofort gewusst. »Und dann hat mir ein Bekannter Tomek als seinen Freund vorgestellt, so ein Mist. Jetzt herrscht Krieg, habe ich gedacht.«

Als Tim den Krieg ein paar Monate später zu seinen Gunsten entschieden hatte, kam prompt eine fast ebenso große Herausforderung auf ihn zu: Polen. Ganz geschickt hatten Tomeks Schwägerin und Bruder die Taufe des kleinen Sohnes mit der Erstkommunion ihrer Tochter kombiniert, damit Tomek und Mutter Helena nicht zweimal aus Deutschland anreisen mussten. Tim kam nach, er hatte noch Schule.

»Erst lief's ja ganz gut, aber dann vom Flughafen Breslau zum Hauptbahnhof, was auf Polnisch schon ein ganz anderes Wort ist. Ich kann ja kein Polnisch. Ein netter Pole, der fließend Deutsch sprach, hat mir eine Fahrkarte gekauft. Aber von dort musste ich den Zug nach Kluczbork nehmen. Bin ich zur ›International Information‹ gegangen. Niemand hat mich verstanden oder verstehen wollen. Nicht auf Englisch, nicht auf Deutsch. Vielleicht habe ich eine sehr arrogante Ausstrahlung. Was dann? Zu meinem Glück kam irgendein Penner vorbei, der mich auf Englisch ansprach und um eine Zigarette gebeten hat. Klar, wenn er mir eine Fahrkarte kauft. Auf dem Rückweg kam es noch schlimmer. Ich habe den Flug verpasst. Drei Minuten zu spät war ich beim Check-in, und die haben mich nicht mehr reingelassen. Der nächste Flug ging in zwei Tagen. Meine Mutter fand es ganz furchtbar witzig, als ich es ihr am Telefon erzählte. Eben typisch für mich, dass ich das Flugzeug verpasse.«

Tim ist schon viel herumgekommen, sagt er, er war zum Beispiel mit dem Vater in Italien, Lettland und Afrika, zum Autorennen. Das Gefühl existenzieller Einsamkeit ist ihm, der viel allein gelassen wurde, durchaus nicht fremd. Aber nirgendwo sonst hat er sich so einsam und genervt gefühlt wie in diesen Tagen in Polen. »Ich habe gar nichts mehr genossen. Auch nicht in Kluczbork.« Wenn es sein müsse, sagt er Tomek, komme er selbstverständlich noch mal mit nach Polen. Er schiebt nicht seine Birkenpollenallergie oder eine andere Allergie vor – er leidet immerhin unter genügend Anfälligkeiten. Aber die für Polen

142

steht jetzt ziemlich vorne. Auch wenn er Tim Wosinski heißt und seinen Mann und seine Schwiegermutter sehr liebt.

»Für mich war schwul sein nix Besonderes«, erklärt Tim. »Meine Mutter hat schwule Freunde, die ganzen Fernsehserien werden von Schwulen bevölkert. Deswegen finde ich das so interessant, dass die wenigen Kilometer zur polnischen Grenze so viel ausmachen.« Er glaubt, Polen war deswegen so »erschreckend«, weil diese Erfahrung ihn damit konfrontiert hat, wie unterschiedlich Tomek und er erzogen wurden. »Wenn ich schwul bin, dann bin ich schwul, und so laufe ich auch durch die Stadt. Wenn ich einen Mann habe, dann habe ich einen Mann, und wenn ich ihn küssen will, dann küsse ich ihn. Ich möchte Händchen halten, wenn ich Lust dazu habe, und zwar auch, wenn das in irgendeinem polnischen Jazzkeller ist. Dort habe ich aber gemerkt, dass du verbirgst, dass du schwul bist. Du hast dich plötzlich so anders benommen.«

Tim hatte sich wie ein Fremder gefühlt. War das sein Tomek? »Hier in Deutschland hast du eine große Klappe. Wenn wir zusammen in der Stadt spazieren gehen und sieben Türken auf uns zukommen, sagst du: ›Hallo, Leute, wollt ihr mitmachen?‹ Mir bleibt fast das Herz stehen, und du findest es superwitzig, wenn ich mich darüber aufrege.«

»Das stimmt, ich habe hier keine Angst«, antwortet Tomek. »Hier muss ich mich nicht verstecken. In Polen war diese Angst was Normales sozusagen. In Deutschland ist es nichts Normales. Hier werde ich als Schwuler ernst genommen, man hört mir zu. Und keiner wird mir sagen, dass ich anders leben soll. Also, wenn mich hier jemand deshalb angreifen will, ist er der Blöde – nicht ich. Aber in Polen bin ich der Blöde. Dort bin ich der Andersartige, einer, der sich gegen das ganze Polen wendet. Das halte ich nicht aus, das ist mir zu viel.«

Lieber erhält Tomek sich aus seinen Kluczborker Jahren ein Restchen Nostalgie, auch deswegen möchte er dort nicht provozieren. Aber wie soll er das jemandem erklären, der jetzt beschwört, wenn er in Polen leben müsste, würde er »spätestens nach zwei Wochen tot sein«?

Tim und Tomek teilen sich ihre Zweizimmerwohnung am Fuß des Wiesbadener Nerobergs mit ein paar trächtigen Meerschweinchen. Die Babyschweinchen können sie immer beim Tiergeschäft gegen Futter eintauschen. Zum Glück, denn das Geld ist knapp, fast zu wenig, um die Miete zu bezahlen. Allerdings hat sich Tomek schon als Schüler in Polen, während seine Mutter in Deutschland war, daran gewöhnt, sehr sparsam zu sein. Und Tim lernt schnell dazu.

Das Geld war für Tim der unmittelbare Anlass, die Oberstufe des Gymnasiums im letzten Herbst zu verlassen, behauptet er. »Ich lebte bei Tomek in Frankfurt, musste mir eine neue Monatskarte für die öffentlichen Verkehrsmittel nach Wiesbaden besorgen und dachte: Lass es sein.« Aber dieser Rückzug aus der Schule spukte ihm schon lange im Kopf herum. Vom Vater bekommt er jetzt sein Kindergeld und ein wenig Unterhaltsgeld. Bis er im August mit der Ausbildung zum Friseur anfangen kann, versucht er noch, ein bisschen zu jobben.

Tomek verabschiedet sich. Er muss zu der trendy Kneipe in der Wiesbadener Fußgängerzone, wo er Vollzeit arbeitet. Tim bringt die Reste des Schweinebratens nach nebenan. Wenn eine der netten Nachbarinnen im Haus mal Kuchen backt, kommt gleichfalls immer etwas bei Tomek und ihm an.

Und jetzt ab in die Badewanne, dem privatesten Bereich im Haus. Hier kann er sich stundenlang aufhalten. Vor allem jetzt, wo er allein ist. In der Wanne hat er Zeit für Zweifel. Muss er morgen wirklich wieder in dieser Schwulenparade mitlaufen? Er mag so ein Massentheater nicht. War es eine gute Idee, Kinokarten für die morgige 18-Uhr-Vorstellung von Mamma Mia! zu besorgen? Tomek fühlt sich bestimmt eingeengt, wenn sie deswegen Frankfurt frühzeitig verlassen müssen. Wieso musste er wieder vorausplanen, immer alles vorher festlegen? Kann er sich, in seinem Alter, mit seinem Hintergrund, noch wirklich ändern? Zu schwere Fragen. »Mamma Mia!«, schallt es aus dem Bad.

Tomek kommt in mieser Stimmung hereingeplatzt, unerwartet früh. Es sei wohl sein letzter Tag in der Kneipe gewesen, brummt er. Als erfahrener Kellner eingestellt, kann er die erniedrigenden Arbeitsumstände, die dort herrschen, nicht länger hinnehmen. Zuerst wurde er damit beauftragt, die Toiletten zu putzen, und dann sind noch schmutzigere und vor allem sinnlose Arbeiten auf ihn zugekommen. Er ist sich nicht zu schade dafür, aber er empfindet es als reine Schikane. Nein, nicht weil er Pole ist, den Kollegen dort geht es genauso. Ihm reicht es. Er hat seinem Vorgesetzten gesagt: »Ich kann mich morgen noch im Spiegel anschauen – könnt ihr das auch, nachdem ihr mich so behandelt habt?« Und dann ist er abgehauen. Hoffentlich bekommt er sein Gehalt noch.

Um die Zeit bis zum nächsten Semester zu überbrücken, hatte Tomek sich diesen Job besorgt. Kürzlich hat er sein Studium wegen der Studiengebühren von Frankfurt nach Mainz verlegt, eine Art Neuanfang. Das war, im Nachhinein betrachtet, eine ziemlich überflüssige Aktion. Aber das ist nicht seine Schuld. Es ist schon skurril, meint Tomek, wie die Deutschen ihre wissenschaftliche Bildung organisieren. Hier in Hessen gibt es Studiengebühren und am anderen Ufer des Rheins, in Rheinland-Pfalz, nicht, dort wurden sie kürzlich aufgehoben. Um nach Mainz zu kommen, braucht man nur eine Rheinbrücke zu überqueren, aber Mainz, das ist arm und gar nicht sexy, meinen die Wiesbadener. Sie nennen die Mainzer »die Bauern«, obwohl es dort, dank der Uni, vermutlich mehr Intellektuelle gibt als hier.

Aber nun sieht es so aus, dass die Sozialdemokratin Ypsilanti und ihre Leute den Hessen die Studiengebühren wieder vom Hals geschafft haben. Vorübergehend? Fünfhundert Euro pro Semester spürt man schon im Geldbeutel. Tomek überlegt sich also, an die Frankfurter Uni zurückzukehren. Dann würde er allerdings die Gelegenheit nutzen, zur Medienpsychologie zu wechseln. Als Organisator der »Regenbogen Polen«-Aktion beim Christopher Street Day hat er seine Talente im Kommunikationsbereich entdeckt. Kürzlich ist er *Sprache gegen Gewalt* beigetreten, einer Initiative des Schauspielers Dirk Heinrichs mit dem Ziel, Jugendliche wehrhaft zu machen, ohne dass sie Gewalt anwenden. In dieser Richtung möchte er gerne weitermachen. Insgesamt sind es keine drei verlorene Studienjahre gewesen, im Gegenteil: In der Zeit hat er sich selbst kennengelernt.

»Wir werden es schon schaffen«, sagt Tim zu seinem etwas angeschlagenen Mann. »Du wirst auf jeden Fall wieder studieren. Im Sommer bleiben wir eh hier, du verdienst ja jeden Sonntag noch was in deinem Frankfurter Restaurant dazu.« Leider wird Tim während der Ausbildung nicht bezahlt. »Wir können immer noch ein paar Sachen verkaufen«, schlägt er vor. »Wie den antiken Spiegel meines Vaters, der im Flur hängt.« »Nein«, erwidert Tomek energisch. »Das wäre wirklich schade!«

»Schwuppenfest«

WIESBADEN, AM NÄCHSTEN MORGEN – Tomek bügelt seine Jeans. Seine CSD-Jeans, immer dieselbe, und die muss perfekt aussehen. »Ich mag meine Jeans. Sie sind zwar eng, aber irgendwie sehe ich nicht wie eine Mega-Tucke darin aus.« Tim trägt ebenfalls Jeans. Beide kombinieren Flip-Flops dazu, und selbstverständlich die roten T-Shirts mit dem Aufdruck »Regenbogen Polen«. Und beide haben wenig Lust – aus unterschiedlichen Gründen. Tim sagt: »Ich hasse Schwule.« Tomek sagt: »Es wird wenig los sein. Aber komm schon, die Gruppe wartet auf uns.« Und so packen sie die übrigen T-Shirts ein. Die sind für die Polen und Polenfreunde, die sich in Frankfurt zu Anfang der Parade melden werden. Dann fahren sie los. Der lustige polnische Schlager aus den sechziger Jahren, den sie im Auto hören, sorgt für ein bisschen gute Laune.

Es wird in diesem Jahr anders sein als im letzten. Es wird kein »Regenbogen Polen«-Wagen mitfahren mit Transparenten voller Zitate aus der polnischen Politik wie »Arbeitslager für Lesben, Euthanasie für Schwuchteln!«. Es werden keine hundert Leute aus Solidarität in den polnischen Landesfarben rot und weiß aufmarschieren, mit kritischen Losungen wie »Kaczyński, zurück ins Mittelalter«. Offizielle Einladungen an polnische Schwulenorganisationen hat »Regenbogen Polen« diesmal nicht verschickt, und Tomek hat nicht wochenlange Vorbereitungen zum CSD treffen müssen. Es wird höchstens ein paar einzelne polnische Gäste geben.

Und das alles ist auch gut so, meint Tomek. Man muss sich nicht ständig wiederholen. »Unsere Kontakte mit Warschau sind aber auch nicht mehr optimal, leider. Die Schwulenbewegung dort ist zerstritten.« Auch der Warschauer CSD leidet darunter, sagt er. Es war lange unklar, ob es in diesem Jahr dort überhaupt eine Parade geben würde. »Wie können sie sich bloß gegenseitig bekämpfen! Ich finde das so schrecklich.«

Noch vor ein paar Jahren haben die Warschauer die »Gleichheitsparade« – die vom Oberbürgermeister, dem heutigen Staatspräsident Lech Kaczyński, als »Beleidigung der Religion« verboten worden war und dennoch stattfand – mit Steinen und Flaschen beworfen. »Damals war es nicht klar, dass die Polizei die Demonstration schützt. Bürgermeister Kaczyński meinte, sie schützte uns zu viel und die rechtsradikale Gegendemonstration zu wenig. Es ist jetzt besser, wenigstens in Warschau gibt es viele, die den CSD unterstützen. Aber so gut ist die Situation nun auch wieder nicht, dass die Schwulen jetzt Energie darauf verschwenden sollten, einander das Leben schwer zu machen.«

Der Europäische Gerichtshof für Menschenrechte hat noch im letzten Jahr die polnische Regierung wegen Diskriminierung Homosexueller verurteilt, wobei Kaczyńskis Demonstrationsverbot für die Gleichheitsparade 2005 als konkreter Anlass diente. Vorher schon hat das Europaparlament sich über die polnische »Homophobie« besorgt gezeigt. Polen hat zwar seitdem einen Regierungswechsel erlebt, durch den der Zwillingsbruder von Lech Kaczyński, Jaroslaw, als Regierungschef von dem zumindest in wirtschaftlicher Hinsicht liberaleren Donald Tusk abgelöst wurde, »aber Tusk und seine Leute«, sagt Tomek, »sind genauso homophob wie die Kaczyńskis. Von denen ist für uns nichts zu erwarten.«

Tusk hat es am Jahresanfang selber gesagt: Die Rechte von Homosexuellen werden nicht auf europäisches Niveau gehoben. Als Argument verwies er darauf, die polnische Bevölkerung lehne dies ab. Und tatsächlich, im März hat Präsident Kaczyński mit der Unterstützung von Regierung und Sejm, dem polnischen Parlament, für Polen eine Ausnahmeklausel im EU-Vertrag von

Lissabon durchsetzen können. Polen ist dadurch nicht an den in der Grundrechtecharta des Vertrags vorgesehenen Diskriminierungsschutz von Minderheiten wie Lesben und Schwulen (und auch Deutschen) gebunden. Polen kennt seine Feinde: Kaczyński befürchtet, als gleichberechtigte Europäer würden die Deutschen sich ganze Teile Polens zurückkaufen oder Schadenersatz beanspruchen können.

Andererseits, nuanciert Tomek, ist Homosexualität in Polen zumindest ein öffentliches Thema geworden. »In den baltischen Staaten ist die Situation viel schlimmer. Bei einer CSD-Konferenz bin ich einem Letten begegnet, der erzählte, in Lettland sei es für Schwule und Lesben einfach unmöglich, Veranstaltungen zu

Mit der » Regenbogen Polen«-Gruppe beim Christopher Street Day in Frankfurt a. M. (hintere Reihe Mitte: Tim, dann Lisa und Tomek)

organisieren. Das Thema ist tabu. Er hätte hundertmal lieber in Polen gelebt, wo es Raum für Gegenklänge gibt. Die Letten haben gelernt zu schweigen, wo die schwulen Polen Lärm machen können.«

Einen Beweis dafür, wie intolerant viele Polen noch immer eingestellt sind, hat Tomek kürzlich auf YouTube im Web gefunden, öffentlicher geht's wohl kaum. »Das war ein Abschnitt aus einer Reportage über den CSD in Krakau. Ein wenig abseits der Demonstranten und Polizisten stand ein Priester, nicht mal so sehr alt, eher ein recht junger Mann. Er wurde von polnischen Journalisten befragt und war ganz nervös. Das gehe doch nicht, sagte er, was hier alles auf dem Marktplatz so abläuft. ›Im Mittelalter wurden die auf dem Scheiterhaufen verbrannt‹, hat er total aufgeregt gesagt. Da hat eine Journalistin nachgefragt: ›Wir haben doch jetzt 2008 und nicht mehr Mittelalter, oder?‹ Darauf hat er geantwortet, im Mittelalter sei nicht alles so schlecht gewesen, da gab es Sachen, nach denen man sich schon zurücksehnen könnte. Das kam offenbar einfach so aus dem Bauch raus. Aber die Welt konnte es mitbekommen, das ist das Gute an der Sache.«

Im Zentrum Frankfurts gruppieren sich die farbenfrohen Demonstranten zum Umzug. Acht identisch dunkel bebrillte und mit den typischen Perücken ausgestattete Nana Mouskouris flattern mit riesigen Rosen herum, und dreißig Cheerleader Boys aus Köln sichern sich einen Platz in der Formation. Tim und Tomek reichen ihren Freunden die T-Shirts rüber. Die »Regenbogen Polen«-Gruppe besteht an diesem Samstag aus vier Deutschen und zwei Polen aus Frankfurt und Wiesbaden und einer Niederländerin.

Das diesjährige Motto des CSD lautet: »Noch immer nicht gleichberechtigt!« In Deutschland ist nämlich »auch nicht alles so doll«, sagt Tomek. Wie Polen ist die Bundesrepublik vom Straßburger Menschenrechtsgerichtshof gerügt worden, weil ihr Antidiskriminierungsgesetz unzulänglich ist. »Wir haben nicht die gleichen Adoptionsrechte wie Heteropaare, auch nicht die gleichen Steuer- und Versicherungsrechte und so weiter.«

Zudem gibt es Unterschiede zwischen den Bundesländern. Hatte nicht der CSU-Kanzlerkandidat Edmund Stoiber vor ein paar Jahren angekündigt, man werde die Homoehe zwar akzeptieren, aber weiter gehende Rechte für Lesben und Schwule wenigstens in Bayern mit allen zu Gebote stehenden Mitteln bekämpfen? »Eigentlich ist unsere deutsche Homoehe juristisch ziemlich bedeutungslos«, meint Tomek. Er redet von Tim denn auch öfter als von »meinem Partner«, nicht von »meinem Mann«. Tim fühlt sich sowieso schon diskriminiert. »Ich darf zum Beispiel kein Blut spenden«, mischt er sich ein. »Das heißt, ich darf schon, wenn ich sage, ich bin hetero. Wenn man lügt, darf man mitmachen. Also, um Sicherheit vor Aids geht es dabei wahrscheinlich nicht.«

Tomek schlägt der kleinen »Regenbogen Polen«-Mannschaft vor, sich hinter dem Wagen des Frankfurter Volleyball Vereins FVV anzuschließen, weil deren Musik so swingt. Für die vielen Parteiwagen gilt das weniger. Im Umzug sind sie alle dabei, von Schwulen und Lesben aus der Union, grünen Lesben und gelben Schwulen bis hin zu jenen noch links von den Linken, den Schwulen der KPD. Tomek stellt ein Paradox fest: Je präsenter die politischen Parteien aller Farben, desto unpolitischer wirkt die Parade. »Harmloser als früher wirkt sie irgendwie. Eher wie ein Schwuppenfest: gemütlich und harmlos.«

Entlang der Route wird den »Polen« sogar einmal aus dem Publikum zugejauchzt. Eine junge Frau ruft: »Eh!, meine Freundin ist Polin, wo kann man euch finden?« Tomek nennt ihr die Website. Nicht unerwartet, aber dennoch plötzlich bricht ein kolossaler

Schauer los. Tim überlegt sich, ob er jetzt um sein Haar bangen muss. Dann sieht er Tomek auf seinen Flip-Flops eine Art Regentanz machen und beschließt, Regen Regen sein zu lassen.

Das war eigentlich gar keine schlechte Idee von Tim, die Karten für *Mamma Mia!*. Nach dem Umzug noch ein wenig rumspazieren über den großen Platz, ein Paar Bekannte grüßen und einen Gig auf dem Podium bewundern, und dann wollte auch Tomek schon zurück nach Wiesbaden. Lisa ist mitgekommen, Tims alte Klassenkameradin, mit der er so oft die Schule geschwänzt hat und die jetzt, wie er, statt Abitur eine Ausbildung macht.

Nach dem lustigen Abba-Film geht's gemeinsam in eine Wiesbadener Schwulenkneipe. Seit er mit Tomek zusammen ist, muss Tim nicht mehr unbedingt in Schwulenkneipen gehen. Lieber sitzt er mit seinem Mann vor dem Fernseher auf dem Sofa und guckt eine Soap. Aber Lisa ist mit, da macht man halt was Soziales, und diese Schwulenkneipe hat einen Raucherraum. Es regnet nämlich wieder. Angenehm still ist es drinnen, fast keiner da, denn die Stammgäste feiern natürlich noch beim CSD.

Tim ist erleichtert, dass »Frankfurt« wieder vorbei ist, »mit dem ganzen Schwulenzirkus«. Zwar hatte er im Vorjahr für den CSD Klamotten und anderes auf dem Flohmarkt verkauft. Mit dem Ertrag konnten die polnischen Gäste betreut werden. So wie auch Tomeks Mutter mitgearbeitet hat, das gehört halt dazu. Aber, er kann nichts dafür, »dieses demonstrative Schwulsein, ich mag das nicht. Besonders nicht, wenn sie sich so tuckig benehmen. Dieses ›Hallóóó, wie géééhts dir!‹ Ich hasse das.«

Das darf komisch klingen aus dem Mund von jemandem, der in der Öffentlichkeit mit seinem Mann knutschen und Händchen halten will, sogar dann, wenn Tomek gar nicht daran denken mag. »Ja, stell' dir vor«, sagt der zu Lisa, »bin ich voll in *Mamma*

Mia! vertieft, halt in diese romantische Kitschatmosphäre, und da will Tim mit mir Händchen halten!«

»Tim ist ganz schön eigen«, lacht Lisa. »Und das gefällt mir.« »Stimmt schon, das bin ich«, reagiert Tim. ›Nur nicht in dieser Gay-Extravaganz beim Umzug. Und auch diese Klischee-Lesben, immer ist eine der beiden der *Butch* und … Doch, Tomek, so war das heute. Bei uns ist doch auch nicht einer der Mann, oder? Na ja, ich denke, emotional betrachtet bin ich vielleicht schon eher die Frau. Aber worum es geht: Habt ihr denn den Blick der Durchschnitts-Frankfurter unterwegs nicht wahrgenommen? Ich bin mir sicher, dass dieses Theater die Menschen, die man erreichen möchte, genauso abschreckt wie mich. Das bringt keine Gleichberechtigung, das bringt nur Ärger! Ich will bloß die Freiheit, mich mit Tomek als Paar auf der Straße so intim verhalten zu können wie jedes Heteropaar«, betont Tim noch mal, »ich will meinen Trauring zeigen können und sonst nichts.«

»Genau, Tim, darum geht es!« Tomek wird plötzlich streitlustig. »Und um das zu erreichen, müssen wir eben diesen ganzen Demo-Zirkus organisieren. Sonst ändert sich doch nichts!«

Jetzt hält Tomek einen richtigen Vortrag über den Film *Stonewall*, der die Ereignisse von 1969 um die gleichnamige Bar in der New Yorker Christopher Street zeigt. Dort hat das überwiegend homosexuelle Publikum sich zum ersten Mal vehement gegen die wiederholten Beleidigungen und Razzien der Polizei gewehrt. »Im Film erteilt ein Transvestit einem Polizisten den ersten Schlag, und das ist der Anstoß für das weltweite Gay Movement geworden. Gut, der Film ist ein wenig romantisiert. Aber der Mann, der sich in den Transvestiten verliebt hat, erreicht in seinem schönen Anzug und mit all seinen weisen Worten gar nichts, so viel wird klar. Um die Öffentlichkeit zu mobilisieren, muss man schon tüchtig rangehen.«

Nebenbei haben sie ihm auch wahnsinnig Spaß gemacht, diese vergangenen wilden Jahre beim CSD, fährt er fort. »Diese Extravaganz war schon lustig. Wieso hat man sich so irre gekleidet? Auch, um einander aufzufallen. Dann wurde drei Tage lang die Sau rausgelassen. Und drei Nächte vor allem.« Tim amüsiert das weniger. »So habe ich nie gelebt«, sagt er abfällig. Und wirft ein bisschen angeberisch zurück: »Dafür hatte ich schon von meinem zwölften Lebensjahr an lange Beziehungen. Zwar mit Frauen ...«

Als er kurz mit Lisa allein ist, fragt Tim: »Meinst du nicht, dass Tomek und ich uns ganz schön heftig streiten, für zwei, die verheiratet sind und sich lieben?« Lisa kann nichts Schlimmes an dem Gespräch finden. Tim ist beruhigt. Sobald Tomek zurückgekehrt ist, sagt er versöhnlich: »Du hast mich den ganzen Tag noch nicht geküsst«, und zieht seinen Mann auf seinen Schoß.

Elternersatz

SCHLANGENBAD, AM NÄCHSTEN MORGEN – Tomek parkt den alten Wagen oben am Hügel, über einen halben Kilometer vom weißen Haus des Schwiegervaters entfernt. Von hier hat man eine schöne Aussicht auf Bärstadt, einen Ortsteil des hessischen Kurorts Schlangenbad. Darum geht es ihm und Tim jedoch nicht. Sie ziehen es vor, bei Tims Vater ohne das Auto, das er ihnen einmal geschenkt hat, zu erscheinen. Irgendetwas ist mit dem Ding nicht in Ordnung, und der ehemalige Rennfahrer könnte darauf empfindlich reagieren. Zu Fuß gehen sie auf die glänzend blauen Dachziegel zu, die den väterlichen Palast im »Ami-Stil«, wie Tim ihn nennt, auf der Wiese bedecken.

Tim hatte seinen Vater für den Abend zuvor, nach dem Kino,

eingeladen. Der hatte aber keine Zeit, vorbeizuschauen. Auch in den letzten Wochen und Monaten hat der Vater niemals Zeit finden können, Tim und Tomek zu besuchen. Er hat ihre Wohnung noch nie betreten. »Vater war als einziger Bredhauer zu unserer Hochzeit eingeladen«, sagt Tim, »aber er ist nicht gekommen.«

Tim hat seinen Hund, der beim Vater geblieben ist, dermaßen lange nicht mehr gesehen, dass er an diesem Morgen einen kleinen Sonntagsspaziergang mit dem Tier geplant hat. Der Vater empfängt sie draußen vor der Tür. Nicht wegen des schönen Wetters, sondern weil er zu tun hat, und dann gehen Menschen ihm auf die Nerven. Nach einer kurzen Begrüßung, bei der er Tim eine polizeiliche Verwarnung weitergibt – bestimmt für Tomek wegen irgendetwas mit dem Wagen – und Tomek schweigend im Abseits steht, ziehen sie mit dem Hund los.

Während des Spaziergangs entlang der vielen Villen mit den bellenden Hunden meinen beide, es würde mal Zeit, dass Tim den Führerschein macht. Aber der Rennfahrersohn hat dafür noch keine Zeit gefunden. »Früher habe ich mich von diesen ganzen Rennen richtig terrorisiert gefühlt«, sagt Tim. Der Vater organisiert Rennserien, vor allem mit Oldtimern, im In- und Ausland. Unlängst war er der große Mann der Jim-Clark-Revival-Tage am hessischen Hockenheimring, wo Clark 1968 tödlich verunglückt war. Tim, Tomek und ein paar Freunde hatten Eintrittskarten bekommen, und über solche Zeichen der väterlichen Aufmerksamkeit kann Tim sich freuen. Diese Schau von Alphamännchen in ihren dröhnenden und röhrenden Vehikeln von vor 1970 hat ihm irgendwie auch Spaß gemacht, und Tomek hat es wohl ebenso gefallen.

Ein wenig Stolz spielt auch hinein, gesteht Tim. In der Garage des großen, weißen Hauses wirft er zusammen mit Tomek noch mal einen Blick auf die drei Ferraris und die vielen gold glänzenden Pokale. Der Vater ist da schon längst wieder in sein Arbeitszimmer verschwunden.

»Mein Vater ist ein Einzelgänger wie ich«, sagt Tim auf dem Rückweg. »Er organisiert alle Rennen alleine. Als Friseur werde ich auch meine eigenen Kunden haben, man macht alles selbst. Als ich ihn angerufen habe, um zu erzählen, dass ich diesen Ausbildungsplatz beim besten Friseur Europas bekommen habe, hat er lediglich gesagt, das sei schön für mich. Aber ich bin mir sicher, das er danach total erleichtert war, dass es mir gut geht.«

Das mit dem »besten Friseur Europas« hat Tim schon ernst gemeint. »Sie haben viele internationale Auszeichnungen gewonnen, darunter einen Preis für den besten Businessplan für Friseure: Um Kosten zu sparen, hat die Führung nämlich das ganze Team, bis hin zum einfachsten Mitarbeiter, motiviert, bei der Arbeit nach Einsparungsmöglichkeiten zu schauen.« Das findet Tomek ziemlich lustig, denn es klingt so naheliegend. Wohl nicht in Deutschland?

Der Weg nach Hause führt durch den Talkessel des unteren Bärstadt. Dort, im alten Dorf, hat Tim als kleines Kind mit seinen Eltern gelebt, als sie alle noch zusammen waren. Bei einem einfachen Bauernhof lässt er Tomek halten. »Da fällt mir was ein, komm mal mit.« Im nächsten Augenblick lassen sich beide von dem warmen Empfang der Frau überwältigen, die Tim als »meine Ersatzoma« vorstellt. Sie hat ihn früher jeden Tag nach der Schule aufgenommen, aber die beiden haben sich seit Jahren nicht gesehen. Als er ihr Tomek als »meinen Mann« vorstellt, wird der ohne Vorbehalt umarmt. Die frommen Bilder an den Wänden haben offenbar keinen Einfluss auf ihre herzliche Freude.

Tomek sieht zum ersten Mal Bilder von Tim als kleinem Jungen wie auch ein sorgfältig aufbewahrtes Büchlein mit Tims Zeichnungen. Die Ersatzoma umsorgt ihre Jungs mit Tims damaliger Lieblingsspeise: Knäckebrot mit Butter und Kräutersalz!

»Tim war ein nervöses, manchmal zickiges Kind«, erzählt die alte Dame Tomek. »Aber auch süß und hingebungsvoll.« Und zu Tim gewandt: »Wie geht es deiner Mutter?«

»Wir haben wenig Kontakt«, antwortet Tim. »Als die Kleine da war, also das Kind, das sie mit ihrem neuen Mann hat, habe ich überhaupt keine Aufmerksamkeit mehr bekommen.«

»Ich erinnere mich noch gut daran«, sagt die Ersatzoma, »wie deine Mutter dich immer hier abgeholt hat. Du bist mit offenen Armen auf sie zu gerannt, aber sie reagierte kaum. Es gab wenig Wärme – das tat mir so leid für dich.« Beim Abschied bekommt Tim für seinen Balkon einen Ableger von einer Zitronengeranie mit.

Gleich am Nachmittag wird Tomeks Mutter vorbeikommen. Tim soll ihr die Haare färben, und ein kleiner Sonntagsausflug steht ebenfalls auf dem Programm. Bei dermaßen vielen, ganz unterschiedlichen Familiengefühlen wird Tim nachdenklich. Im Auto sagt er zu Tomek: »Was ich witzig finde: Du kannst dich mit deiner Mama so richtig streiten. Wie Mutter und Sohn, weil du meinst, sie mische sich zu viel ein, und weil sie meint, sie müsse sich um alles kümmern. Von meiner Familie kenne ich das so gar nicht, und auch nicht von meinem Umfeld. Damals waren meine noch ganz junge Mutter und ich eher Freunde, Gleiche. Sie hat mich bis um drei im Bett liegen lassen, wenn ich das wollte. Ist das typisch polnisch, dass die Kinder eine so starke, altmodische Bindung zu ihrer Mutter haben?«

Tomek bleibt die Antwort schuldig. Aber er glaubt das kaum. Tims Umfeld ist vielleicht nicht repräsentativ für Deutschland, obschon er in diesem Land viel Verkrampftheit und wenig echte

Nähe zwischen Verwandten erfahren hat. »Emotionen zu zeigen ist in unserer Familie nicht so üblich«, fährt Tim fort. »Obwohl meine Mutter oft weint, wenn sie nicht bekommt, was sie will. Sie ist eine Luxuslady. Sie kommt aus armseligen Verhältnissen und hat reich geheiratet. Als Kind hat sie mit der ganzen Familie in einer Einzimmerwohnung gelebt. Die Oma, ihre Mutter, hat einen Kiosk betrieben.«

Mit dieser Oma hat er noch Kontakt, sagt er. Mit den Großeltern Bredhauer nicht. »Die haben sich getrennt, und ich komme mit den Sprüchen meines Opas gegen Ausländer nicht klar. Es ist immer Ausländer dies und Ausländer das. Damit möchte ich nichts zu tun haben.«

Doch das Thema lässt Tim noch nicht los. »Ich finde allerdings schon, die Bundesrepublik muss ihre Gleichheitswerte, auch im Hinblick auf Schwule, härter gegenüber denjenigen, die sie nicht teilen, aber hier leben, durchsetzen. Die Deutschen trauen sich oft nicht, gegenüber Türken und anderen Ausländern die eigenen Werte zu verteidigen. Das hat wohl mit dem Schuldgefühl aus dem Krieg zu tun.«

»Viele Türken hier in Wiesbaden und Frankfurt sind doch gar keine Ausländer«, wendet Tomek ein. »Die meisten sind hier geboren.« »Jedenfalls sind sie oft unangepasst«, antwortet Tim. »Das sind doch gerade die Leute, die uns Schwule angreifen. Bei den Polen ist das ganz anders. Die Polen, die wirklich was schaffen wollen, die studieren wollen, gehen nach Deutschland oder nach England.« »Stimmt so nicht«, sagt Tomek. »Es gibt hier noch immer sehr viele Putzfrauen und Altenpfleger, so wie meine Mutter. Und ebenso polnische Arbeiter, die ich, wenn sie in einer Gruppe zusammenstehen, ebenfalls lieber meide.«

Tomek versucht einen Vergleich. »In Polen sind erst jetzt, mit der Markwirtschaft, viele Ausländer ins Land gekommen. Die Polen können sich nur schwer mit denen abfinden, vor allem mit den Dunkelhäutigen. Die kennen so was überhaupt nicht. Wir haben damals in Kluczbork mit seinen vierzigtausend Einwohnern nur eine dunkelhäutige Familie gehabt. Eine einzige. Ich denke nicht, dass man denen irgendetwas getan hat. Aber man wusste es. Wir wussten alle: Es gibt diese eine dunkelhäutige Familie. Woher die kam, wussten die wenigsten, ich auch nicht. Ich mag keine Polen«, schließt er, halb scherzend.

»Die Polen mögen nur die Polen«, brummt Tim.

»Die Polen sagen: Wir sind sowieso immer von allen unterdrückt worden«, mokiert sich Tomek. »Wir sind die armen Polen, aber trotzdem sind wir stark und glauben an unsere Mutter Polen.« »Oh Gott«, kommentiert Tim nur.

Tomek erzählt, dass er mit seiner Klasse in Auschwitz war. »Auf mich hat das einen enormen Eindruck gemacht: diese Berge von Haaren und dieser Geruch, der im Lager herrschte. Aber eigentlich war das viel zu früh, wir waren erst vierzehn. Die meisten Kinder konnten damit nichts anfangen. Im besten Fall haben sie dabei nur an die Schlechtigkeit der Deutschen gedacht. Die Lehrer haben es versäumt, zu erklären, wie wir Polen das auf die eigenen Werte und Entscheidungen beziehen könnten. Man lehrte uns nie, selbstständig zu denken.«

In Deutschland hat Tomek seine Empfindlichkeit in diesem Bereich entwickelt. »Meine Mutter hat oft von ›dem Juden‹ gesprochen, bei dem sie in Kluczbork alles eingekauft hat, was man sonst nicht bekam. Sie hat damit gar nichts Negatives gemeint, man ging einfach ›zum Juden‹. Ich habe sie trotzdem gebeten, das in Deutschland zu lassen. Vor allem als Polin.« Aber genau wie in Polen kann man hier in der Bundesrepublik neu gemalte Hakenkreuze antreffen. An einer Außenwand der Wiesbadener Kaiser-Friedrich-Therme, genau dort, wo diese auf die römische

Mauer mit der Heidenbrücke stößt, können Tomek und Tim »Juden raus« lesen.

Ein neuer Stil für Mutter

WIEDER ZU HAUSE IN WIESBADEN, EIN WENIG SPÄTER – Auf dem Balkon rauchen die beiden erst mal eine. Die Kirchenglocken läuten. Tomek schätzt diesen Klang wenig. Er hat eine Abneigung gegen die Kirche entwickelt – gerade als Pole. »Als der Papst gestorben ist, haben die polnischen Kinos für drei Wochen zugemacht. Der Papst kontrolliert die Polen, wie der Kommunismus es tat. Wie gesagt, man denkt nicht selbstständig. Mit dem deutschen Papst ist das komischerweise so geblieben. Man gehorcht ihm, plötzlich fingen sogar die Polen an, einen Deutschen zu verteidigen.«

Er hat in Deutschland zunächst lernen müssen, sagt er, dass er ohne Angst sagen darf, dass der Papst schlecht für die Menschen ist. »Darüber lässt sich hier jedenfalls diskutieren. In Polen ist es das allergrößte Tabu.«

Ihm gefällt nur die eine Frankfurter Kirche, in der jedes Jahr der Aidsopfer gedacht wird. »Das ist der größte Betrug der katholischen Kirche: zu verkünden, es sei gut, nicht zu verhüten. Und dass man in die Hölle kommt, wenn man es doch tut.«

Es sterben immer noch Menschen an Aids, auch in Deutschland, fährt er fort. »Irgendwann stirbt man daran. Aber die Vierzehn- bis Achtzehnjährigen wollen das offenbar nicht verstehen. Viele schützen sich nicht. Es gibt keine abschreckenden Beispiele, auf der Straße sieht man keine ausgezehrten Männer mit Flecken mehr. Mittlerweile gibt es diesen Witz: Eine uralte Oma geht zum

Arzt. ›Ich hätte gerne Aids‹, sagt sie, ›denn damit kann man noch zwanzig Jahre leben.‹«

Es klingelt, Helena Wosinska ist da. Tomeks Mutter war schon oft in der Wohnung, und so kann ohne große Umstände das Haare-färben beginnen. Tim hat eine elegante, hellbraune Farbe ausge-sucht, die der flotten, schlanken Frau mit ihren halblangen Haa-ren gut stehen wird, meint er. Mit professioneller Miene macht er sich an die Arbeit.

Tomek schneidet die Alufolie für ein paar hellere Farbakzente zurecht. »Mama«, fragt er, »du hast doch immer gesagt, du hättest sonntags keine Zeit für die Kirche gehabt?« Er redet deutsch, nicht nur, weil Tim dabei ist, sondern auch, um die Sprache mit seiner Mutter zu üben. Die Mutter weiß nicht, worauf ihr Tomek hinaus-

Helena Wosinska, flankiert von ihrem Sohn Tomek und ihrem Schwiegersohn Tim

161

will. »Na ja, ich bin keine fanatische Kirchgängerin«, antwortet sie zögerlich. »Aber zur Erstkommunion gehen immer noch alle. Kommunion ist Tradition. Tim, ich habe die Bilder dabei, von damals mit meinem Enkelkind. Auch mit dir darauf, ich zeige sie dir gleich.«

Tomek beharrt: »Mama, Oma ist doch fast nie in die Kirche gegangen?« »Babcia hatte viel Arbeit und keine Zeit«, weicht Helena Wosinska aus. »Und später wurde sie dick und krank, da konnte sie auch nicht gehen.«

»Aber Mama, hat Babcia denn jemals was Gutes über die Priester gesagt? Komm, erzähl doch mal.«

»Ach, das ist doch egal …«, antwortet seine Mutter und blickt auf Tim. Sie will niemandes Gefühle verletzen. »Na gut«, gibt sie schließlich nach. »Meine Mutter hat gesagt: ›Der Glaube und die Priester machen in Polen die zweite Macht aus. Die eine war rot, die andere schwarz. Beides war schlimm. Und jetzt ist alles schwarz‹, hat sie gesagt. Und auch, dass die Priester zu viel Geld und zu viel Zeit und deswegen zu viele Geliebte hätten. Dazu manchmal zehn oder zwanzig Kinder. Aber trotzdem ist offiziell Zölibat. Das alles hat sie gesagt und noch mehr.«

»Ich finde das cool, dass schon meine Großmutter so darüber dachte wie ich jetzt«, stellt Tomek fest.

Die Großeltern kommen aus der Region Lodz, erzählt Helena. Sie selbst wurde 1952 dort geboren. »Meine Eltern haben immer gesagt, wir kommen aus dem echten Polen, aus dem Kongresowka, wozu auch Warschau gehört.« Dieses »Kongresspolen« war der nach 1815 übrig gebliebene Teil des Königreichs Polen, das dann ab 1831 für fast ein Jahrhundert lang ins russische Zarenreich eingegliedert wurde. »Aber für uns war das immer Polen.«

»1982, also kurz vor deiner Geburt, sind wir in die Region Opolskie und nach Kluczbork gekommen«, erzählt sie ihrem

Sohn. »Aber das war früher alles deutsch, das ist das schlesische Oppeln gewesen.« »Aber Mama«, sagt Tomek erstaunt, »Kluczbork war doch bis 1939 polnisch, bis zum deutschen Einfall, als es Kreuzburg wurde?« »Wie kommst du denn darauf?«, fragt seine Mutter. »Das habe ich in der Schule gelernt«, antwortet Tomek.

»Nein, Kreuzburg war, wie Oppeln und Breslau, vor dem Krieg eine deutsche Stadt.«

»Aber vor 1914 war Schlesien doch polnisch, wenigstens inoffiziell, als es den polnischen Staat nicht gab?«, fragt Tomek nach. »Nein, Schlesien war schon viel länger deutsch«, sagt seine Mutter. »Seit wann genau, das müsste ich mal auf einer alten Karte nachschauen.«

Tomek zeigt sich irritiert. »Wieso weiß ich das nicht?«

»Breslau und Oppeln sind schöne alte Städte«, fährt Helena unbekümmert fort. »Schöner als Kreuzburg, unser Kluczbork. Aber das waren alles deutsche Städte.«

Helena Wosinska hat vor Kurzem eine unangenehme Nachricht erhalten. Ihr ist gekündigt worden. Im letzten Jahr hat sie als Pflegehelferin in einem 400-Euro-Job gearbeitet. Sie hat so viel gearbeitet, dass sie drei Monate freinehmen konnte. Nun ist sie entlassen worden. Tim kennt einen guten Anwalt, aber sie meint, das sei sinnlos. Offensichtlich war der Vertrag nicht vollständig, damit kann sie keinen Prozess gewinnen. Und morgen fährt sie schon nach Düsseldorf. Sie hat sofort eine andere Stelle gefunden, als private Pflegerin bei einer Familie. So hat sie 1999 angefangen: rund um die Uhr bereitstehen, ein paar Monate lang. »Früher habe ich auch bei den Patienten zu Hause gelebt«, sagt sie. »Wie eine Sklavin, eigentlich. Ich machte alles, die Pflege und den ganzen Haushalt. Jetzt ist es nur für drei Monate, dann bin ich wieder zurück in Frankfurt.«

Der 400-Euro-Job hätte im Vorjahr eigentlich für normalere Arbeitszeiten sorgen sollen, aber das klappte nicht so richtig: »Diese Firma betreut schwer kranke Patienten, die nicht im Krankenhaus oder Altersheim sterben möchten, sondern zu Hause. Mein Chef hat mich gebeten: Bleiben Sie bis zum Lebensende bei denen, bitte, bitte. Meine Kollegin und ich haben uns dann abgewechselt, 48 Stunden Arbeit, 48 Stunden frei.« »Und diese Patienten haben dich ganz gerne gehabt«, ergänzt Tomek. Seine Mutter lacht. »Ja, und die Sprache war dort überhaupt kein Problem. Viel wichtiger für diese einsamen Menschen war, dass einfach jemand da war. Ein bisschen sprechen, ein bisschen helfen, ein bisschen zusammen lachen.«

Als seine Mutter einmal Pflichturlaub nehmen musste, hat Tomek ihre Arbeit übernommen, nach einem kurzen Einführungskurs. »Das war bei einer ganz netten Frau, du weißt doch, Mama, die, die einen Schlaganfall hatte. Ich habe ihr Essen gemacht, sie gewaschen, aber das Wichtigste war, dass ich da war, wenn sie in der Nacht nach ihrem verstorbenen Mann rief. Händchen halten, ihr die verkrampften Hände ein wenig massieren, sie trösten. Sie vergaß alle Namen, aber sie wusste immer: Das ist der Tomek, Helenas Sohn. Weißt du noch, Mama, auf unserer Hochzeit bekamen wir sogar einen Blumenstrauß von ihr?« Tomek ist auch jetzt wieder gerührt.

Tim ist mit Helena ins Badezimmer verschwunden, um ihr die Haare auszuspülen. Tomek überlegt sich, wie es mit seiner Mutter weitergehen soll. Deutschland hat für sie immer Arbeit geheißen, immer nur schuften. Immer an morgen denken, man weiß ja nie. Sie ist wie ein Hamster. Sie hamstert Geld, das wenige, aber trotzdem. Nicht mal für sich selbst. Sie hat zum Beispiel die ganze Hochzeit für Tim und ihn bezahlt. Jetzt sollte sie mal anfangen zu leben, ein wenig genießen. Leben, das hat sie immer aufgeschoben, für die Zeit, wenn sie wieder nach Polen zurückgekehrt sein wird. Aber da ist sie fast nie, und sie kennt dort kaum noch jemanden. Sie muss erst lernen, hier freie Zeit für sich zu haben und sich ein Sozialleben aufzubauen.

Na ja, ein paar Leute kennt sie schon, überlegt er. Und lustigerweise in der Frankfurter Lesben- und Schwulenszene. Da ist sie hineingerutscht, weil die Pflegefirma, für die sie gearbeitet hat, viele ältere und kranke Homosexuelle betreut und ihnen hilft. Auch manche Kollegen dort waren schwul. Einmal hat sie aus der Kneipe angerufen, um zu berichten, wie gemütlich es war: Da hatte sie mit zwei lesbischen Pflegerinnen beim Bier gesessen. Mama und Alkohol! Im Vorjahr ist sie sogar in der CSD-Parade mitgelaufen. Sie hat die polnischen Gäste beraten, sie hat gedolmetscht – sie hat mitgemacht. Ja, seine Mutti ist schon zwischen den Schwuppen angekommen. Als er sie zum ersten Mal in einem »Regenbogen Polen«-Shirt im Schwulenumzug sah, hat er sich bei dem Gedanken erwischt: Mama, geht das nicht zu weit?

Er ist jetzt dabei, ihr eine richtige Wohnung zu besorgen. Ihre erste eigene Wohnung in Frankfurt wird das sein, nach diesen vielen schrecklichen Zimmern zur Untermiete. Er hat sie schon dazu gebracht, die Wohnung in Polen zu vermieten. Das ist ein wichtiges Symbol, eine Revolution sogar. Sie sagt immer, mein Herz ist halb hier und halb dort. Aber es gibt kein Zurück, und sie weiß das. Nur mit dem Herzen ist sie noch nicht so richtig dabei. Wenn sie zurück in Frankfurt ist, wird sie einen Deutschkurs machen, das hat er schon geregelt. Und sie holt die Prüfung zur Altenpflegerin nach. Mit ihrer Erfahrung wird das einfach sein. Und dann wird sie überall mit Kusshand genommen, denn Leute wie sie werden hier dringend gebraucht.

Eine frisch frisierte Helena Wosinska kommt ins Zimmer zurück, hinter ihr der stolze Tim. Tomek ist auch begeistert von der kleinen Metamorphose seiner Mutter. Jetzt kann es losgehen mit dem Sonntagsausflug: Sie fahren die Straße hoch, den Berg hinauf, zur Griechischen Kapelle mit ihren Goldkuppeln. Von dort hat man einen wunderbaren Blick auf Wiesbaden.

Oben angekommen, schwärmt Helena: »So grün ist die Stadt, so viel grüner als Frankfurt.« Mehr noch als die Aussicht genießt sie ihre beiden Jungs, wie sie Unsinn machen und sich zwischendurch zanken. Tomek wirft ihr manchmal vor, sie bemühe sich zu sehr um ihm. Aber sieh sich doch einer die beiden an! »Wisst ihr noch«, sagt sie, »als wir den Ausflug in den Zoo gemacht haben? Das war meine erste Begegnung mit Tim.« »Du wusstest aber schon vorher, dass ich einen Freund habe«, sagt Tomek. »Das stimmt«, antwortet Helena. »Aber du hast Tim erst mal als deinen Kollegen vorgestellt.« »Nein, habe ich nicht«, erwidert Tomek. »Ich habe gesagt, das ist mein Freund.« Helena lacht. »Ja? Vielleicht.«

»Vor zwei Jahren«, erzählt Tomek Tim, »dachte meine Mutter, ich wäre in irgendeiner Sekte gelandet. Ich hatte ihr nämlich gesagt, ich würde ein paar Hundert Polen nach Frankfurt einladen. Allerdings habe ich ihr das kleine Detail, dass es Lesben und Schwule sind, verschwiegen. Ich habe gesagt, das wird eine Riesenparty, drei Tage werden alle umsonst essen und trinken können. Sie hat eins und eins zusammengezählt und gedacht, ich sei in einer Sekte.« »Stimmt!«, sagt Helena und lacht laut. »Dann habe ich«, führt sie die Geschichte fort, »meine Sorgen gegenüber dem Chef der Pflegefirma geäußert. Der kennt Tomek gut, er hat uns beide am Anfang in Frankfurt sehr geholfen. Und dann hat der mich angerufen und mir gesagt, meine Mutter wäre den Tränen nahe, und ich sollte ihr bitte sagen, was los ist. Er wusste es natürlich. Er ist selber schwul. Meine Mutter war eine der Letzten, die es erfahren haben – und zwar an dem Tag.«

Helena wendet sich jetzt entschlossen an ihren Sohn. »Warum hast du es mir nicht ganz einfach zehn Jahre früher erzählt? So ein großes Geheimnis daraus zu machen! Was ist dabei? Nichts ist dabei. Für einen Augenblick war ich wohl schockiert, dann war ich erleichtert: Immerhin warst du nicht in einer Sekte.«

Helena sieht schon ein, dass sie damals keinen engen Kontakt hatten, Tomek und sie. Vor allem nicht in der Zeit, als Tomek noch in Polen war und sie schon hier. Aber im Nachhinein betrachtet hat sie es sich immer schon denken können. »Als wir noch zusammen in Polen lebten, warst du immer nur mit Mädchen befreundet. Nur Mädchen, ganze Gruppen. Ich habe die ganze Zeit Kaffee gekocht. Nein, es war keine Überraschung.« »Ich wusste es schon immer«, sagt Tomek ihr. »Jung, wie ich war, als in der Schule Witze über Schwule gemacht wurden, dachte ich: Jetzt werden ganz eklige Sachen über mich verbreitet.«

»In Polen würde ich, wenn ich gefragt werde, schon sagen, dass mein Sohn mit einem Mann zusammen ist«, sagt Helena resolut und wirft Tim einen liebevollen Blick zu. »Ganz einfach, warum nicht? Zurzeit fragt mich niemand. Aber wenn, dann würde ich sagen, dass es Tomek gut geht und dass er mit Tim zusammen ist.«

Über die Karawanken

Eine Kärntner-slowenische Großfamilie mit Wiener Blut

Bernard Sadovnik bewegt sich in großen Dimensionen und in kleinen. Er ist zwischen Ljubljana, Klagenfurt und Wien unterwegs, macht Geschäfte und Politik und kehrt dabei auf halber Strecke bei seinen Liebsten ein: einer slowenischstämmigen Großfamilie in Kärnten. Am Fuß der Karawanken, an der Grenze zwischen Österreich und Slowenien, wohnt diese Familie über verschiedene Dörfer wie Globasnitz und St. Primus verstreut. Dort lebt sie schon seit vielen Jahrhunderten, in einer traditionsverhafteten und zugleich weltoffenen Kultur. Aber seit hundert Jahren werden diese zweisprachigen Österreicher von ihren nur deutschsprachigen Mitbürgern in Kärnten argwöhnisch beäugt. Die Geschichte des Zusammenlebens beider Volksgruppen war konfliktreich, manchmal auch blutig, und sie ist noch heute sehr lebendig. Die eingeheirateten Wiener Verwandten sehen sich diesen wechselseitigen »Abwehrkampf« im Land Jörg Haiders[1] mit Erstaunen an. Ein Tag aus dem Leben der Großfamilie Sadovnik-Polzer-Mistelbauer-Stern: »Die Zeit arbeitet für uns Kärntner Slowenen, wenn wir bis dahin nicht ausgestorben sind.«

---

1 Zum Zeitpunkt der Recherchen und der Niederschrift dieses Textes lebte der Kärntner Landeshauptmann Jörg Haider noch.

GLOBASNITZ/GLOBASNICA, AM FRÜHEN MORGEN – Wie ein Häuflein Elend ist Bernard Sadovnik heute Morgen aus dem Bett gekrochen. Ausgerechnet heute, wo er als Obmann des Zentrums für Grenzüberschreitende Kooperation AACC auf der anderen Seite der Grenze die ersten Früchte seiner unermüdlichen Arbeit ernten möchte, wird er von einer dicken Grippe lahmgelegt. Sein langfristiges Erfolgsprojekt ist voller Dynamik, aber Bernard fühlt sich kaum bewegungsfähig.

Der große, blonde Mann kann die Augen unter den hellen Wimpern nur mit Mühe offen halten. Noch etwas schiefer als sonst hängt sein Körper im unbequemen Anzug und der Anzug im Autositz. Aber er schafft es, sich wach zu halten und auf den Weg zu achten, aufmerksam und reaktionsschnell wie immer.

Das sollte er auch, denn im Wagen sitzen seine beiden Kinder und ein Nachbarskind. Das ganze südliche Kärnten scheint heute, wie er, auf dem Weg in die Landeshauptstadt Klagenfurt zu sein. Zumindest diejenigen, die nicht von der Januargrippe, die Kärnten im Griff hat, ans Bett gefesselt sind. Gott sei Dank gibt es kein Glatteis. Tagelang regnet es schon hier im Jauntal, seit Wochen liegen die Temperaturen sogar ganz oben in den Karawanken noch im Plus. Die Kinder können also sicher zum Slowenischen Gymnasium gebracht werden, fast vierzig Kilometer von ihrem Wohnsitz Globasnitz entfernt.

Jetzt geht's wieder zurück und dann den Berg hinauf, Richtung Grenze. Da lacht Bernard plötzlich. Er lacht und ruft: »Schau mal, Schengen!« Dabei ist gar nichts zu sehen. Aber genau das meint er. »Ich fahre jetzt über die österreichisch-slowenische Grenze!« In den paar Wochen, die Slowenien zum Schengenverbund gehört, hat Sadovnik diese Grenze schon zigmal überquert. Und jedes Mal bewegt es ihn. Seit Ende Dezember sind die Karawanken, eine südliche Bergkette der Alpen, die so lange als politische Barriere fungiert haben, nur noch eine natürliche Begrenzung. Wenn auch eine nicht zu unterschätzende, mit der über 2100 Meter hohen Petzen auf der »unsrigen« und noch höheren Gipfeln auf »deren« Seite. Aber immerhin eine geografische Einheit formen die Berge, und jetzt sind sie endlich auch wieder eine richtige Einheit geworden.

Das war lange Zeit anders. »Wo man mit Blut die Grenze schrieb«, zitiert Sadovnik aus dem *Kärntner Heimatlied*. »Ha! Jetzt, wo es diese Grenze nicht mehr gibt, braucht man diesen Satz, ja diese ganze Strophe zum Glück nicht mehr.«

Bernard spricht von der symbolisch aufgeladenen vierten Strophe der Landeshymne. Sie wird, sagt er, von den Deutschnationalen in Kärnten immer noch gerne gesungen. Nach dem Ersten Weltkrieg war das alte Kärntner Lied, mittlerweile zur Landeshymne avanciert, um diese vierte Strophe erweitert worden:

»Wo Mannesmut und Frauentreu'
die Heimat sich erstritt auf's neu'
wo man mit Blut die Grenze schrieb
und frei in Not und Tod verblieb;
hell jubelnd klingt's zur Bergeswand:
Das ist mein herrlich Heimatland.«

»Wir singen diese Strophe nie mit«, sagt Bernard. »Sie ist gegen uns gemeint.« »Wir«, das sind die Kärntner Slowenen. Sie sind österreichische Staatsbürger mit slowenischen Wurzeln, eine vollständig integrierte Minderheit in Kärnten, der Bernard Sadovnik angehört. Sie spricht ebenso gut Slowenisch wie Deutsch, und Hochdeutsch spricht sie ebenso gut oder schlecht wie die Mehrheit in Kärnten, die sich als Deutsch-Kärntner oder als deutschnational bezeichnet. Die Kärntner Slowenen sind durchschnittlich genauso gebildet, sozial eingebunden und bodenständig wie ihre »deutschen« Nachbarn. Dabei sind diese Slowenen keine Fremden in Kärnten, sondern die autochthone Bevölkerung des Gebiets. Sie lebten schon im frühen Mittelalter hier und mehrere Jahrhunderte unter den Habsburgern, als in Dörfern wie Globasnica/Globasnitz, wo Bernard zu Hause ist, kaum ein Wort Deutsch gesprochen wurde. »Nichtsdestotrotz haben sich die Kärntner Slowenen immer als Österreicher gefühlt.«

Müsste nicht jeder Staat eine so vorbildliche, verantwortungsbewusste Volksgruppe, mit ihrer Kombination aus Heimatverbundenheit und grenzüberschreitender Sprachkompetenz, hegen und pflegen? So ist es leider nicht. »Aber so wird es werden«, meint Bernard: »Die Zeit arbeitet für uns.«

Bernard Sadovnik fing 2001 an, sich mit seinem Verein AACC für Wirtschaftsbeziehungen zwischen den Gemeinden, Unternehmen und anderen Organisationen beiderseits der Grenze einzusetzen. Damals war das Pionierarbeit. Bernard sah das aber als etwas ganz Selbstverständliches. »Europa wächst zusammen. Die Zwei- oder Mehrsprachigkeit von Grenzregionen ist ihr Mehrwert.«

Das doppelte A im Vereinsnamen steht für die Alpen-Adria-Region, dieses Dreistromgebiet der romanischen, germanischen und slawischen Kulturen. Gerade die Kärntner Slowenen sind, als altes slawisches Volk in Österreich, dazu »prädestiniert«, Brückenbauer zu werden, sagt er. Und das Doppel-C steht für Center za Čezmejno Sodelovanje oder Centro de la Cooperazione transfrontaniela, und auf Englisch gar mit drei Cs als Centre for Crossborder Co-operation. Nur die Deutschen scheren mal wieder aus, so ganz ohne Cs, mit Zentrum für grenzüberschreitende Kooperation. Die deutsche Abkürzung »AAZK« wäre für den Verein, mit seinem Standort Klagenfurt, die logischere gewesen. Das hätte aber nach »Zentralkomitee« geklungen, eine Assoziation, die Bernard vermeiden möchte, es gibt doch schon genug Vorurteile in Richtung Kommunismus gegen die Kärntner Slowenen.

Bernard lenkt seinen Wagen den Berg hinunter, Richtung Ljubljana oder Laibach, wie er automatisch sagt, wenn er Deutsch spricht. Heute wird er dort erst mal für ein österreichisches Unternehmen im Straßenbau und für ihre potenziellen slowenischen Partner organisieren und dolmetschen. Danach wird er den Start des Projekts »Hotel mit Türmchen« beschleunigen und noch einige andere Dinge regeln. Am Nachmittag geht's schließlich fast bis zur italienischen Grenze, in die Goriška Brda.

Dieser slowenische Teil der Görzer Hügel oder Collio Brda ist eine Mini-Toskana, die man wiederentdecken muss, meint Bernard. Als das Gebiet Teil des österreichischen Kaiserreichs war, hat man in Wien seine Weine gern getrunken. Mit der Planung eines großen, bilateralen Tourismusprojekts hofft er, an die Geschichte anknüpfen zu können.

Nach seinen jahrelangen Vorbereitungen sollen dort heute die Verträge für ein Wellnessparadies unterschrieben werden. Das Thermenprojekt wird Wirklichkeit dank Grazer Kur-Know-how, multinationaler Industrieunternehmenslust, Goriškaner bürgermeisterlicher Zuverlässigkeit und vierzig Millionen Euro Investitionen.

Bei dem Gedanken geht es Bernard schon gleich ein wenig besser. Aber jetzt empfängt er im Wagen einen alarmierenden Anruf aus Klagenfurt: Die Verträge sind noch nicht fertig. »Die Zeit arbeitet für uns – wenn wir bis dahin nicht ausgestorben sind«, nimmt er ein wenig spöttisch seinen Gedanken wieder auf. »In dieser Hinsicht arbeitet die Zeit gegen die Volksgruppe.«

»Die Volksgruppe« – das ist in Kärnten etwa synonym mit den Kärntner Slowenen. Sie drohen aus der öffentlichen Wahrnehmung mehr und mehr zu verschwinden. Der Landeshauptmann Jörg Haider arbeitet daran mit, sagt Bernard, und ebenso die Kärntner Slowenen selbst. Sie haben sich so weitgehend assimiliert, dass sie demnächst nur noch in einer alljährlichen Raritätenschau zu ihrer Identität zurückfinden werden, etwa bei Trachtenumzügen oder wenn sie Ostereier mit Kärntner-slowenischen Motiven schmücken würden.

Bernards Angst vor dem fortschreitenden Identitätsverlust der Kärntner Slowenen hat Gründe. In seinem Dorf Globasnitz leben, laut der Volkszählung 2001, noch 42 Prozent Kärntner Slowenen. Aber in den meisten Dörfern im Jauntal – dem Heimattal der Kärntner Slowenen, in ihrer Sprache Podjuna – ist die Zahl viel niedriger. Das heißt laut offizieller Zählung: Dann gibt es insgesamt nur noch zehn-, vielleicht fünfzehntausend Kärntner Slowenen, abhängig von der Statistik, die man sich ansieht. In Wirklichkeit, sagt Bernard, wird es etwa das Vierfache sein. »Fast alle hier in Süd-Kärnten haben slowenische Wurzeln.«

Unter dem lang anhaltenden politischen Druck ziehen es jedoch viele vor, ihre Herkunft zu verschweigen. Zu ver-lernen, besser gesagt: Sie sehen sich jetzt als Deutsch-Österreicher und sprechen ihre Muttersprache nicht mehr. Im letzten Jahrhundert wurde Slowene zu sein in Kärnten nämlich als »Geburtsfehler« betrachtet, wie seine Schwägerin Mirjam Polzer das so treffend ausdrückt. Mirjam hat sich wissenschaftlich damit beschäftigt: Die promovierte Juristin recherchiert und lehrt zu Minderheitenthemen nicht nur in Klagenfurt, sondern auch in Ljubljana. Auch sie schlägt Brücken, genau wie Bernard. Er selbst hat zunächst als Maurer gearbeitet und erst später gelernt, grenzüberschreitend zu denken und sich in unterschiedliche Menschen hineinzuversetzen. Fast wäre er in seinem Dorf Globasnitz sogar Bürgermeister geworden.

In ganz Kärnten machen die Kärntner Slowenen nur noch ein paar Prozent der Bevölkerung aus. Einst war es ein Drittel. »Trotzdem hat Kärnten Angst vor uns«, sagt Bernard. Das ist die alte Angst vor dem »Slowener«. Anders als beim neutralen Wort »Slowene« ist der »Slowener« der Negative. Bernard hört es oft genug: »Der Slowener, was will denn der?« Man spricht hier von Österreichern, »aber wir werden wohl für Fremde gehalten«.

Die Zeit hätte heute für Bernard Sadovnik arbeiten sollen: Mit dem Vertrag über die Wellnessanlage sollte seine Arbeit für die grenzüberschreitende Freundschaft erstmals reiche Früchte tragen. Dadurch würden die Kärntner Slowenen als Vorreiter eines neuen, grenzenlosen Europas mehr Aufmerksamkeit bekommen. Aber heute droht alles schiefzulaufen.

Das Schlimme daran ist, dass sich das morgen bis nach Wien herumgesprochen haben wird. In der Hauptstadt wird nämlich in dieser Winterwoche des Jahres 2007 der Beginn des slowenischen EU-Ratsvorsitzes gefeiert. Als erstes Land der neuen Mitgliedsstaaten aus dem Osten übernimmt Slowenien diese Aufgabe. Bernard hat zu diesem Anlass eine Veranstaltung im österreichischen Parlament mitorganisiert, und morgen will er in Wien von den Erfolgen ihrer grenzüberschreitenden Arbeit berichten. Und nun diese schlechte Nachricht über die Verträge! »Rechtsanwälte, Ost, West, überall gleich«, kommentiert er bitter. Es wird viel geredet, aber dann passiert nichts. »Sie wollen immer den Saal voll haben, also ihren Terminkalender.«

An diesem Tag steht Bernard unausgeschlafen, fiebrig und zunehmend gereizt vor dem ausgedehnten, zugigen Laibacher Parlamentskomplex aus sozialistischen Jahren. Er braucht mal eine kurze Pause. Er hat vor, in einem der vielen Cafés und Restaurants des riesigen Betonklotzes einen richtig heißen Zitronentee zu trinken. Aber drinnen ist es mindestens dreißig Grad warm, bemerkt er, so kalt ist ihm nun auch wieder nicht. Die alten, so-zialistischen Heizungssitten sind hartnäckiger als das Klima. »Es sollte jetzt, im Jänner, um 25 Grad kälter sein.« Sogar mancher Nichtraucher flieht auf die Terrasse, sieht er. In Ljubljana herrscht fast überall Rauchverbot, anders als in Kärnten. Na ja, es ist auch wirklich keine Strafe, draußen zu stehen, bei zehn Grad oder mehr in der Sonne. Aber um draußen einen Tee zu trinken, ist er viel zu unruhig.

Der »Hoffnungsträger«, wie er in der beliebtesten Gaststätte sei-nes Dorfes Globasnitz genannt wird, steht vor dem Laibacher Par-lament und denkt an das Wiener Parlament, denkt an morgen. Mehr noch denkt er an sein Bett. Er möchte sich mal nicht bewe-gen müssen. Aber Ljubljana/Laibach macht ihm wieder Mut. Die Stadt gibt ihm bereits verloren geglaubte Energie zurück, mit ih-rem lebendigen Menschengewimmel am Gemüsemarkt, am Fluss und in den Fischmarkthallen am Kai, unter den Kolonnaden. Alte Giebelhäuser aus der Zeit vor den Weltkriegen ziehen mit ihrer gesamteuropäischen Ausstrahlung junges, modernes Leben an. Napoleon hat das schon richtig gesehen, als er das bayerisch ge-prägte Laibach zum Alpe-Adria-Zentrum machte. Bis dahin war Klagenfurt das Zentrum aller europäischen Slowenen.

Ljubljana ist im Westen fast ein Jahrhundert lang unsichtbar geblieben. Aber jetzt, erwartet Bernard Sadovnik, wird die Stadt ihre Rolle als Brücke zwischen den europäischen Kulturen zum zweiten Mal aufgreifen. Und er wird dabei sein: »Klagenfurt ist doch gar kein Vergleich.« Dann macht der große, verschnupfte Mann aus Globasnitz sich wieder auf den Weg. Die österreichi-sche Straßenbaufirma und die slowenische Firma des Hotels mit den Türmchen erwarten ihn in Ljubljana schließlich auch noch.

Die Enklave

UMGEBUNG GLOBASNITZ, AM SELBEN MORGEN – Die Schule beginnt zu einer grässlichen Uhrzeit. Das findet jedenfalls Nadja Polzer, die doch längst daran gewöhnt sein sollte. »Wieso müssen wir, obwohl wir meist aus weit entfernten Dörfern kommen, eigentlich um 7.45 Uhr im Gymnasium sein?« Zum Glück friert es heute nicht. Es ist Mitte Januar, und die Landschaft sollte eigentlich weiß leuchten. Aber sie ist so dunkelgrau wie die Luft. Und der Dorfbach rauscht schon wie ein wahres Frühlingskonzert.

Zur gleichen Zeit, zu der Bernard Sadovnik seine Kinder ins Klagenfurter Slowenische Gymnasium fährt, steigt seine siebzehnjährige Nichte Nadja, älteste Tochter seiner Schwägerin Mirjam, in den Taxibus zum Bahnhof des Ortes Völkermarkt. Das ist die erste von vier Etappen, über die sie in dieselbe Schule gelangt wie ihre Vettern und Cousinen. Bernard kann schließlich nicht die halbe Gemeinde ins einzige slowenische Gymnasium der Region transportieren. Nadjas Eltern Mirjam und Miro können ihre Tochter heute auch nicht fahren, denn sie sind in Ljubljana. Nadja und ihre beiden Schwestern sind daher für ein paar Tage in der Obhut der Großmutter, wogegen sie gar nichts haben. Nur dass Nadja jetzt mit einem Taxibus über Völkermarkt fahren muss, nervt sie.

»Willkommen in der Abstimmungsstadt«, so begrüßt Völkermarkt am Ortseingang seine Besucher. Das klingt einladend. Die Abstimmung, an die hier so nachdrücklich erinnert wird, ist Nadja als junge, bewusste Kärntner Slowenin aber ein Dorn im Auge. Zum Glück muss der Taxibus nicht am Völkermarkter Hauptplatz vorbeifahren, um zum Bahnhof zu gelangen. Noch 2001 wurde dort ein aufwendiges Mahnmal enthüllt mit dem Text: »*In Dank und Erinnerung – die Kärntner Windischen gaben ihr Leben im Abwehr-*

176

Die Familie Miroslav Polzer (v.l.n.r.): Miros, die zwei jüngeren Töchter, Tochter Nadja und Mirjam Polzer-Srienz

kampf und haben am 10. Oktober 1920 die Volksabstimmung zugunsten Österreichs entschieden.« Unterzeichnet ist die Tafel vom »Kärntner Abwehrkämpferbund«.

Nadja bekommt Gänsehaut bei solchen Texten, von denen es in Kärnten jede Menge gibt, an allen möglichen Denkmalorten. Wegen dieser »Windischen«, wegen der »Abwehrkämpfer« – eigentlich wegen dem Ganzen. Gegen die Volksabstimmung selbst ist nicht viel zu sagen. Die hat bereits 1920 stattgefunden. Fast sechzig Prozent der Einwohner dieses südöstlichen Teils Kärntens waren für den weiteren Verbleib bei Österreich. Es waren großteils ethnische Slowenen, die ja hier die Mehrheit bildeten. Die Alternative wäre gewesen, die Region in das neu gegründete Königreich der Serben, Kroaten und Slowenen zu integrieren.

Die alliierten Siegermächte des Ersten Weltkriegs hätten ein solches Ergebnis ebenso akzeptiert. In diesem Fall wäre das besiegte Österreich, das ohnehin große Teile seines Territoriums verloren hatte, noch kleiner geworden.

Aber niemand hier in Völkermarkt dankt Nadjas Vorfahren dafür, dass es nicht dazu gekommen ist. Nicht sie werden auf den vielen neu errichteten Denkmälern zur Volksabstimmung geehrt, sondern die »Windischen«. Wer die denn wohl waren, hat Nadja ihre Eltern mal gefragt. Dieses Wort kommt von »Wenden«, und damit sind ursprünglich die Slawen gemeint, auch wir, hat ihre Mutter Mirjam ihr erklärt. Aber im letzten Jahrhundert haben die Deutsch-Nationalen daraus eine bessere, »eindeutschungsfähige« Variante des Kärntner Slowenen gemacht, einen »Ideal-Slowenen«, den es so in Wirklichkeit gar nicht gab und gibt.

Nadja hat seither viel dazugelernt. Sie weiß, dass ihre Ururgroßeltern 1920 echte Patrioten waren, die selbstverständlich für den Verbleib bei Österreich stimmten. Sie taten das umso lieber, weil ihnen, als Kärntner Slowenen, viele Versprechungen über die Förderung der slowenischen Kultur in Österreich gemacht wurden. Tatsächlich behielten die Slowenen zunächst zweisprachige Schulen und Kirchen wie auch ein begrenztes Selbstbestimmungsrecht. Dann aber traf es sie »Schlag auf Schlag«, hat ihre Mutter Mirjam erzählt. Schon vor dem Anschluss Österreichs an Nazi-Deutschland nahm man ihnen Baugrund ab und verhängte Berufsverbote über ihre kleine Elite von Pfarrern und Lehrern. Bekannte man sich allerdings »zum Deutschtum«, standen alle Wege offen, und viele gaben dem steigenden Druck nach. Für sie nun wurde der Name »Windische« reserviert. Und irgendwann haben sich viele selbst als Windische definiert. Für uns ist das eine abwertende Bezeichnung, hat Mirjam ihre Tochter gelehrt.

178

Da kommt Nadjas Zug nach Klagenfurt, und sie steigt rasch ein. Der Umweg über Völkermarkt hat sie an diese Zusammenhänge erinnert, aber ausweichen kann man ihnen auch sonst nicht. Der 10. Oktober, der Gedenktag an die Volksabstimmung von 1920, wird in Kärnten noch immer groß gefeiert. Bei dieser Gelegenheit wird die Landeshymne laut gesungen. Und der Kärntner Abwehrkämpferbund KAB, der das neue Denkmal in Völkermarkt und viele andere angeregt hat, singt die Zeile »wo man mit Blut die Grenze schrieb« aus der vierten Strophe am lautesten. Nadja versteht mittlerweile, warum ihre Eltern und ihr Onkel Bernard Sadovnik gerade diese Zeile verabscheuen: Der KAB propagiert, genau wie vor fast einhundert Jahren, die Spaltung in »gute« und »schlechte« Slowenen in Kärnten.

Die »Guten«, so kann Nadja auf der Website des KAB nachlesen, heißen noch immer die »Windischen«. Und diese »heimattreuen« oder »deutschfreundlichen Slowenen«, so steht da geschrieben, »sind ihrem Wesen nach nicht eigentliche Slowenen«. Das ist ein ganz schön weit hergeholter Puffer gegen Kärntner Slowenen wie sie selbst, findet Nadja. Es ist eine Abschottung gegen alles Fremde, gegen das neue Europa schlechthin. Der Ton des KAB mag extrem reaktionär sein, aber in ihren Grundzügen wird diese Meinung von fast der Hälfte der Kärntner Bevölkerung getragen. Das sind die Menschen, die den Landeshauptmann Jörg Haider unterstützen.

In Klagenfurt muss Nadja ein weiteres Mal umsteigen, um zum Gymnasium zu kommen. Unterwegs kann sie noch einige Mathematikaufgaben erledigen und mit Mitschülern quatschen. Wenn sie das auf Slowenisch tut, kann es allerdings passieren, dass jemand sie unfreundlich zur Ordnung ruft. Das hört sich dann ungefähr so an: »Äh, geh doch nach drüben, nach Slowenien.« Oder: »Wir sprechen Daitsch!«

Gäbe es zwischen ihnen einen Wettbewerb, würde Nadjas Hochdeutsch leicht siegen. Und nicht nur ihr Deutsch: Am Slowenischen Gymnasium bekommt sie Geografieunterricht auf Italienisch und Chemie auf Englisch. Sie versteht sich als die Europäerin par excellence. Aber das bringt ihr hier in Klagenfurt wenig. Die Bushaltestelle, die dem Slowenischen Gymnasium am nächsten liegt, liegt an der Völkermarkter Straße und heißt »Windischkaserne«. Die Kaserne ist noch in Betrieb, hier hat das Militärkommando Kärnten seinen Sitz.

Eine Unmenge Schüler strömt aus allen Himmelsrichtungen ins Slowenische Gymnasium. Die Schule, die in der hoffnungsvollen Anfangszeit nach dem Zweiten Weltkrieg als Schutzmaßnahme für die slowenische Minderheit errichtet worden ist, verfügt über einen guten Ruf und jährlich wachsende Schülerzahlen. Weil sie jedoch die einzige weiterführende Schule nach der Grundschule ist, an der man slowenisch spricht, und eine slowenischsprachige Hauptschule fehlt, schicken zunehmend mehr slowenische Eltern ihren Nachwuchs auf diese eine Schule. Daher macht sich Nadja manchmal ein wenig Sorgen um das Niveau, allerdings nicht beim Musikunterricht.

>*Eine Stimme singt in der Nacht,*
Nacht, die ihr bange macht,
singt ihre Angst, ihren Mut,
Singen bezwingt die Nacht.
Singen ist gut.«

»Ja!« Stanko Polzer sprech-singt aus voller Brust und versucht, seine Klasse in Hermann Hesses Lied hineinzuziehen: »... *Eine zweite hebt an und geht mit, hält mit der anderen Schritt ...*« Jetzt wird er seine Klasse sogar dreistimmig auf Deutsch intonieren lassen. Als Musiklehrer am Slowenischen Gymnasium definiert sich Nadjas Onkel Stanko, der Bruder ihres Vaters, selbstverständlich als Weltbürger. »Jetzt nochmals die dritte Stimme!«, ruft Stanko auf Slowenisch, und dann wieder auf Deutsch: »*Dritte Stimme fällt ein, tanzt und schreitet im Reih'n …*« Der mitreißende Lehrer schafft es sogar, seine Nichte Nadja, sonst so besonnen wie ihre Mutter Mirjam, leise in den Chor zu locken.

Anschließend lässt er die Klasse eine slowenische Ballade anstimmen, dann auf Englisch ein Lied aus dem Musical *Elisabeth* singen, sie klatschen raffinierte lateinamerikanische Rhythmen in *Guantanamera*, jubeln jiddische Musik und schmettern schließlich *California Dreamin'*. Musikunterricht am frühen Morgen wird unter der Leitung von Stanko Polzer zu einer Entdeckungsreise. Der Mittvierziger läuft, ja hüpft zwischen Instrumenten, Overheadprojektor, Rechner, Schülern und Partituren durch den Raum, gleichzeitig Tasten drückend, singend, swingend, klatschend, dirigierend und hinter seinem Rücken Klavier spielend.

»Es ist hier, glaube ich, lockerer als auf anderen Gymnasien in Kärnten«, sagt Nadja während der Pause in der Kantine. Sie meint nicht nur die Musikstunden. Die Atmosphäre mutet, für österreichische Verhältnisse, seltsam informell an. Kein Wunder, die meisten Lehrer waren hier selbst einmal Schüler, wie ihr Onkel Stanko. Und man kennt sich schon aus den Dörfern, von Kindheit an. Dieses Gymnasium ist eine Art Enklave, meint sie.

Stanko Polzer hat heute noch weitere neun Unterrichtsstunden vor sich. Hinzu kommen die üblichen Vorbereitungen zu den unterschiedlichen Chorproben. Stanko leitet den gemischten Chor Danica. Das ist zwar ein Laienchor, hat aber in Österreich und weit über die Grenzen hinaus »einen guten Ruf«, wie er mit Gefühl für Understatement sagt, denn der Chor singt sehr professionell.

»Das Singen ist bei uns in der Familie immer schon von großer Bedeutung gewesen«, fügt er hinzu. »Meine Mutter hat mit uns Kindern gesungen, ihr Bruder spielt Orgel und Akkordeon und hat Danica geleitet. Ich habe diesen Onkel, der praktisch Autodidakt war, früher oft bei Familienfesten spielen hören. Da habe ich gedacht: So wie er möchte ich auch sein. Danica war mein Traum.«

Nach dem Slowenischen Gymnasium durfte Stanko an der Grazer Musikhochschule studieren. Seit seiner Rückkehr gilt er als eine Art »geistiger Vater« des Kärntner-slowenischen Musiklebens. Das ist traditionell von Kirchen- und Volksliedern geprägt, erklärt er. »Daher kommen wir. Und ab und zu singen wir sie noch, die deutschen und slowenischen Kärntner Volkslieder. In beiden Sprachen strahlen diese Lieder die gleiche melancholische Stimmung aus, ist das nicht interessant? Das ist wahrscheinlich der slawische Beitrag zur Kärntner Musik. Dieses Melodiöse, dieses Weiche unterscheidet das Kärntner Volkslied, auch das deutschsprachige, sehr stark von deutschen Volksliedern in anderen österreichischen Bundesländern. In der Kärntner Musik fehlt, überraschenderweise, der Marsch mit seiner Härte.«

Doch für das große Singen zieht es Stanko ins »echte Slowenien« – am liebsten mit seinem fünfzigköpfigen Chor. »Dort jenseits der Grenze gibt es die Spitzenchöre, die hier in Kärnten fehlen. In Laibach haben wir mit Mitgliedern der slowenischen Philharmonie und mit Solisten gearbeitet. Wir sind dort in einem Wettbewerb von Staatschören mal ausgezeichnet worden. Spannende Sachen. Ich fühle mich dem slowenischen Kulturgebiet zugehörig, absolut.«

Stanko ist einer der wenigen Kärntner, die sich immer schon mit den Menschen auf der anderen Seite der Berge verbunden gefühlt haben. In seinem Fall ist das kein Wunder, denn die Musik ist das Bindeglied. »Die Kontakte hatte ich schon vor der Wende in Jugoslawien, und daran hat sich bis heute nicht viel geändert. Aber für viele Kärntner Slowenen sind die Karawanken leider eine allzu hohe Barriere gewesen. Sie haben sich im Grunde genommen genauso wenig mit den Slowenen, die dort unten im Kommunismus lebten, identifiziert, wie die anderen Österreicher es taten. Familienbande auf der anderen Seite hat kaum jemand. Obwohl diese Grenze niemals so abgeriegelt war wie der Eiserne Vorhang, war sie doch eine harte Grenze.«

Stanko lebt mit seiner kleinen Familie in Klagenfurt. Seine Nichte Nadja wird, hat sie erzählt, in der Stadt oder unterwegs manchmal angepöbelt, wenn sie Slowenisch redet. »Passieren kann es schon«, ist seine Reaktion. »Aber die siebziger Jahre waren schlimmer.«

Plötzlich wird er ganz ernst. »Damals gab es wirklich schwere Anfeindungen zwischen Deutschnationalen und Kärntner Slowenen, die auf beiden Seiten eskalierten: Ortstafeln wurden beschmiert, es gab sogar Sprengstoffanschläge und noch einiges andere. Die Stimmung war schrecklich gespannt – es war schlimm, es war wirklich schlimm.«

»Es ist nicht nur das Singen, was Danica ausmacht«, schließt Stanko. Und irgendwie hat er gerade genau erklärt, was diesen und alle anderen Dorfchöre zusammenhält: das Gefühl, eine Enklave zu bilden. »Einmal oder zweimal in der Woche mit den eigenen Leuten zusammenkommen, in der slowenischen Sprache ›baden‹. Man weiß sich unter Gleichgesinnten, das hat man am Arbeitsplatz so nicht immer.«

Die Partisanen

DIE KARAWANKEN, AM NACHMITTAG – Es dämmert. Aus dem Nebel kommt der Wagen von Bernard Sadovnik. Gekrümmt und erschöpft sitzt er am Steuer. Obgleich er erst Anfang vierzig ist, fühlt er sich heute zehn Jahre älter. Das Fieber lässt nicht nach, er bekommt zwar etwas besser Luft als heute Morgen, dafür ist seine Laune noch schlechter geworden: »Ein Krimi ist es, ein Krimi!«

Der Obmann des AACC, des Zentrums für Grenzüberschreitende Kooperation, telefoniert ohne Pause, mit Headset. »Ich habe in meiner Arbeit schon viel erlebt«, kommentiert er, »aber so was … Wenn dieses Thermenprojekt noch gerettet werden kann, dann nur deshalb, weil ich es schaffe, hier aus meinem Wagen alle Parteien irgendwie miteinander zu verbinden.«

Noch heute müssen sie die Grundstücksverträge für das Wellnessparadies in der slowenischen Goriška-Brda-Region unterschreiben. Ein Aufschub ist kaum möglich, weil der Vertragstext strikte Termine vorgibt. Es ist das weitaus ambitionierteste Projekt, das Bernards Verein bis jetzt initiiert und begleitet hat. Ein Aus so kurz vor dem Start? Über das Telefon argumentiert und beauftragt Bernard, regelt und rechnet, hakt nach und wirft vor, beruhigt und beschwört. Das macht er auf Deutsch, auf Slowenisch und in den Dialekten der Alpe-Adria-Region. »Ach, es ist ein Kreuz.«

Einer der letzten Anrufe hat einen anderen Ton, unaufgeregter, ein freundschaftliches »Franc!« ist dabei, und er lacht sogar. »Dieser slowenische Bürgermeister schenkt uns noch ein paar zusätzliche Stunden, großartig, hätte er nicht machen müssen … na, wer weiß.«

Er atmet auf. »Eigentlich muss ich dankbar sein, dass es keine Verträge gibt, sonst hätte ich, als Vermittler, heute, in meinem Zustand, noch die ganze Strecke nach Goriška Brda an der italienischen Grenze fahren müssen. Ich wäre ja nicht vor Mitternacht zurück gewesen, wenn ich es überhaupt geschafft hätte, nicht am Steuer einzuduseln. Wie wäre ich da morgen früh nach Wien gekommen? Zudem ist meine Rede noch nicht fertig – das alles ist bestimmt Vorsehung.«

Andererseits, wenn für alle akzeptable Verträge nicht bis morgen vorliegen, fehlt Bernard das wichtigste Element seiner Rede im Wiener Parlament. Dann kann er seine Vorstellungen von der österreichisch-slowenischen Zusammenarbeit nur abstrakt verkaufen, aber das richtig überzeugende Beispiel fehlt. »Und die beteiligten Parteien werden alle da sein. Bis in die höchsten politischen Kreise.« Es folgt ein tiefer Seufzer auf Slowenisch.

Wie eine riesige weiße Decke hängen die Nebelschwaden zwischen den Bergspitzen, auf dreizehnhundert Metern Höhe in den letzten Sonnenstrahlen aufleuchtend. Immerhin noch etwas Schönes, Weißes hier oben an der grenzlosen Grenze. Aber auch etwas verräterisch. Das steckt schon im Namen des großen, gerundeten Berges, der sich jetzt versteckt hält: Petzen, wie Denunziation. Bernard sieht manchmal nur ein paar Meter weit. Dann kommt er wieder aus dem Nebel heraus, und da erscheint endlich das vertraute, gerundete Bergmassiv, die Hochpetzen. Es ist die östlichste Erhebung der Karawanken, und dahinter liegt Globasnitz, liegt sein Haus.

Von hier aus ebenso wenig sichtbar liegt vor dem Berg, hoch auf einem Plateau hinter dem letzten Gipfel auf österreichischem Staatsgebiet, noch eine Art Zuhause von Bernard. Es ist der Peršmanhof. Dieser Hof, auf Deutsch Persmannhof oder Perschmannhof geschrieben, ist zu einem inoffiziellen Symbol für die Schrecken des Naziregimes geworden. Aber auch zu einem ebenso inoffiziellen Symbol für die Missetaten und Lügen des Kommunismus von »drüben«, jenseits der Grenze. Beide Standpunkte lassen sich durch Tatsachen und Argumente stützen. Aber die unterschiedlichen Sichtweisen vertragen sich noch immer schlecht hier im Grenzgebiet.

Bernard fährt nicht zum Peršmanhof. Er will nach Hause, ins Bett. Aber auch sonst geht er nicht gerne den langen, steilen Pfad zum Bauernhof, oder was davon übrig geblieben ist, hinauf. Ein Knäuel von Gefühlen verbindet ihn mit diesem Ort. Wenn er anfängt, an einem Faden zu ziehen, weiß er, dass er ihn ganz bis zum Anfang zurückverfolgen muss. Was dabei herauskommt, wird nicht schwarz-weiß genug sein: nicht für Slowenien und nicht für Kärnten, und in Kärnten nicht für die einen und nicht für die anderen. Aber die Wahrheit hat nun mal Grautöne.

An dem kleinen Gedenkhaus dort oben ist ein schlichtes Schild befestigt:

»Am 25. April 1945 ermordete die Waffen-SS 7 Sadovnik-Kinder im Alter von 1 bis 12 Jahren, die Mutter Anna, den Grossvater Lukas, die 80-jährige Grossmutter Franziska und die Tante Katharina. Die Opfer wurden samt Wohn- u. Wirtschaftsgebäude verbrannt. Zum 20. Jahrestag, Verband der Kärntner Partisanen.«

Bernards Vater war dabei gewesen, gewissermaßen. Er hat »unversehrt« überlebt. So sagt man es in Kreisen um die Kärntner Partisanen, deren Verband aus Nachfahren der ehemaligen Widerstandskämpfer noch immer existiert. Wenn sie überhaupt einen Grund dafür angeben, dann, dass er, wie einige seiner kleinen Cousins, versteckt worden sei. So in etwa war es auch. Der Vater hat überlebt, sonst wäre Bernard nicht auf der Welt. Aber was genau hat er überlebt?

Bernard denkt nicht schwarz-weiß. Er ist ehrenamtlicher Obmann der Gemeinschaft der Kärntner Slowenen. In dieser politischen Funktion ist er derjenige, der stets die Verständigung sucht: zwischen den Völkern hier in Kärnten, aber auch innerhalb seines eigenen Volkes der Kärntner Slowenen. »Der Vater ist ziemlich jung gestorben. Als ich ein Kind war, hat er mir immer erzählt, man sollte sich vertragen. Damit nie wieder passieren kann, was auf dem Peršmanhof geschehen ist. Man darf nicht hassen. Das war die Grundbotschaft, die ich gelernt habe.«

Jedes Jahr veranstalten die Partisanen an der Gedenkstätte Peršmanhof eine große Feier. »Durch meine politische Tätigkeit war ich dort mal eingeladen. Aber als Nachkomme bin ich nie eingeladen worden. Meine Eltern ebenso wenig. Obwohl der Vater dort bei seinem Onkel aufgewachsen ist, nachdem sein eigener Vater gestorben war.«

Der Vater von Bernard war Soldat bei der Wehrmacht, eingezogen wie viele andere von hier. Im Licht der Gräueltaten der SS auf dem Hof hat Bernard schon Verständnis dafür, dass ehemalige Partisanen und ihre Nachkommen sich mit einer Konfrontation schwergetan hätten. »Aber die ganze Geschichte ist nicht so eindeutig, wie immer geschrieben worden ist.«

»Über die Ereignisse am 25. April 1945 hat der Vater mir nur erzählt, dass er als Soldat gerade Urlaub hatte«, fährt er fort. »Dass er nach Hause zum Peršmanhof kam und da auf die Partisanen gestoßen ist. Sie haben ihm gesagt: ›Du kommst jetzt mit uns.‹ Und er hat geantwortet, er komme mit. Aber darauf hat die Bäuerin, seine Tante, gesagt: ›Der Junge muss zunächst einmal essen.‹ Und zu ihm hat sie gesagt: ›Ich gebe dir eine Jause, komm in die Küche.‹ Und wie er in die Küche gekommen ist, hat sie ihm zugeflüstert: ›Lauf so schnell du kannst, denn wenn du mit ihnen gehst, wirst du nicht überleben.‹ Das hat mir der Vater erzählt. Er hat vor diesen Partisanen fliehen müssen. Nur deshalb war er nicht da, als die SS kam.«

Ob das die ganze Geschichte ist, kann Bernard nicht sagen. Fest steht aber, dass sie heute keiner bestätigen möchte oder kann. »Hier oben in den Bergen fand ein Überlebenskampf statt«, sagt er. »Im Krieg gab es die Partisanen, es gab die Deutschen, und es gab eben die Kärntner-slowenischen Bauern. Sie gerieten zwischen die Fronten. Was das bedeutete, ist heute für die meisten Leute nur schwer nachvollziehbar.«

ST. PRIMUS/ŠENTPRIMOŽ, AM NACHMITTAG – Die Küche riecht nach frisch gebackenem Zimtkuchen. Anna Polzer weiß, dass sie ihre vier Kinder ebenso wie den Rest der Welt mit diesem Duft verführen kann. »Du musst dort sein, wo aus dem Schornstein der Geruch guten Essens aufsteigt«, sagt man hier. Allerdings kommen die Kinder und Kindeskinder auch ohne eine solche Ermunterung vorbei, denn sie leben alle in der Nähe: Stanko jun. in Klagenfurt, Miro mit seiner Mirjam in ihrem Elternhaus nahe an der Grenze in Feistritz, Vladimir hier direkt im hinteren Teil des Hofes und die einzige Tochter Marjana in Globasnitz, wo ihr Mann Bernard Sadovnik herkommt. Aber Anna Polzer ist nun mal daran gewöhnt, jede Woche Zimtkuchen zu backen.

Im Sommer führt sie eine Frühstückspension. Seit dreißig Jahren macht sie das, und mancher Gast kommt auch schon seit dreißig Jahren. So geht das hier. Sie wirft einen Blick auf ihren Gemüsegarten. »Kein Schnee ist schlecht für den Boden«, sagt sie. Eine Bauernregel von hier lautet: »Jänner warm, dass Gott erbarm. Jänner kalt, das gefallt.« Wahrscheinlich kann man schon im April baden gehen. Die Polzers besitzen einen eigenen Badestrand am Turnersee, fast direkt hinter dem Haus. Ihr Mann Stanko freut sich schon auf die Karpfen, die mit ihren dicklippigen Mäulern an der Wasseroberfläche auftauchen.

Stanko sen. ist jetzt Rentner, nachdem er als Schlossermeister bei einem der größten österreichischen Unternehmen für Landbaugeräte gearbeitet hat. Zwei Oldtimer-Traktoren stehen glänzend in der Scheune. Er hat die gleiche melodiöse Stimme wie Stanko jun., der Musiklehrer und Chorleiter. Der kleine Mann lacht gern, am liebsten zusammen mit seiner »Annie«. Sie sind ein harmonisches Paar, sie müssen Glück gehabt haben, in ihrer direkten Umgebung einen so passenden Partner zu finden. Beide kommen aus Kärntner-slowenischen Familien, Anna aus einer kleinen Landwirtschaft und Stanko von einem großen Hof mit 52 Hektar. Das ist der Lazarhof drüben auf dem Hügel, keine zwei Kilometer von St. Primus entfernt.

Stanko und Anna sind beide Kriegskinder, und der Krieg ist hier noch sehr lebendig. »Aber alles, was wir darüber wissen, haben wir von der Elterngeneration«, sagt Stanko. »Es ging der Landwirtschaft hier sehr schlecht, und auf einmal kam Hitler. Der hat die Landwirte mit Subventionen gefördert. Im Zuge der großen Euphorie in ganz Österreich waren auch einige der Kärntner Slowenen für ihn. Ganz langsam hat man erst gemerkt, was er eigentlich vorhatte. Dass er mehr oder weniger das Slowenische, wie die Roma, die Juden und, und …«

Stanko macht eine Schnittbewegung am Hals. »Unsere Eltern waren in dem Alter, dass sie in den Krieg mussten. Das war eine große Entscheidung: Die einen gingen auf die deutsche Seite, die anderen sagten, sie wollten das Slowenische verteidigen. Für die gab es nur eins: in den Wald, zu den Partisanen. In den Familien waren sich nicht immer alle über solche Entscheidungen einig.«

Stanko redet nicht so gern über persönliche Dinge. Anna hilft nach: »Dein Vater …« »Ja, mein Vater war bei den Partisanen im Wald, bis Kriegsende. Mit was für einer Angst meine Mutter, die älteren Geschwister und die Großeltern auf dem Lazarhof gelebt haben. Die Bürgermeister, alle deutsch gesinnt, brauchten nur sagen: diese Familie. Und dann war man schon weg, im Lager. Das ist nicht passiert. Vielleicht war ein Grund dafür, dass auf dem Lazarhof viele Lebensmittel produziert wurden. Aber es konnte immer passieren, man wusste das bis zum Schluss nicht.«

Jahrzehnte später, sagt Stanko, kehrte der Krieg zum Vater zurück. »Er musste deswegen ins Krankenhaus. Die Frau meines Bruders, die oben bei meinen Eltern am Lazarhof geblieben ist, hat mir gesagt, der Vater hat bei den Partisanen mit Sicherheit Schlimmes erlebt. Er wollte aber nie darüber sprechen. Er ist 1984 gestorben.«

Annas Vater war dagegen in der deutschen Wehrmacht, sagt sie. »Und 1944 sollte mein älterer Bruder ebenfalls in die Wehrmacht eingezogen werden. Aber dann haben ihn die Partisanen geholt. Das war mit denen so verabredet worden: Wenn sie jemanden scheinbar mit Gewalt mitgenommen hatten, waren die Sanktionen der Deutschen nicht ganz so schwer.«

Annas Familie, die Kežars, wurde von den Partisanen immer wieder heimgesucht, um sich Lebensmittel zu besorgen. Der Hof lag ziemlich versteckt, und in den umliegenden Wäldern waren Hunderte von ihnen. »Meine Mutter lebte ständig in Angst, die Deutschen würden gleichzeitig kommen.«

Und dann standen sich, um 1960, als sie heiraten wollten, die Väter von Anna und Stanko gegenüber: der ehemalige Wehrmachtssoldat und der ehemalige Partisan. Bei der Erinnerung lachen die beiden. Anna meint: »Mein Vater hatte sich im Krieg doch bloß nicht mehr getraut, zu desertieren. Aber ein echter Soldat ist er, als Bauer, wohl kaum geworden.« »Fanatiker waren beide Väter nicht«, bestätigt ihr Mann. »Bei unserer Hochzeit gab es überhaupt keine Probleme.«

Vorher, kurz nach dem Krieg, hat es allerdings viele Probleme gegeben. »Menschen wie meine Mutter«, sagt Anna, »wurden trotz allem als Partisanenhelfer abgestempelt und haben fast keine Lebensmittelmarken bekommen.« »Von der deutsch gesinnten Mehrheit sind wir diskriminiert worden«, fasst Stanko zusammen. »Wird man ja heute noch. Nur niemand spricht darüber. Aber man spürt es.«

Gegenüber von Annas und Stankos Haus, auf der anderen Seite der Landstraße, steht eine kleine, graue Kirche. Dort singt Anna ab und zu, wie auch ihre Kinder und der halbe Danica-Chor. Dort spielt Annas Bruder, der das musikalische Vorbild ihres Sohnes Stanko gewesen ist, die Orgel. Und auf dem kleinen Friedhof nebenan ruhen die Vorfahren Polzer. In den Grabstein ist eingemeißelt »Družina Polzer, Lazarjevi«, Familie Polzer, vom Lazarhof. An den Familiennamen auf den Grabsteinen kann man die ethnische Herkunft der Menschen nicht erkennen. Aber alle hier wissen, dass »Polzer« der Name einer Kärntner-slowenischen Familie ist.

Lazar ist der Name des Weilers den Hügel hinauf, wo die Polzers über Generationen hinweg zu Hause waren. Auf halber Strecke liegt ein anderer Weiler, Vesielach, auf Slowenisch Vesele. Dort lebt Franz Polzer, der Bruder von Stanko sen. Er hat ein arbeitsreiches Leben lang die Post ausgetragen. Mit Namen kennt er sich also gut aus. »In der Nachkriegszeit haben die Nazis überall Posten bekommen, die saßen in den ganzen Verwaltungen und Behörden«, sagt er. »Slowenische Vornamen haben sie nicht zugelassen. Als mein Sohn Marko 1950 geboren wurde, sagte mir der Beamte in Klagenfurt, es müsste Markus heißen.« Genau wie vor dem Krieg, als sein Bruder Stanko, geboren 1939, nicht offiziell Stanislav heißen konnte. Da wurde Stanislaus draus gemacht, auf Deutsch. Franz selbst ist 1936 geboren und wurde deshalb ein Franz mit ›z‹ statt des slawischen ›c‹.

Franz kann sich noch an die Kriegsjahre oben am Lazarhof erinnern. Vor allem an die Ängste der Mutter, als der Vater zu den Partisanen ging. »Er wollte das gar nicht, er war ja Bauer. Aber er hat keine Wahl gehabt. Die Nazis waren hinter ihm her, weil sie Partisanen am Lazarhof gesehen hatten. Die holten sich bei uns Essen. So ist der Vater zu den Partisanen gegangen und war da unten in Slowenien verantwortlich für ihre Lebensmittelversorgung. Er stellte die Kontakte mit den Höfen hier in Kärnten her.«

»Wenn du damals ›Slowener‹ in Kärnten warst, warst du Kommunist«, sagt Franz. »Von den Nazis sind wir so abgestempelt worden und nach dem Krieg von den Deutschnationalen. Solange es Jugoslawien gab, haben die Politiker immer die Angst vor dem Kommunismus geschürt. Und daher auch vor uns. Das ist verdammt schlimm gewesen. Jetzt gibt es den Kommunismus nicht mehr. Und prompt ist die Angst vor den ›Slawen‹ zurück. Wir würden Kärnten ›slowenisieren‹, sagt der Landeshauptmann Jörg Haider.« Franz lacht überschwänglich. »›Macht mir dieses Land deutsch‹, hat Hitler über Österreich gesagt. Wir Slowenen hören das bis heute.«

In seinem Weiler Vesielach, zwischen St. Primus und Lazarhof, sind noch drei, vier andere Familien zu Hause, die sich als slowenisch bezeichnen. Das ist immerhin noch fast die Hälfte der Einwohner, sagt Franz. »Früher war hier nur Landwirtschaft, und es gab kaum Deutschsprachige. Jetzt schon, einer hat einen Campingplatz neu eröffnet. Und im Grunde kommt man miteinander aus. Aber wehe, wenn wir zweisprachige Ortstafeln aufstellen wollen. Dann sind sie dagegen. Dann herrscht wieder dieser Tafelstreit. Wie früher, in den Siebzigern. Man hat nichts dazugelernt.«

Franz spricht von der Zeit, als die Regierung Kreisky einen Anfang mit der Umsetzung des Staatsvertrags von 1955 gemacht

192

hat, der die junge Republik Österreich in einen Rechtsstaat transformieren sollte. Minderheitenrechte wurden seitdem garantiert, und im Rahmen dessen beschloss Bruno Kreisky 1972 die Aufstellung von zweisprachigen Ortsschildern in denjenigen 205 Kärntner Ortschaften, wo zumindest ein Viertel der Einwohner slowenischstämmig war. Aber kaum waren die ersten Ortsschilder und Wegweiser auf Deutsch und Slowenisch aufgestellt, als im Herbst 1972 der Deutsch-Kärntner Bürgermeister von Obersammelsdorf am Turnersee ein Zeichen für einen das ganze Jauntal erfassenden »Ortstafelsturm« setzte: Der Bürgermeister entfernte die zweisprachigen Ortsschilder in seinem Dorf. Das fand viele Nachahmer. Bis heute lagern die meisten dieser 205 Schilder in den Kellern der Gemeinden.

Keiner spricht heute noch ernsthaft über 205 Schilder. Die Kärntner-slowenische Gemeinschaft muss jetzt für viel weniger Schilder kämpfen. Der Landeshauptmann Haider benutzt, wie seine Vorgänger, das Instrument der Volkszählung gegen diese zweisprachigen Ortsschilder. Das funktioniert, weil viele mit Kärntner-slowenischen Wurzeln bei der Frage nach ihrer ethnischen Zugehörigkeit »Deutsch« ankreuzen, sagt Franz. Statistisch macht seine Volksgruppe schließlich nur noch ein paar Prozent der Kärntner Bevölkerung aus. Aber ein Symbol sind sie geblieben, diese Ortsschilder: »Für das Selbstbewusstsein.«

Also findet man am Ortsein- und -ausgang seines kleinen Dorfs zweisprachige Schilder. Sieht man genau hin, entdeckt man über dem Schild mit den beiden Ortsnamen Vesele und Vesielach eine Folie. Franz macht ein schelmisches Gesicht. »Die Tafeln sind zwar illegal angebracht, aber für uns ist das eine legitime Reaktion auf jahrzehntelange Provokationen der anderen Seite.«

Deshalb erzählt er auch, wie sie darauf gekommen sind. »Das war so: Die Deutschnationalen haben den slowenischen Namen

›Vesele‹ immer wieder mit schwarzer Lackfarbe übermalt. Überall machen sie das so. Aber hier geht das nicht, wegen der Folie. Die zieht man einfach ab, und die Schmiererei ist verschwunden. Das haben mein Sohn und der Sohn vom Lutz sich so ausgedacht – quasi wie Partisanen.«

»Der Lutz.« Franz Polzer spricht den Namen mit großem Respekt aus. »Lutz war sein Partisanenname. Er war ein Partisanenobmann von hier, der in der Kriegszeit mit den Partisanen aus Slowenien zusammengearbeitet hat. Er selbst lebt nicht mehr, aber ich pflege noch immer Kontakte zu einigen steinalten Partisanen in Slowenien wie auch zu Kärntnern, die im Krieg drüben bei denen waren. Durch Lutz habe ich viele davon kennengelernt.«

Die Ortschaft Lazar ist noch ein wenig höher gelegen. Sie besteht fast nur aus dem Lazarhof mit dem alten Bauernhaus und einigen Nebengebäuden. Eine der neueren Scheunen ist schon ganz heruntergekommen: halb abgebaut und ohne Dach. Das Haus, in dem Stanko und Franz und vor ihnen ganze Generationen Polzers aufgewachsen sind, sieht verlassen aus. Der ockergelbe Putz ist abgebröckelt, und das Krippengemälde an der Außenwand ist verblasst wie ein alter Farbfilm. Riesige verrostete Geräte stehen und liegen herum. Trotz allem zeugt der Hof noch von seinem früheren Reichtum.

Vor dem Haus steht eine muntere Frau in einer lila Schürze, sie mag etwa Anfang siebzig sein. Es ist Josephine Polzer, die Schwägerin von Franz und Stanko sen., die seit dem Tod des Schwiegervaters gemeinsam mit einem ihrer Söhne versucht, so gut es geht den Hof zu bewirtschaften.

»Das Bauernhaus ist marode geworden, weil es so schrecklich feucht ist«, sagt Josephine und geht hinein. »Früher wurde auf dem großen Kochherd geheizt, der quer in dem Esszimmer stand.

194

Die Leitungen führen ringsum, an der Wand entlang, durch das Zimmer, eigentlich ganz wie bei einer modernen Zentralheizung. Aber es hat sehr schnell geschimmelt. Im August oder September, wenn noch nicht geheizt wurde, hing immer so ein schimmeliger Geruch in der Luft. So ein Geruch wie jetzt.«

Josephine hat hier lange Jahre mit ihren Schwiegereltern zusammengelebt. Als Schulmädchen am Ende der dreißiger Jahre hat sie schon vermutet, was bevorstand, sagt sie. »Da habe ich mit meinen Freundinnen auf dem Schulspielplatz slowenisch gesprochen. Und hoppla, kam dann ein Bub aus unserer Klasse auf uns zu, der rief: ›Aufhören. Sonst werdet ihr ausgesiedelt.‹ Daran habe ich zurückdenken müssen, als ich später von der Deportation der Sturms, der Familie meiner Schwiegermutter, gehört habe. Selbst hat sie nie ein Wort darüber gesprochen.«

Ihre Schwiegermutter, die auch die Mutter von Stanko sen. und Franz ist, hatte im Krieg zusehen müssen, wie ihr Bruder mit Frau und Kindern in ein Lager im bayerischen Eichstätt transportiert wurde. Die Familie war eine von zweihundert Kärntnerslowenischen Familien, die 1942 verschleppt wurden, aufgrund einer nationalsozialistischen Anordnung, welche die Aussiedlung der Slowenen aus Kärnten regelte. »Die Sturms waren nicht mal bei den Partisanen gewesen«, sagt Josephine. »Aber so ging das. Die Schwiegermutter hat dann Pakete geschickt und Briefe zurückbekommen. Nach dem Krieg hat sie dieses mindestens zehn Zentimeter dicke Paket braunen Papiers wasserdicht verpackt und vergraben. Das habe ich noch gesehen.«

Drei Jahre lang hat die Familie Sturm in diesem Arbeitslager verbracht, unter schrecklichen Umständen. »Was dort vorgefallen war, hat die Schwiegermutter für sich behalten wollen. Ein Kind ihres Bruders war krank geworden. Die Mutter des Kindes ist zum Lagerarzt gegangen. Der hat dem Kind eine Spritze gegeben. Und noch auf dem Arm der Mutter ist das Kind gestorben. Das war die kleine Veronika Sturm.«

Josephine ist die Einzige der Polzer-Familie, die von sich aus über dieses Ereignis erzählt. Nur Bernard Sadovnik, der in die Familie eingeheiratet hat, hat es auch erwähnt. Bernard hat als Leiter einer politischen Organisation der Kärntner Slowenen in den letzten Jahren oft mit Marjan Sturm zusammengearbeitet, der Obmann einer radikaleren Organisation derselben Volksgruppe ist. Marjan sei als Kind in diesem Lager gewesen. Dort war auch dessen kleine Schwester, die Veronika. Sie hat die Deportation nicht überlebt. Das hat Bernard gesagt. Mehr nicht.

Der Wiener Blick

ST. PRIMUS / ŠENTPRIMOŽ, AM NACHMITTAG – Eine Landstraße schneidet St. Primus mittendurch. Auf der einen Seite steht das Haus von Anna und Stanko Polzer, auf der anderen die Kirche mit dem Grab der Vorfahren Polzer. Auf jeder Seite der Straße gibt es eine Filiale der Mini-Supermarktkette Adeg, die sich, beide fest in Kärntner-slowenischen Händen, heftig Konkurrenz machen. Die Landstraße führt am stillen Turnersee und am touristischeren Klopeiner See vorbei, dann über die Drau, um dann in westlicher Richtung nach Klagenfurt abzubiegen.

In den siebziger Jahren war die Region Klopeiner See / Turnersee während der Sommersaison die touristisch bedeutendste Region ganz Österreichs. Auf einer Seite des Klopeiner Sees stehen die Hotels dicht nebeneinander am Wasser. Es gibt noch einige große Campingplätze in der Nähe. Aber der Moment, weiter in die Infrastruktur zu investieren, wurde verschlafen. Der Touris-

Barbara und Michael Mistelbauer mit ihren fünf Kindern

mus ist stark zurückgegangen. Und im Herbst fällt das Jauntal, ohnehin schon nicht mehr ganz wach, in einen tiefen Schlaf. Kärnten ist heute das ärmste Bundesland Österreichs.

Für den Turnersee hat dieser Stillstand bestimmt Vorteile: Nur wenige Gebäude verstellen den Blick auf das Ufer und das beeindruckende Karawankenpanorama. Diese Idylle wurde in der Zwischenkriegszeit entdeckt. Bis dahin hieß der See der Sablatnigsee. In den dreißiger Jahren wurde am See ein Lager errichtet, in dem die Führer des Turnerbundes geschult wurden, körperlich und ideologisch. 1938 waren diese Turner als perfekt ausgebildete Krieger auf den Anschluss an das Deutsche Reich vorbereitet. Der Name »Turnersee« blieb nach dem Kriegsende erhalten.

Auf der Kirchenseite der Landstraße in St. Primus lebt die Familie Mistelbauer. Hätte es in dieser Winterwoche doch bloß gefroren, dann wären sie, alle sieben, bestimmt so oft wie möglich auf dem Turnersee ein Stündchen Schlittschuh gelaufen. Sehr sportlich sind die Mistelbauer. Gerade kommt der Vater Michael von seiner Joggingrunde entlang der grauen Felder nach Hause in die Neubausiedlung. Der zähe, schmal gebaute Wiener läuft viel, sein Körper verlangt geradezu nach Bewegung. Nicht ohne Grund ist er Sportlehrer geworden.

Michaels Frau Barbara ist Kärntner Slowenin und sowohl mit den Polzers auf der anderen Straßenseite wie auch mit den Sadovniks verwandt. Irgendwie bildet diese Großfamilie eine geschlossene Linie durch das Jauntal: Überall leben Verwandte.

Als eingeheirateter Wiener ist Michael hier die Ausnahme. Aber so fühlt er sich schon lange nicht mehr. Kurz nachdem er sich 1986 an der Wiener Pädagogischen Akademie in Barbara verliebt hatte, sprach er Slowenisch.

Zu Hause duscht er schnell, diskutiert mit seiner Tochter, die in dieselbe Klasse wie Nadja Polzer geht, über den Schulball, auf dem sie unbedingt mit ihrem Vater tanzen soll, und hilft dem jüngsten Sohn bei der Installation eines Computerspiels – alles auf Slowenisch. Dann setzt er sich kurz hin.

Michael spricht von seinen Erfahrungen mit der slowenischen Sprache, als seien diese für einen Wiener ganz selbstverständlich. Waren sie auch, für ihn. Barbara und er hatten sich ja für ihre Kärntner Heimat entschieden. »Sofort habe ich unten in Laibach einen Sommersprachkurs gemacht«, erzählt er. »Ein Jahr später kam das erste Kind auf die Welt, und von da an habe ich das Slowenische mit unseren fünf Kindern weitergelernt. Viele haben nicht verstanden, dass ich von Geburt an mit den Kindern Slowenisch geredet habe. Nur Slowenisch.«

»Interessant ist«, fährt Michael fort, »dass sie, sobald sie sprechen konnten, schon unterschieden haben zwischen ›Jetzt rede ich so wie die Herzi‹, also deutsch wie ihre Wiener Oma, und ›Jetzt rede ich wie Oma Maria‹, also slowenisch. Innerhalb von Sekunden haben sie intuitiv die Sprache gewechselt, wenn beide Großmütter da waren.«

Für Michael ist das ein gutes Gegenbeispiel zu der immer wieder aufgestellten Behauptung, bei einer zweisprachigen Erziehung vermische sich alles und man lerne keine der Sprachen richtig. »Sogar unsere ehemaligen Nachbarn haben uns damals gefragt: ›Wann wird die Kinderschar eigentlich Deutsch lernen?‹ Blödsinn, im Fernsehen haben sie Deutsch gehört, im Kindergarten haben sie Deutsch gehört. Unser Problem war eher: Hoffentlich lernen sie auch Slowenisch.«

Da kommt Barbara hineingestürmt. Sie ist zwar keine Läuferin, aber immer in Bewegung in Kärntner-slowenischen Angelegenheiten. Barbara ist immer auf dem Sprung: Allzeit bereit und niemals eine Pause! Dabei steht sie selten im Rampenlicht, höchstens mal als Solistin in Stanko Polzers Chor Danica. Heute hat Barbara das Jauntal schon zweimal mit ihrem Auto durchquert. Neben ihren vielen Ehrenämtern und ihren fünf Kindern hat sie eine Stelle als Sonderpädagogin. Sie arbeitet vor allem sprachpädagogisch sowohl mit »hörenden« als auch mit »nicht hörenden« slowenisch- und deutschsprachigen Jugendlichen.

Jetzt erzählt Barbara ihrem Mann begeistert über die Fortschritte von Monika, einem nicht hörenden Mädchen, das sie eben in der Volksschule ein paar Stunden begleitet hat. »Monika hat ein Cochlea Implantat bekommen«, sagt sie, »eine Art elektronische Gehörprothese. Neun Jahre ist sie alt und trainiert zurzeit hören und sprechen. Sogar zwei Sprachen zugleich lernt sie jetzt, Deutsch und Slowenisch. Ist das nicht super?«

Die Kommunikation in der Schule wechselt ziemlich spontan zwischen beiden Sprachen hin und her, weiß Michael, denn ihr jüngster Sohn geht in dieselbe Klasse wie Monika, eine Klasse, in der hörende und gehörlose Kinder gemeinsam unterrichtet werden – eine ganz normale Klasse. Als dritte Sprache kommt dann jene hinzu, die Barbara mit Monika »spricht«: eine mit Händen, Augen und Mund, ja unter Einsatz des ganzen Körpers.

Barbara hat lediglich die deutsche Gebärdensprache gelernt. Sie kennt die slowenische nicht, weil diese nicht schriftlich festgelegt worden und somit ungewiss ist, welcher der vielen Dialekte gewählt werden müsste. Immerhin geht es mit ihrer Kärntnerslowenischen Schülerin Monika voran. Barbara findet es gerade zauberhaft, dabei zu sein, wenn jemand die Welt der Sprache entdeckt. »Den Rhythmus aus einem Satz herauszuhören, damit fängt das Sprechen an«, sagt sie. Das erklärt auch, wieso sie, als Leiterin des riesigen Danica-Kinderchors und Sängerin im Kirchenchor, gleichzeitig gern mit nicht Hörenden arbeitet.

Barbara ist bodenständig, sagt jeder, der sie kennt. Das bedeutet aber keineswegs, dass sie provinziell ist. Als Kind eines Konsuls ist sie mit ihren Eltern in der Welt herumgekommen. Sie ist in Prag geboren und hat in Rom und in Indonesien gelebt. Dort hat sie meist in Lederhosen gespielt. Leder ist angenehm kühl, weil es nicht klebt, meinte ihre Mutter Maria, die jetzt wieder im Nachbardorf lebt, wo sie auch geboren wurde. Bei Feierlichkeiten trugen Mutter und Tochter in Jakarta oft ein Dirndlkleid. Man repräsentierte, slowenischstämmig oder nicht, schließlich den österreichischen Staat.

Als sie das Alter für das Slowenische Gymnasium erreicht hatte, kam Barbara in ein Klagenfurter Internat. Die Eltern arbeiteten ja in Belgrad oder sonst wo. Oft ist sie mit zu ihrer Schulkameradin Marjana, die jetzt Bernard Sadovniks Frau ist, nach Hause gegangen. Sie lebte in diesen Jahren mehr oder weniger in der Obhut von Marjanas Mutter Anna Polzer. Auch Anna, die gleich auf der anderen Seite der Landstraße wohnt, ist so eine bodenständige Frau, aktiv im Dorf, wo sie gebraucht wird, und selten im Rampenlicht. Anna gehört zu den Pfeilern, auf denen die Kärntner-slowenische Kultur ruht. Und Barbara hat ihr damals wohl vieles abgeguckt.

So fröhlich und beweglich Barbara auch ist, so oft sie »Super!« ruft, wenn etwas sie begeistert, so häufig hat sie doch auch das Wort »Angst« auf der Zunge. »Meine Kinder«, sagt sie, »müssen slowenisch leben können, ohne Angst haben zu müssen. Angst vor Verspottung oder Diskriminierung.« Aber sie befürchtet, dass diese Zeit womöglich noch lange auf sich warten lässt. Es gibt, sagt sie, einen Landeshauptmann, der »verhext« und »aufputscht«. Und es gibt demzufolge Kinder, die sich dafür schämen, in der Öffentlichkeit Slowenisch zu reden.

Bestimmte Vorurteile, die den Kärntnern immer wieder eingebläut worden sind, entdeckt Barbara auch schon bei den Kindern. Sie hat schon ungeheure Zwischenfälle erlebt. Wie den mit einem dreizehnjährigen Jungen, der nicht singen wollte. »In der Hauptschule in Völkermarkt wurde die Weihnachtsfeier vorbereitet. Ein afrikanisches Lied, ein deutsches Lied und verschiedene andere wurden einstudiert, darunter auch ein slowenisches Lied. Aber dieses Lied hat der Junge nicht mitgesungen. Ob er denn nicht mitsingen wolle, wurde er gefragt. ›Nein, nicht Slowenisch‹, hat er geantwortet. Am nächsten Tag waren die Eltern da, und es gab einen Aufstand. Bis sie sich dann darauf geeinigt hatten, dass das Kind bei diesem Lied tatsächlich sitzen bleibt und nicht mitsingt. Und so haben sie es dann gemacht.«

Michael sieht allerdings Zeichen dafür, dass »die Situation« sich allmählich verbessert. »Die Tatsache«, sagt er zu Barbara, »dass der Bernie mit Deutsch-Kärntner Verbänden wie dem Kärntner Heimatdienst, der immer Angst vor einer Slowenisierung Kärntens hat, einige Kompromisse hat schließen können, macht uns doch ein wenig Hoffnung, oder?«

»Bernie« ist Bernard Sadovnik. Ihr Verwandter hat vor ein paar Jahren eine »Konsensgruppe« gegründet, die die unterschiedlichen politischen Verbände der Kärntner Slowenen und die der Deutsch-Kärntner an einem Tisch zusammengebracht hat. Das war eine richtige Revolution, vor fünfzehn Jahren war so was noch nahezu undenkbar.

Allerdings sieht Michael auch noch deutlich vor sich, wie verzweifelt Bernard bei Barbara und ihm in der Tür stand. Etwa vor einem Jahr war das. Bernard hatte mit dieser Konsensgruppe gerade eine Pressekonferenz beendet, auf der der erreichte Kompromiss über die Ortstafeln verkündet wurde. Um wie viele Tafeln es ging, weiß Michael nicht mehr genau, vielleicht hundertdreißig, jedenfalls viel mehr, als man heute verhandelt. Und dann, hat Bernard erzählt, seien plötzlich seine eigenen Leute über ihn hergefallen. Sie wollten keine Kompromisse, wollten ihn als ihren Obmann am liebsten absetzen, weil er die slowenische Sache verraten hätte, hat Bernard ratlos gemeint.

Michael war klar geworden, dass auch Bernard nicht so ganz zufrieden mit dem ausgehandelten Ergebnis gewesen war, dafür war es eben ein Kompromiss. Aber dann diese Aggression, nicht nur von den radikaleren Kärntner Slowenen aus dem Verband des Marjan Sturm, der mit in der Konsensgruppe ist, sondern auch aus Bernards eigenen Reihen. Mit seiner sonoren Bassstimme, die kaum Emotionen verrät, hatte Bernard auf Barbara und Michael eher sarkastisch gewirkt. Aber sie kennen ihn: Eine nervöse Unruhe war in Bernards Blick und Bewegung spürbar gewesen.

»Die Ortstafeln sind ein Spiegel der ganzen Situation«, hat Bernard hier im Wohnzimmer geseufzt. »Und auch die Kärntner Slowenen benehmen sich an diesem Punkt kleinkariert: immer in der Opferrolle. Dabei streiten sie sich auch noch untereinander.«

Anschließend berichtete Bernard aber, wie außergewöhnlich die Stimmung in dieser Konsensgruppe gewesen war und wie viel Mut ihm das gemacht hatte. Alle Anwesenden hätten dort ihre Familiengeschichten eingebracht, das war recht beeindruckend. »Wir haben uns gefragt«, hat Bernard erzählt, »wieso jeder von uns geworden ist, wer er halt ist. Dann hat Marjan Sturm von der Deportation erzählt, wie er als Junge mit seiner Familie im deutschen Arbeitslager war und dort seine Schwester verloren hat. Der Mann vom Heimatdienst hat erzählt, dass die Partisanen Familien aus seinem Verwandtenkreis hingerichtet haben. Und ich habe von der ganzen Geschichte vom Peršmanhof eigentlich nur diese Botschaft vom Vater hervorgehoben: Man muss Toleranz fördern und nicht Hass.«

Wenn er so auf dieses Treffen mit Bernard zurückblickt, muss Michael an seine eigene Großfamilie in Wien denken. Auch seine Herkunft war entscheidend für seine Entwicklung. Die Eltern waren beide Lehrer, wie er und seine Schwester Doris jetzt. Aber eben in Wien. Seine Eltern hatten sich mit der »slowenischen Frage« nie beschäftigt.

Seine Mutter stand seiner Entscheidung, ein Wahlslowene in Kärnten zu werden, gar nicht so skeptisch gegenüber, überlegt er. Sie hat sogar versucht, Slowenisch zu lernen. Aber sie hat eben auch ein paar der üblichen Vorurteile. Als die Tochter Tereza auf die Welt kam, hat sie sich sehr gewundert, dass ihr Name nicht deutsch mit einem ›s‹ geschrieben wurde. Irgendwie ist das diese allgemeine Angst vor dem Fremden, meint Michael. Wenn man in Wien über Juden redet, dann weiß jeder, was er zu sagen hat:

die Nazis und so weiter, war alles schlecht, die Juden wurden vergast, alles ganz schlimm. Aber trotzdem sagt man in der Wiener Alltagssprache immer noch ›reich wie ein Jude‹.

Und wer ist denn überhaupt der Wiener? Sind seine Eltern richtige Wiener? Ein Wiener, sagt man, besteht zu einem Viertel aus einem Böhmen, zu einem weiteren Viertel aus einem Niederösterreicher, und zur anderen Hälfte kommt irgendwas vom Balkan dazu. Michael denkt und zählt: Das trifft in seiner Familie genau zu. Dieser Haider mit seiner »reinen Volksschau«, wohlgemeint die arische, so was gibt's in Wirklichkeit gar nicht.

WIEN AM ABEND – Soeben ist die Neujahrsansprache 2008 des Kärntner Landeshauptmanns Dr. Jörg Haider veröffentlicht worden. Haider hatte sie in Wien vor dem Parlamentsklub seines Bündnisses Zukunft Österreich (BZÖ) ausgesprochen. »Rot und Schwarz streiten wie die Zigeuner jeden Tag über ein anderes Thema«, so bewertete er die österreichische Bundesregierung. Und zu »Schengen« meinte er: »Die Regierung trägt dazu bei, dass unsere Eigen- und Selbstständigkeit in Gefahr ist.«

Doris Keinz, geborene Mistelbauer, und ihr Mann Josef (Sepp) ärgern sich vehement über solche Sprüche. Seit Doris' Bruder Michael in Kärnten lebt, und seit es wiederum Haider häufig in die Hauptstadt verschlägt, hat das politische Temperament von Doris und Sepp, was Kärnten betrifft, erheblich zugenommen. »Das ist eine Zumutung«, ruft Sepp aus, »dass wir dieses BZÖ hier in unserem staatlichen Parlament dulden müssen. Und zwar nur deshalb, weil der Haider da unten in Kärnten so wahnsinnig viele Wähler hat.«

Doris und Sepp haben sich in einem ihrer Lieblingskaffeehäuser niedergelassen. »Vorher wussten wir Wiener politisch recht wenig über Kärnten«, sagt Doris hinter einer großen Schale Melange. »Aber ich erinnere mich, dass ich seinerzeit diesen Ortstafelstreit, als sogar Bomben gelegt worden sind, schon mitbekommen habe.« »O ja, richtig, das war in den Siebzigern, daran erinnere ich mich auch«, fügt Sepp hinzu. Seitdem hat er einiges dazugelernt – auch dank Schwager Michael.

Der gemütliche IT-Manager regt sich, als er über Kärnten spricht, immer mehr auf. »Dort gibt's ja diese Gesellschaften, die treffen sich jeden Oktober bei einem Denkmal, wo auch die Ehemaligen relativ unverhohlen zusammenkommen. Die von der Wehrmacht und von der SS also, und dann werden die alten Zeiten verherrlicht. Haider ist manchmal als Redner dort. Es ist eben deswegen, dass Barbara und Michael so kämpferisch sind.« »Du, Sepp«, sagt Doris, »erinnerst du dich noch an den Geschichtsunterricht, wie er in unserer Schulzeit war? Vor dem Anfang des Zweiten Weltkriegs war da Schluss. Ich glaube, in Kärnten gibt es immer noch keine Aufarbeitung der Nazizeit.«

Doris ist Religionslehrerin. Sie hat in der Pfarrgemeinde Kroaten und Bosnier kennengelernt, die damals im Balkankrieg nach Wien geflüchtet sind. »Sie haben bei uns in der Pfarre gewohnt. So wie noch vor einem Jahr Barbara mit dem vierzigköpfigen Kinderchor aus St. Primus hier in der Pfarre untergebracht wurde, als sie für einige Konzerte in Wien waren. Aber bevor Barbara in unsere Familie kam, habe ich keine Slowenen gekannt, auch keine österreichischen Slowenen, jene aus Kärnten.«

Was ja irgendwie merkwürdig ist, überlegt Doris sich. »Denn als Kinder waren wir immer wieder unten in Kärnten. Das Gewerkschaftsdorf von Vaters Lehrerbund am Klopeiner See war unser festes Urlaubsziel. Aber Slowenisch habe ich da nicht reden hören.« Doris und Sepp vermuten, dass viele der Kärntner Slowenen ihren Hintergrund verschweigen. Sie haben selbst erfahren, dass es dafür gute Gründe geben kann.

Es gab einen Vorfall, der von ihren Verwandten in St. Primus tunlichst nicht mehr erwähnt wird, weil er wohl ziemlich traumatisch war. »Barbara und Michael wollten ein Grundstück in St. Primus kaufen«, sagt Doris. »Darauf wollten sie ein Fertighaus bauen lassen. Das Grundstück hat einem Deutsch-Kärntner gehört. Barbaras Familie, die Sterns, sind in der Gegend sehr bekannt. Als der Mann gehört hat, dass Barbara Mistelbauer-Stern sich am Grundstückskauf beteiligen will, hat er sich geweigert. ›Ich verkaufe nicht an Slowener‹, hat er gesagt. Dann hat unser Papa es, als Wiener, in seinem eigenen Namen gekauft.«

»Solche Leute sind in Kärnten möglicherweise deine Nachbarn, wie schön«, kommentiert Sepp. »Das muss für Michael schon eine seltsame Erfahrung gewesen sein«, fährt Doris fort. »Kein Wunder, dass er ein bisschen fanatisch geworden ist.«

Doris meint allerdings, dass ihr Bruder ab und zu übertreibt, sie hat ihm das auch ein paarmal gesagt. »Es stört mich schon, dass er, wenn er bei uns zu Besuch ist oder wir bei ihm, prinzipiell nur Slowenisch spricht. Nicht mit uns, sondern mit seiner Familie. Ich finde es toll, dass er die Sprache gelernt hat. Aber wenn er mit unserer Mutter, mit der Wiener Verwandtschaft, an einem Tisch sitzt, finde ich das ziemlich unhöflich. Alle in seiner Kärntner Familie sprechen ja auch Deutsch.« Allerdings hat sie viel Verständnis für das Traditionsbewusstsein, das Michael über Barbara eingeprägt bekommen hat. »Für Barbara ist es wichtig, ihre slowenische Kultur und Sprache nicht verkommen zu lassen und sie ihren Kindern mitzugeben. Deshalb spricht auch Michael nur Slowenisch mit ihnen. Er liebt die Barbara einfach.«

Die Slowenen »von drüben«

LJUBLJANA /LAIBACH AM ABEND – Miroslav (Miro) Polzer verbringt den Abend in seiner schlichten Dienstwohnung. Seine Frau Mirjam ist schon nach Kärnten zurückgefahren, wo sie eine Veranstaltung hat und wo Nadja und ihre beiden jüngeren Schwestern bis dahin in der Obhut von Mirjams Mutter waren. Mirjam kommt regelmäßig für ein paar Tage in die slowenische Hauptstadt, weil sie am Institut für Nationalitätenfragen mit einem Marie-Curie-Stipendium der Europäischen Union recherchiert. Das ist ein Glücksfall, da Miro selbst im quirligen Ljubljana tätig ist. Er leitet hier im Auftrag der österreichischen Regierung ein Institut, das ASO-Büro Ljubljana/Laibach heißt und die wissenschaftliche Zusammenarbeit über Grenzen hinweg fördert. Und in dieser Wiener »Außenstelle« fühlt er sich, als Kärntner Slowene, richtig angekommen.

Der Nachteil der Arbeit ist, dass Miro ständig zwischen Ljubljana, Kärnten und Wien pendelt – ebenso wie seine Mirjam, aber selten sind beide zugleich unterwegs. Morgen, zum Beispiel, muss er wieder nach Wien. Na ja, darauf freut er sich schon. In enger Zusammenarbeit mit seinem Schwager Bernard Sadovnik ist es ihm gelungen, eine Veranstaltung unter dem Titel *Europäische Dimensionen der österreichisch-slowenischen Nachbarschaft* im Wiener parlamentarischen Terminkalender unterzubringen. Die Idee für diese Veranstaltung kam von Bernard. Er wird auch die Einführungsrede halten, und er selbst moderiert die Konferenz. Sie haben sogar die Präsidentin des Nationalrates, Barbara Prammer, dazu gebracht, die Organisation des Ganzen zu übernehmen.

Auf ihrem »Wiener Kongress« am kommenden Tag werden Bernard und er die Welt neu aufteilen, sozusagen. An diesem Tag, an dem die offizielle Bekräftigung der österreichisch-slowe-

Bernard Sadovnik und Miroslav Polzer während ihrer Konferenz im Wiener Parlament

nischen Zusammenarbeit gefeiert wird, werden sie den Abgeordneten nahebringen, dass Österreich und Slowenien ideale Partner sind und sie, als Kärntner Slowenen, die idealen Vermittler.

Diese Funktion betrachtet Miro mit einiger Ironie. Große Selbstdarstellungen sind ihm fremd. Und hier in Ljubljana, auf der anderen Seite der Karawanken, spürt der promovierte Wirtschafts- und Sozialwissenschaftler, wie hoch die Barriere zwischen Österreich und Slowenien noch immer ist. Sein Bruder Stanko, der Chorleiter, ist einer der wenigen gewesen, der schon zu kommunistischen Zeiten regelmäßig die Grenze zwischen Kärnten und Jugoslawien überquerte. Die Musik war hier wohl eine ebenso schöne wie neutrale Vermittlerin zwischen den Staaten. Seitdem hat sich formal viel geändert, aber die Mentalität der Bürger hält damit nicht Schritt.

Der Zweite Weltkrieg liegt noch viel länger zurück als der Kalte Krieg. Man muss schon über achtzig sein, um darin noch eine aktive Rolle gespielt zu haben. Miro beschäftigt sich lieber mit der Aufarbeitung der Folgen beider Kriege in der Gegenwart. Der Stand der Geschichtsforschung in Südosteuropa ist ein Schwerpunkt seines Instituts. Da ist er hier in Slowenien genau an der richtigen Stelle: Die Aufarbeitung des schwierigen letzten Jahrhunderts steckt noch in ihren schüchternen Anfängen.

Es geht Miro darum, Antworten auf wichtige Fragen zu formulieren, zum Beispiel die, unter welchen Bedingungen antikommunistische Kämpfer als Kollaborateure eingestuft wurden und werden, durch wen das geschieht und aus welchen Gründen. Er weiß nicht nur aus Büchern und Archiven, wie differenziert man das Geschehene betrachten muss: Die Geschichte seiner ganzen großen Familie zeigt ihm ja, wie widersprüchlich die Erinnerungen an jene Jahre sind, wie verwoben ihr Leben noch heute mit dem historischen Geschehen ist.

Nach seinen Recherchen und seiner Auffassung hat der Großteil der Kärntner Slowenen bei den Partisanen nicht für das kommunistische Regime jenseits der Grenze gekämpft, wie das vor allem in Kärnten oft noch behauptet wird. Miro formuliert das gern so: »Die sozialistische Weltorientierung war ihnen eher wesensfremd. Kern der Sache ist, dass sich die Kärntner-slowenischen Familien gegen die Nazis orientiert haben. In der nazideutschen Ideologie gab es schließlich für Kärntner Slowenen keinen Platz.«

Die Partisanenbewegung war jedoch nicht nur eine Widerstandsbewegung gegen die deutschen Okkupanten gewesen, sondern auch ein militärischer Arm der sozialistischen Revolution in Jugoslawien. Es gab Gräueltaten gegen exponierte politische Gegner und einfache Zivilisten, das ist ausreichend belegt. Hunderte von Menschen wurden in Nacht-und-Nebel-Aktionen ermordet, und auch die eigenen Reihen haben die Partisanen letztlich rigoros gesäubert. Das alles spielte sich auf beiden Seiten der Grenze ab, während des Krieges und kurz danach, als Kärnten von britischen Truppen und von der jugoslawischen Volksarmee zugleich besetzt war.

In der aktuellen slowenischen Vergangenheitsbewältigung beginnt, zu Miros Zufriedenheit, eine Auseinandersetzung mit neu entdeckten Massengräbern und neuen Tatsachen über die Gewalttaten von Titos Partisanen gegen Deutsche und Italiener, Kroaten und Kärntner. Hinrichtungen, Todesmärsche und andere organisierte Verbrechen werden die Gemüter wohl noch lange beschäftigen, verstärkt von manchmal rührenden Dokumentarfilmen mit Zeitzeugen im slowenischen öffentlichen Fernsehen.

Es gab gute und es gab weniger gute Partisanen, so sieht Miro das. Und es gibt gelungene und weniger gelungene Geschichtsaufarbeitung. Ein Beispiel für Letztere stellt der Umgang mit den schrecklichen Ereignissen am Peršmanhof dar, auf dem die Nazis einen Großteil der Familie Sadovnik ermordet haben, während Bernards Vater noch gerade vor den Partisanen vom Hof fliehen konnte. Dort steht, am Rande des Abgrunds, ein bronzefarbenes Denkmal für die gefallenen Partisanen. Von ihrem Sockel blicken ein Mann und eine Frau heldenhaft in Richtung Zukunft, ein zweiter Mann schaut herausfordernd zurück. Ein solches Denkmal im Stil des sozialistischen Realismus hätte Miro eher auf der slowenischen Seite der Grenze erwartet.

Ursprünglich war das Denkmal, so die Erklärung auf dem Schild, 1947 in der Nähe von Völkermarkt errichtet worden, in Anwesenheit von Vertretern der Alliierten. »Unbekannte Täter«, heißt es dort weiter, hätten es 1953 gesprengt, und die Behörden hätten es nicht wiederherstellen wollen. Wenn das so stimmt, war dieser

Akt des Vandalismus wohl eines der drastischsten Beispiele für den deutschnationalen Umgang mit der Geschichte: Kärnten definierte sich schließlich als Puffer gegen den »Tito-Kommunismus«, da konnte ein Denkmal für sozialistische Widerstandskämpfer, die als Volkshelden verherrlicht wurden, nicht geduldet werden. Dreißig Jahre später hat der Verband der Kärntner Partisanen, den es noch immer gibt, das Denkmal restaurieren lassen und den abgelegenen Peršmanhof als neuen Standort gewählt. Hier findet wohl wiederum die für die Partisanen typische Aufarbeitung der Geschichte statt.

Es sind die Grautöne, die auf beiden Seiten fehlen. »Es ist nicht undenkbar«, überlegt Miro aufgrund seiner Forschungen, »dass die Partisanen die SS-Gewalt am Peršmanhof regelrecht provoziert haben, indem sie vom Hof aus auf deutsche Polizisten geschossen haben. Hauptsache, es geschah etwas. Vielleicht war es ihnen egal, was mit den Leuten auf dem Hof passieren würde.«

TAINACH IN KÄRNTEN, AM ABEND – In der Halle des pittoresken Tainacher Bahnhofs hängt ein Werbeplakat der Bahn mit dem Text *»Wir verbinden Nachbarn«*. Viele Kärntner Slowenen werden hier heute Abend aus dem Zug steigen. Vermutlich übersehen sie den Slogan auf dem Plakat, obwohl er auch für diesen Abend passen würde: Der große Diplomat Dr. Wolfgang Petritsch ist zurück im Lande und spricht nun in Tainach. Dr. Mirjam Polzer-Srienz, die Frau von Miroslav Polzer, ist nicht mit dem Zug unterwegs, sie kommt mit dem Wagen zu diesem kleinen Ort. Als Expertin für das Thema Minderheitenrechte und Friedenssicherung in Südosteuropa hat sie den Abend mitorganisiert. Der Vortrag von Petritsch heißt *»Volksgruppenrechte in Österreich und anderswo«*. Morgen wird Mirjam eine ähnliche Veranstaltung mit Petritsch in Klagenfurt moderieren. Sie kennen sich schon lange.

»Als ich 1995 promovierte, war ich mit diesem Minderheiten-thema sehr allein«, sagt sie, während sie den voll besetzten Saal des Tainacher Kirchengebäudes in Augenschein nimmt. »In Europa waren die Minderheiten Mode, aber in Österreich nicht: ›Brauchen wir nicht.‹« Jetzt lehrt und recherchiert Mirjam zu diesem Thema in Klagenfurt und in Ljubljana, wo auch ihr Mann Miro seine Stelle hat – Kärntner Slowene wie sie. Solche Ehen gibt es nur noch selten, sagt sie.

Außerdem setzt Mirjam sich mit dem Volksgruppenthema in der Kärntner Politik auseinander, wo sie als parteilose Sachverständige für die Grünen im Landtag sitzt. Sie fühlt sich, sagt sie, nicht ganz wohl bei der Nabelschau, die auch in den eigenen Reihen oft die Debatten beherrscht. Mal sehen, ob das heute Abend anders ist. »Das hier wird ein Heimspiel werden. Fast alle Anwesenden sind Kärntner Slowenen.«

So empfindet es Wolfgang Petritsch wohl auch. Also legt er, vorne im Saal, sein Jackett ab. Es gibt berühmte Klagenfurter wie die Schriftsteller Robert Musil und Ingeborg Bachmann, außerdem den Sänger mit dem Pseudonym Udo Jürgens, aber sie sind Deutsch-Kärntner. Es gibt den berühmten Halb-Kärntner-Slowenen Peter Handke, dessen Abstammung hier entweder nicht bekannt ist oder lieber verschwiegen wird, seit Handke kürzlich das »Volk der Serben« als »die wirklichsten Menschen« in Europa bezeichnete. Und es gibt eben Wolfgang Petritsch: österreichischer Botschafter bei den Vereinten Nationen in Genf, ehemaliger Hoher Repräsentant für Bosnien-Herzegowina und EU-Chefunterhändler um den Status des Kosovo, Anwärter auf das Amt des Außenministers des Bundesstaates Österreich im Falle eines SPÖ-Sieges und kürzlich mit dem europäischen Menschenrechtspreis ausgezeichnet. Wenn schon nicht der berühmteste, dann ist Wolfgang Petritsch vermutlich der einflussreichste Kärntner Slowene.

Der Außenpolitikexperte spricht hier von »wir«: »Wir, die Kärntner Slowenen.« Seine Arbeit sei stark von seiner eigenen Biografie geprägt, fängt er an. Und dann spricht Petritsch von Kärnten. Die gesetzlichen Grundlagen, um die Vielfalt zu fördern, sind vorhanden, erklärt er. »Die Rechtsordnung ist okay. *Wir* sind der Mangel, die Menschen.«

Nicht alle im Saal spenden ihm Beifall. Petritsch formuliert seinen Rat mit einer gewissen Schärfe: »Wir sollten das Thema Identität nicht als ein Gefängnis betrachten, sondern als eine Bereicherung. Wir müssen uns von der Politik nicht in eine Ethnofalle stürzen lassen.« Es ist spannend und hoffnungsvoll, erklärt er, zum Beispiel ein Kärntner Slowene zu sein. »Es geht doch nicht um Deutsch *oder* Slowenisch? Mit Sprachen kommt man um die Welt.«

Wolfgang Petritsch könnte jetzt von seinen Erfahrungen in südosteuropäischen Krisengebieten berichten. Wie kaum ein anderer Österreicher kennt er die Situation der ethnischen Minderheiten auf dem Balkan. Er könnte über Menschenrechtsverletzungen und über Intoleranz sprechen. Aber er bekommt keine Chance. Das Publikum ergreift das Wort. Es kommen, als Fragen verbrämt, so viele, lange Erfahrungsberichte hintereinander, dass Petritsch noch nicht mal eine Antwort formulieren kann. Und diese Monologe aus dem Publikum, in denen von viel Leid und Gekränktheit die Rede ist, betreffen Kärnten, Kärnten und noch mal Kärnten.

Petritschs Zuhörer wollen nicht zuhören. Und über die Grenze wollen sie erst recht nicht blicken. Nicht mal nach Slowenien, wo ihre ethnischen Verwandten leben. Das sind »die von drüben«, und dort sollen sie besser bleiben. Sie hier sind Österreicher, sie haben ihre eigenen Probleme: die mit den »Deutschen« im Land. Das klingt in allen Beiträgen mit. Sie laufen geradewegs in die Ethnofalle, vor der Petritsch zuvor zu warnen versucht hat.

Mirjam ist über den Verlauf des Abends wenig erstaunt. Sie unterstützt Petritschs Theorie von der Ethnofalle von ganzem Herzen, sagt sie. Als Südosteuropaexpertin und als Kärntner Slowenin. Denn sie hat es manchmal auch satt, dieses Sich-im-Kreis-Drehen der Ethnien in Kärnten mit »wir« gegen »die«. Vor allem im Licht der Probleme des vereinten Europa, über die Petritsch hätte sprechen wollen. »Wir in dieser Grenzregion müssen an wichtigen Themen arbeiten«, sagt sie. »An unserer gemeinsamen Geschichte und, noch mehr, an unserer Gegenwart, zum Beispiel an einer gemeinsamen Umweltpolitik.«

ZWISCHEN DER SLOWENISCHEN GRENZE UND WIEN, FRÜH AM NÄCHSTEN MORGEN – Es gibt Kärntner, es gibt Slowenen, es gibt Kärntner Slowenen, und es gibt noch viele alte Feindbilder. Aber Bernard Sadovnik ist nach Wien unterwegs, um ihnen entgegenzuwirken. So hundeelend er sich fühlt, hat er es doch geschafft, aufzustehen und in den Wagen zu steigen. Und die Grundstücksverträge für das Wellnessparadies in der slowenischen Goriška-Brda-Region sind ebenfalls geschafft – gerade noch rechtzeitig. Nun steht der Präsentation des Thermenprojekts als Erfolgsbeispiel österreichisch-slowenischer Partnerschaft unter Kärntner-slowenischer Vermittlung bei der Konferenz in Wien nichts mehr im Wege.

Vertrag und Konferenz haben eine lange Vorgeschichte. Bernard war im letzten Jahr immer wieder zur Stelle, wenn sich die Außenminister der beiden Staaten in Slowenien und an der Grenze getroffen haben. Und solche Treffen fanden regelmäßig statt, zuletzt beim Karawanken-Tunnel, als dort am 21. Dezember 2007 der Beitritt Sloweniens zum Schengen-Raum gefeiert wurde. Einige Monate vorher sind die beiden Minister und Bernard noch in der Goriška Brda zusammengetroffen. Und bei dieser Gelegen-

214

heit hat der Bürgermeister dieser ländlichen Weinbaugemeinde, Franc Mužič, den hohen Gästen die Pläne für das Wellnessparadies mit österreichischer Beteiligung vorgestellt.

Bernard kennt die äußersten Ränder des ehemaligen Habsburger Reichs. Er hat gesehen, wie das traditionelle Deutsch-Kärntnertum, diese großfamiliäre Mischung aus Politikern, Bankern, Immobilienmaklern und Juristen, schon ganze kroatische Küstenlandstriche für einen Spottpreis aufgekauft hat. Und was liest die Lokalbevölkerung der Halbinsel Istriens an Ortseingängen, Ferienressorts und privaten Bauprojekten? Ortsschilder und Wegweiser auf Deutsch, Englisch, Italienisch. In Istrien ist das Italienische wieder zur offiziellen zweiten Sprache erhoben worden.

Bernard Sadovnik freut sich auf seine nüchterne Art über solche Entwicklungen. »Das ist doch logisch, dass das Grenzgebiet internationaler wird«, sagt er darüber nur. Aber anders als an der Adriaküste finden diese so logischen Entwicklungen im sensiblen Karawankengebiet leider kaum statt, seufzt er. Dort drüben, an der sonnigen Küste, herrschen zeitgenössische, europäische Marketinggedanken, die einen internationalen Ton fordern. Gleichzeitig kann man in Kärnten den Landeshauptmann beobachten, wie er in einem Kärntner Grenzstädtchen eigenhändig ein Ortsschild um ein paar Meter verschiebt, um eine neue Rechtslage zu provozieren.

»In Kärnten sind wir seit Jahren in der Ortstafelfrage keinen Schritt weiter gekommen«, fasst Bernard zusammen. »Die Politik sollte endlich umdenken: Nicht, weil es Kärntner Slowenen gibt, sondern weil wir den Slowenen etwas zu bieten haben, sollten wir Schilder in ihrer Sprache aufstellen.«

Es ist in Europa schon längst üblich, ausländische Orte auch in der Landessprache auszuweisen. In Slowenien liest man »Trieste«, auf Italienisch, weiß Bernard, wie in Belgien »Aachen« auf

Deutsch. In Kärnten sucht der Reisende jedoch vergeblich nach einem Wegweiser mit »Ljubljana«. Der Landeshauptmann weigert sich, an Kärntner Straßen den Weg in die Hauptstadt Sloweniens ausschildern zu lassen, und auch den deutschen Namen »Laibach« findet man nicht. Aus Verkehrssicherheitsgründen hat Kärnten sich, so Haider, auf den Hinweis »Slowenien« beschränkt. Nur Slowenien. Und auch diese Schilder findet Bernard an der Bundesstraße 82, dem Weg zur Grenze, den er immer fährt, erst wenige Kilometer vor dem Nachbarland.

Nicht, dass im Nachbarland die Xenophobie völlig ausgestorben ist. Etwa gleichzeitig mit Haider hüben ließ drüben auf der slowenischen Seite der Grenze ein nationalistischer Abgeordneter ein Verkehrsschild entfernen, weil es nicht nur auf Slowenisch, sondern auch auf Italienisch den Weg zu einem Ort in Italien auswies. Auch in Ljubljana denken nicht alle Einwohner schon europäisch. Der Fremde, der die Stadt endlich gefunden hat, wird dort am Eingangstor zu einem großen Biergarten mit »Slovenijo Slovencem«, »Slowenien den Slowenen«, willkommen geheißen.

Bernard ist auf dem Weg nach Wien und probt die Rede, die er im Parlamentsgebäude halten wird. Ihr Ton wird optimistischer sein, als er sich jetzt fühlt. Eigentlich ist seine Skepsis in dem Augenblick zurückgekehrt, als er vor etwa einem Jahr gemeint hat, mit seiner neu aufgerichteten Konsensgruppe ein bisschen Frieden zu schaffen. Bis dahin hatte man sich in der Gruppe mehr untereinander beharkt, als sich um die Probleme in Kärnten gekümmert – immerhin das ärmste Bundesland. Er, der Brückenbauer, wollte einen Neuanfang forcieren. Aber dann war die eigene Volksgruppe über ihn hergefallen, wegen ein paar Ortsschilder mehr oder weniger. Sie meinten wohl, er bekäme Koffer voller Geld für seine Kompromissbereitschaft. An dem Tag hat er sich in die Zeit einige Jahre zuvor zurückversetzt gefühlt, als er in seiner Gemeinde Globasnitz als Bürgermeisterkandidat angetreten war. Im Wahlkampf ist er zu den Familien nach Hause gegangen und hat diese ganzen Feindschaften bemerkt. Der gehört nicht zu uns, der ist in der falschen slowenischen Partei. Oder: Der ist kein echter Kärntner Slowene. In seinem eigenen zweisprachigen Dorf war fast jeder gegen jeden gewesen.

Bernard hatte sich plötzlich wie ein Außenstehender gefühlt. Aber das hatte ihm die Augen geöffnet: Seine Aufgabe sollte sein, sich mehr um ein friedliches Zusammenleben zu kümmern. Um das zu erkennen, brauchte er allerdings Hilfe. »Genau wie gestern, als ich umkehren musste, damit ich heute heil nach Wien komme, wurde mir damals diese Warnung erteilt: Ich bekam hohes Fieber. Vierzehn Tage vor der Stichwahl konnte ich nichts mehr machen, hab nur noch im Bett gelegen. Und am Ende fehlten mir zum Bürgermeisteramt dreißig Stimmen. Heute erkläre ich mir das so: Der liebe Gott hat etwas anderes mit mir vorgehabt.«

Der Einklang

ST. PRIMUS/ŠENTPRIMOŽ, AM ABEND – Stanko und Anna Polzer sind gerade aus Wien zurückgekehrt. Sonst so ausgeglichen, zeigen sie sich heute ein wenig aufgeregt. Das bemerkt ihr ältester Sohn Stanko, der vorbeikommt, um seine beiden kleinen Söhne bei ihren Großeltern »abzuliefern«. Er selbst muss gleich wieder fort, auf die andere Seite der Landstraße: Heute ist die wöchentliche Probe seines Chors Danica. Aber wie es in Wien war, das will er doch noch schnell von ihnen erfahren.

»Na ja, das war schon beeindruckend in diesem imposanten Gebäude«, erzählt sein Vater. Ihr jüngster Sohn Vladimir hat sie

Stanko sen. lockt die Karpfen am Turnersee

zum Wiener Parlament gebracht und auch wieder abgeholt. In einem schönen, alten Raum haben sie die Veranstaltung zur österreichisch-slowenischen Nachbarschaft miterlebt. Anna und Stanko berichten von den vielen hochrangigen Gästen und von ihrem Sohn Miroslav, der diese wichtigen Menschen empfing, betreute, auf der Bühne befragte. »Ich kann nicht abstreiten«, sagt Anna schüchtern lachend, »dass ich doch ein wenig stolz war, als ich Miro so sah.«

»Zum Schluss der Veranstaltung gab es Wein aus der Goriška Brda«, fügt sie hinzu, »der Bürgermeister hat den selbst ausgeschenkt.« Sie sei keine Weintrinkerin und ihr Mann genauso wenig, aber Stanko hat noch schnell probiert. Der lacht nur. Für die anderen Spezialitäten aus der Brda-Region hat die Zeit dann nicht mehr gereicht, sagt Anna, denn es ging zurück nach St. Primus. War auch gut so. »So viel Aufwand. Das kann man nicht jeden Tag machen.«

Und Bernard Sadovnik? Schön und überzeugend war seine Rede im Wiener Parlament. Er hat vom »großen Potenzial unserer Region« gesprochen und von der »Überwindung der Barrieren«, vom »friedlichen Zusammenleben im gemeinsamen Europa« und von »Kooperationen auf allen Ebenen des gesellschaftlichen Lebens«. Und er hat sein Thermenprojekt in Slowenien vorgestellt, weil es als positives Beispiel für all dies gelten könne.

Für ihn und für Miro hat sich der Aufwand mit Sicherheit gelohnt. Sie denken schon über Folgeprojekte nach. Ein Ergebnis wird sich bereits in den kommenden Tagen bemerkbar machen, und die beiden freuen sich darauf. Die Nationalratspräsidentin Barbara Prammer, Mitorganisatorin der Wiener Veranstaltung, wird in ihrer Rede beim Neujahrsempfang des Bundes Sozialdemokratischer Akademiker im Kärntner Villach auf eine Lösung der Ortsschilderfrage drängen. Sie wird betonen, dass dies keine innerkärntner Sache sei, sondern eine österreichische Verpflichtung. Damit wird die SPÖ-Politikerin aller Wahrscheinlichkeit nach öffentliche Aufmerksamkeit erregen. Der Landeshauptmann wird darauf reagieren, das ist so seine Art. Er wird die Nationalratspräsidentin wohl beleidigen und betonen, hier in Kärnten brauche niemand weitere Ortstafeln. Möglicherweise wird er sich im Ton vergreifen, und wenn die Situation dann eskaliert, kippt vielleicht die Stimmung zugunsten zweisprachiger Ortstafeln.

Stanko Polzer jun. eilt zum örtlichen Kulturzentrum, dem Kulturni dom auf der anderen Straßenseite, zurück. Soeben haben seine Kleinen mit dreißig anderen Kindern unter der begeisternden Leitung von Barbara Mistelbauer-Stern die wöchentliche Kinderchorprobe absolviert.

Wie immer in Eile, hat Barbara die Notenblätter für heute schnell zusammengesucht, die für die Kleinen, zwischen knapp vier und fast siebzehn Jahre alt, und die für die Erwachsenen. Das Kulturni dom ist glücklicherweise nur fünf Gehminuten von ihrem Haus entfernt. Das kleine Gebäude ist für Musik eigentlich nicht gut geeignet, es hallt zu stark, und es gibt ein unglaubliches Echo. Wie viel Dezibel diese Kinder produzieren können! Aber einen anderen Raum gibt es ja nicht.

Fast die ganze junge Generation Polzer, Mistelbauer und Stern ist im Danica-Kinderchor dabei, eigentlich fehlen nur die, die schon bei den Erwachsenen mitmachen. Mit eindringlichen Blicken und heller Sopranstimme hat Barbara, wie immer, die Truppe in den Griff bekommen. Sie hat die Kleinen zu den Klängen des Radetzkymarsches wild klatschen und stampfen lassen. Erst wenn die Kinder sich abreagiert haben, wird richtig gesungen. Die Kinder lieben die Proben, weiß Barbara. Alle wollen dabei sein: Für ein Dorf ist hier ordentlich viel los!

Jetzt sind die Erwachsenen dran, unter Stankos Leitung. Da sind sie denn endlich alle zusammen. Von ihren vielen verschiedenen Aufgaben haben sie sich losgeeist, um zur Chorprobe nach St. Primus zu kommen. Und der ganze Chor besteht aus drei, vier, höchstens fünf Familien. Bei den Tenören singen der Wiener Michael Mistelbauer und Barbaras Brüder mit. Auch alle vier Polzer-Kinder sind mit dabei: neben Stanko der verdienstvolle Bass Miro, sein Bruder, der großartige Tenor Vladimir, und seine Schwester Marjana, die hier heute sogar ihren Geburtstag feiert. Marjanas

Mann Bernard ist mittlerweile zu Hause in Globasnitz in den wohlverdienten Schlaf gesunken.

Wenn Barbara Mistelbauer ihr Solo *Killing Me Softly* singt, bekommen die Chormitglieder generationsübergreifend Gänsehaut. Sie hat wohl die am höchsten reichende, heiterste Sopranstimme bei Danica. Man merkt deutlich, dass sie gerade fehlt: Barbara steht im Flur und telefoniert, beschäftigt wie immer. Als sie in den kleinen Proberaum zurückkehrt, verführt Stanko Polzer seine vierzigköpfige Truppe gerade zu einer schwierigen Kärntnerslowenischen Ballade. In Moll, aber trotzdem wird viel dabei gelacht. So schaffen es diese Kärntner Slowenen noch immer nicht, ein schönes, rollendes, slawisches »R« zu produzieren. Stanko gibt sich verzweifelt und ruft auf Slowenisch: »Das ist eine Katastrophe! Bitte: RRRRRRrrrrrrrr!!!! Ihr bleibt wohl für immer Österreicher!«

Die Wanderer

Eine ungarisch-deutsche Familie in Pécs

Von ihrem Garten aus kann Andrea Vándor auf die Innenstadt von Pécs herunterschauen. In dieser südungarischen Stadt arbeitet und lebt sie mit ihrer Familie, hier ist sie zu Hause. Zugleich aber lockt Deutschland, der Staat, in dem sie geboren wurde und den sie als kleines Kind mit den Eltern verlassen hat, weil ihr ungarischer Vater sich nach Pécs zurücksehnte. Er war 1956 aus Ungarn geflohen und hatte in der Bundesrepublik seine spätere Frau Christa kennengelernt. Christa, Andreas Mutter, wird zwischen dem kommunistischen Ungarn und der BRD hin- und herpendeln. Andrea beneidet die Mutter um die deutsche Staatsangehörigkeit, die ihr selbst verweigert wird. Gerade kämpft sie dafür, wenigstens der dritten Generation, ihrer Tochter Luca, eine Zukunft in Berlin zu ermöglichen. Denn Andrea und ihrem Mann Tomi wird die ungarische Gesellschaft immer unangenehmer. Tomi, seit der Bewerbung Pécs als Europäische Kulturhauptstadt 2010 oft in Deutschland unterwegs: »Bei den Partnern im Ausland muss ich ständig um noch mehr Geduld bitten und ihnen klarmachen, dass ich im tiefsten Osteuropa arbeite, unter schrecklichen Umständen.«

PÉCS, IM HOCHSOMMER – Zwei Wahrzeichen gibt es in dieser Stadt: einen Dom und eine Moschee. Brüderlich wurden beide Gebäude während des Kommunismus renoviert, jenes ungarischen Kommunismus, den Tamás Vándor für lebenswert genug hielt, um ihn gegen sein Exil im freien Westen einzutauschen. Jetzt sitzt er an der Moschee auf dem zentralen Platz der Stadt und blickt sich um. Er liebt seinen Geburtsort.

Tamás schaut auf Stadtpaläste aus der Habsburger Zeit, wie etwa das Gymnasium, das er in den vierziger Jahren besucht hat. Er schaut den Platz hinunter, auf die Statue eines ungarischen Heerführers, der gegen die Türken gekämpft hat. Dieser Osmanenbezwinger schaut wiederum auf die Menschenmassen hinunter, aber zur Moschee muss sogar er hinaufschauen.

Tamás' Liebe zu Pécs war es, mehr noch als die zum Vaterland, die ihn Mitte der sechziger Jahre ins kommunistische Ungarn zurückgelockt hat. Im Herbst 1956 war er, mit vierundzwanzig Jahren, zu Fuß über die Grenze nach Österreich geflohen, nachdem der Volksaufstand gegen die sowjetrussische Herrschaft von ebendiesen Herrschern niedergeschlagen worden war. »Aber ich bin weggegangen, um zurückzukehren«, fasst Tamás sein Schicksal zusammen.

Jetzt sitzt er im Schatten eines Feigenbaums, die reifen Früchte zum Greifen nahe. Aber fast kein Pécser greift danach. Schade, denn sonst hätte sich vielleicht ein Gespräch ergeben. Aber hier haben alle ihre eigenen Feigenbäume, bis auf diejenigen, die in den Plattenbauten am Stadtrand leben. Deren Bewohner sieht man kaum hier, mitten im touristischen Zentrum. Seine Tochter Andrea zum Beispiel, sein einziges Kind, hat großartige Feigenbäume in ihrem Stadtgarten dort oben. Zweimal jährlich sogar tragen die Bäume. Aber Andrea mag keine Feigen, und ihrem Vater sind sie eigentlich auch egal.

Tamás beobachtet die Touristen, wie sie an ihm vorbei die Treppe zu der riesigen Moschee hinaufsteigen. In diesem Baudenkmal, wohl der raumgreifendsten Erinnerung an die türkische Herrschaft über Ungarn, gingen Tamás' Eltern jede Woche beten. Katholisch, versteht sich. Er kam selten mit, denn er war auch damals schon ein religiöser Zweifler.

Das einzigartige Innere des Gotteshauses, in dem Maria und Jesus unter arabischen Buchstaben, zwischen rot-weiß gestreiften Spitzbogentoren islamischer Provenienz, von der Wand herunterblicken, hat ihm allerdings immer gefallen. Dieser Ort hat etwas Anarchistisches, so wie vielleicht auch er selbst und mit Sicherheit sein geliebtes Pécs. Auch in der alten Synagoge, die man als das dritte religiöse Wahrzeichen der Stadt bezeichnen könnte, geht es irgendwie anarchistisch zu: Männer und Frauen sitzen zusammen unten im Saal, weil die Frauengalerie oben seit langer Zeit baufällig ist. Hier hat keine Renovierung stattgefunden, anders als bei den beiden anderen Wahrzeichen der Stadt.

Alles in allem hat Tamás Pécs nur für die Dauer seiner Ausbildungsjahre als klinischer Psychologe verlassen. 1956 arbeitete er als Arbeitstherapeut in einer Provinzstadt in der Nähe der österreichischen Grenze. Gleichzeitig studierte er im nahe gelegenen Budapest Psychologie. Während der Revolution vermittelte er zwischen universitären Widerstandsgruppen und denen der Bergarbeiter aus Pécs. Als er nach dem Eingreifen der Roten Armee von der Provinzstadt aus die Grenze überquerte, dachte er: »Das ist nur vorübergehend. Der Westen wird den Einmarsch der Sowjets nicht hinnehmen.« Zugleich dachte er voller Vorfreude: »Endlich werde ich richtig durch Europa reisen können.« Er hieß schließlich Vándor, der »Wanderer«.

Als die kältesten Jahre des Kalten Krieges vorüber waren, wurde den Klassenfeinden, also Flüchtlingen wie ihm, Amnestie garantiert, wenn sie nach Ungarn zurückkämen. 1964 stellte Tamás den Antrag auf Rückkehr, und drei Jahre später durfte er einreisen: Unter dem Arm seine Doktorarbeit, am Arm seine deutsche Frau Christa, auf dem Arm die kleine Tochter Andrea.

224

Offenbar recht problemlos ist dieser ganze Prozess von Flucht, Aufnahme in ein anderes Land und späterer Rückwanderung vor sich gegangen. Jedenfalls will der alte Tamás sich gerne so daran erinnern: als ein schmerzfreies Erlebnis. Allerdings war er einer der wenigen, die zurückkehrten in ein System, das nicht nur den Tod vieler Menschen zu verantworten hatte, sondern auch die Zerrüttung des gesellschaftlichen Lebens und Unfreiheit auf jedem Gebiet. Er war nie »in der Partei«. Aber er wurde von ihr beobachtet. Doch wenn er zurückblickt, spricht er nicht von einer Diktatur.

Lieber erinnert er sich an harmlose Freuden, wie seine Arbeit in der Klinik, die netten Kollegen, die eigene Wohnung, das schöne Sommerhaus der Eltern auf dem Land. Auch ein Psychologe, das weiß er selbst am besten, ist schließlich ein Mensch, der innere Mechanismen braucht, um unbequemen, schwer fassbaren Entscheidungen und Ereignissen eine Art Selbstverständlichkeit zu verleihen.

Tamás hat 1967 den Faden dort wiederaufgenommen, wo er 1956 abgerissen worden war. In Pécs war er gern gesehen, mit seinen beruflichen Erfahrungen in der Bundesrepublik. Im Gegenzug hatte er teil am »Existenz garantierenden Kommunismus«, so sieht er das. Das Familienleben mit Frau und Kind war in Ordnung, meint er, zumindest so lange, bis »Umstände von draußen« das Zusammenspiel zerstört haben. Das »große Geld« kroch herein, noch vor der Wende, und hat die Familie auseinandergetrieben.

Er hätte heute seine Gitarre mitbringen können und etwas spielen, aber Andrea sieht das nicht so gern. Als sie ihn mal drüben, am Theater, beim Musikmachen getroffen hat, war aus ihrem Blick zu lesen, dass ihr Vater gerade eine sehr unpassende Erscheinung abgebe, als ein fünfundsiebzigjähriger, pensionierter Doktor der Psychologie. Laut kritisieren würde sie ihn aber niemals.

Es könne schon stimmen, dass er ein wenig weltfremd geworden sei. Tamás fühlt sich tatsächlich oft als Fremder in der neuen, schnellen Zeit. Seit er seine Stelle an der Universitätsklinik aufgeben musste, ist die Zahl seiner Gesprächspartner sehr geschrumpft, vor allem mit jungen Leuten spricht er kaum noch. Auch Andrea ist sehr beschäftigt, und seine beiden Enkelinnen sieht er nicht oft.

Er vermisst die alte Solidarität zwischen den Leuten. Aber wenn er das Andrea sagte, würde sie ihn auslachen, befürchtet er. Sie hat das kommunistische System gehasst. Wohl nur deswegen hat es sie damals in die Kirche verschlagen, nicht in die umgewidmete katholische Moschee, sondern in eine Widerstandskirche, sozusagen. Andrea und ihr Mann Tomi gehen dort immer noch hin, glaubt er. Er hat seine Tochter nicht so erzogen. Und seine Exfrau hat das ebenfalls nicht gemacht, sie soll erst nach der Trennung von ihm fanatisch religiös geworden sein.

Es ist tropisch heiß, nicht mehr nur subtropisch wie üblich, hier an der geschützten Südseite des Mecsekgebirges. An Tagen wie diesem, wenn Hitze und Langeweile ihn aus der alten Wohnung jagen, hält sich Tamás am liebsten vor dem Theater auf, ein Stück weiter auf der Flaniermeile, die hier in den großen Platz mündet. Dort drüben, bei den rauschenden Brunnen, spielt er gern mal Gitarre. Garantiert kommen ein paar Touristen oder einheimische Studenten vorbei, schnell entsteht ein Gespräch.

Hier an der Moschee ist er heute gelandet, weil er mit Andrea verabredet ist. In der Ferne, hinter dem Osmanenfresser auf seinem Ross, sieht er sie schon kommen, seine fast vierzigjährige, aber jugendlich wirkende Tochter. Sie arbeitet dort unten im Mu-

226

seum für Volkskunde. In Pécs kann man alles zu Fuß erreichen, vom Plattenbauviertel abgesehen.

»Dante« oder »Rosengarten«? Andrea Vándor liebt den Garten vom trendy Kaffeehaus »Dante«, aber der Vater bevorzugt das klassische »Rosengarten« auf der anderen Straßenseite, wo er immer Bekannte trifft. Gartencafés passen nicht zu seiner Generation, und außerdem kann er sich ein Getränk dort kaum leisten. Andrea hat es auch nicht so dicke, aber ach, ein Saft bei dieser Hitze muss einfach sein. »Dante« siegt.

Andrea mag die kleinen Begegnungen mit ihrem Vater. Er ist altersmild geworden, manchmal auch ein wenig abwesend. Beides ist er allerdings dann am wenigsten, wenn er von der Macht des Geldes spricht, und das tut er mit Vergnügen. Soeben hat sie etwas über die Vergangenheit gefragt und hörte prompt seine vertraute Antwort: »Ich habe schon damals in Deutschland gelernt, wie wichtig es ist, niemals vom Geld abhängig zu sein.« Darauf lässt Vater ständig aktuelle Einschätzungen folgen wie diese: »Ich bin überrascht, wie viel Geld die Jugendlichen in Pécs haben möchten und wie wenig Ideale.«

Selbstverständlich muss Andrea dem Vater an diesem Punkt immer widersprechen, auch wenn er nicht ganz unrecht hat. Aber ihre Töchter Luca und Ester sind nun wirklich nicht materialistisch erzogen. Tragödien um Geld kennen Andrea und ihr Mann Tomi allerdings eine Menge, aber in denen geht es eher darum, dass keins da ist. Die Pécser Universität, an der sie neben ihrer Arbeit im Museum ein paar Stunden in der Woche Museologie unterrichtet, schuldet ihr noch die Monatsgehälter ab dem letzten Dezember. Leider ist ihnen das Geld ausgegangen. Und Tomi hat zwar eine verantwortungsvolle Stelle beim Büro, das die Aktivitäten von Pécs als Europäische Kulturhauptstadt 2010 organiziert, aber mit der verdient er nur ein Drittel dessen, was die weniger klassifizierten »Vasallen«, die sein Büro immer wieder von der Stadtverwaltung als »Kollegen« zugeschoben bekommt, mit nach Hause bringen. Tomi ist nämlich nicht in der Partei, der in Pécs regierenden Nachfolgepartei der Kommunisten, die ihre Leute überall unterbringt.

Wenn es um Geld in der heutigen Zeit geht, können Vater und Tochter Vándor prima zusammen lachen. Aber dieses geteilte Lachen bleibt ihnen im Halse stecken. Tamás spricht von einem Kapitalismus, »der einen Keil zwischen die Leute treibt, sodass auch ich die Gegensätze nicht mehr überbrücken kann«. Andrea führt dann die aktuellsten Beispiele vom »30-Prozent-Staat« an, ein Begriff in Pécs, der bedeutet, dass von allen europäischen und ungarischen

Andrea Vándor in ihrem Büro im Museum für Volkskunde in Pécs

228

Fördergeldern etwa ein Drittel in den Taschen der Politiker, Beamten und ihrer ›Geschäftsfreunde‹ verschwindet.

Aber wenn Tamás murmelt, Andreas Mutter sei das Geld zu wichtig geworden, und das sei der Scheidungsgrund gewesen, schweigt seine Tochter. Sie lässt sich nicht zwischen den Eltern zerreißen. Sie hat Verständnis für beide, die nur ein paar Kilometer voneinander entfernt leben, Tamás hier mitten in Pécs und Christa am grünen Stadtrand. Im Augenblick braucht sie mehr Verständnis für die beiden als je zuvor, denn sie will eine Sache begreifen, die ihr ungeheuer wichtig geworden ist. Sie sitzt dem Vater im Garten des Kaffeehauses gegenüber mit einer Frage auf den Lippen, die sie ihm so direkt noch nicht gestellt hat: »Wieso habt ihr mir bei der Geburt, also in Deutschland, nicht die deutsche Staatsbürgerschaft gegeben, sondern die ungarische?«

Andrea überlegt sich nämlich, ob sie die deutsche Staatsangehörigkeit beantragen soll. Sie ist unlängst aus Ulm zurückgekehrt, wo sie das Museum für Volkskunde einen Monat lang bei den Vorbereitungen einer Ausstellung über deutsch-ungarische Lebenswege vertreten hat – nicht ganz zufällig überschneidet sich da manches mit dem Schicksal ihrer eigenen Familie. Im Ulmer Donauschwäbischen Zentralmuseum hat sie, mit einem europäischen Stipendium, so angenehm arbeiten können, dass die Sehnsucht nach Deutschland bisweilen groß ist. Ihr Mann Tomi spielt manchmal mit dem Gedanken, das gelähmte »Kulturhauptstadt 2010«-Büro für eine Stelle im Bereich der europäischen Zusammenarbeit in Deutschland oder einem anderen Land einzutauschen, statt sich bis dahin noch fast vier Jahre abzuplagen. Aber vor allem wünschen sie sich, dass ihre Tochter Luca, die im nächsten Jahr Abitur macht, in Berlin studieren und arbeiten kann.

Speziell Tomi macht sich große Sorgen über die instabile politische und wirtschaftliche Situation im Land. Ungarn war noch vor einigen Jahren der Hoffnungsträger unter den Beitrittsstaaten und bildet jetzt, mit der größten Staatsverschuldung und einer stagnierenden Produktion, das Schlusslicht der Liste. Die antidemokratischen, euroskeptischen Tendenzen werden unverkennbar stärker. Tomi fürchtet, dass die alten kommunistischen und die noch älteren ultranationalistischen Reflexe, beide neu verpackt und widerlich populär, die ungarische Gesellschaft zerrütten könnten. Die beiden Töchter sind noch flexibel, sie sollten sich, für alle Fälle, eine sichere Zukunft im Ausland aufbauen.

In ihren Träumen sieht Andrea ihre Kleinfamilie oft schon in Berlin. Sie kennt die deutsche Hauptstadt ein wenig von einem Stipendium an der Humboldt-Universität 1998 und von den diversen Ulmer Ausstellungsprojekten, die sie zum Berliner Collegium Hungaricum und an andere Orte geführt haben. Viel hat sie außerdem aus deutschen Büchern und Zeitungen, Bildern und Theaterstücken über die Stadt erfahren. Berlin ist für sie eine gesunde, offene und ehrliche Welt, eine Welt, in der das Geld nicht das ganze Leben beherrscht. Berlin ist auf andere Weise arm als Pécs, meint sie. Hier in Ungarn können öffentliche Mittel plötzlich verschwinden, und keiner weiß, wo sie sind. Nicht mal eine Fahrkarte nach Ulm konnte Pécs ihr, der Repräsentantin der hiesigen Museumswelt, bezahlen. Man spekulierte einfach darauf, dass Deutschland und Europa alle benötigten Fördergelder liefern würden, wie immer. Diese Mentalität geht Andrea ziemlich auf die Nerven.

Dennoch sind Tomi und sie fest in Pécs verwurzelt, und sie lieben ihre Stadt. »Berlin« ist ihr Notfallplan. Um den vernünftig umsetzen zu können, braucht Andrea jedoch einen deutschen Pass. Und wenn sie den hat, könnten ihre Kinder die deutsche Staatsangehörigkeit »erben« und sich dort eine sichere Existenz aufbauen. Sie hat eine deutsche Mutter, deutsche Großeltern und

Urgroßeltern, sie ist in der Bundesrepublik geboren, sie hat in Ungarn ein Universitätsstudium abgeschlossen und spricht fast perfekt Deutsch. Vor gut zehn Jahren, 1996, reichte das alles nicht aus, um die deutsche Staatsbürgerschaft zu erhalten. Die deutschen Behörden schätzten ihren Antrag am Ende einer langwierigen Prozedur als »sinnlos« ein und gaben ihr den Rat, ihn offiziell zurückzuziehen, um das Geld zu sparen. War das falsch? Einen Anwalt konnte sie sich nicht leisten.

Zugleich ging ein ungarischer Freund mit nur donauschwäbischen Urgroßeltern in die deutsche Botschaft, und er kam mit einem deutschen Pass wieder heraus, bitte schön. Er habe kaum ein Wort deutsch gesprochen, galt aber als »Spätaussiedler«. Sie gönnt es ihm, aber wie man sie behandelt hat, kränkt sie. »Wenn die Deutschen mich nicht wollen«, verkündete sie damals stur, »dann will ich sie auch nicht.«

Jetzt überlegt sie, es abermals zu versuchen. Sie könnte sich auch die fünf Jahre bis 2011 gedulden, wenn voraussichtlich auch die Ungarn freien Zugang zum deutschen Arbeitsmarkt haben. Dann wird sie nicht nur in Deutschland leben und zum Beispiel als Pflegehilfe arbeiten können, wie jetzt, sie könnte sich eine feste, anständig bezahlte Stelle suchen. Aber sie möchte nicht so lange warten: Tochter Luca könnte bis dahin nicht mal einen Studentenjob bekommen, und den wird sie in Berlin für ihren Lebensunterhalt brauchen.

Seit sie mit dem Gedanken spielt, die deutsche Staatsangehörigkeit nochmals zu beantragen, fragt Andrea sich oft, was die Eltern 1967 wohl dazu bewogen hat, ihre Tochter als Bürgerin eines kommunistischen Staates anzumelden. Man wusste ja nicht, was Ungarn bevorstand. Ihre Mutter hat mal gesagt, der Vater habe es so gewollt. Andrea vermutet, dass er es heute bereut, aber gesagt hat er das so nie. Reue, darum geht es ihr auch gar nicht. Er hat bestimmt gute Gründe gehabt, die ihr jetzt bei ihrer Entscheidung, ob sie diese ganze erniedrigende Prozedur noch einmal auf sich nehmen soll, behilflich sein könnten. Auch deshalb sitzt sie ihm jetzt im »Dante« gegenüber. Er soll mal erzählen, wie es war.

Tamás versucht, eine Antwort zu geben. Er möchte seine damaligen Motive von dem trennen, was ihn später bewegt hat, aber leicht fällt ihm das nicht. »In Deutschland war ich staatenlos«, fängt er an. »Ich hatte beim Grenzübertritt den ungarischen Pass nicht dabei. Deswegen wurde auch mein Kind staatenlos geboren, obwohl die Mutter Deutsche war.«

Eigentlich war das eine günstige Voraussetzung, folgert Andrea. »Ich hätte die deutsche Staatsbürgerschaft bekommen können«, fährt Tamás fort, »wenn ich das unbedingt gewollt hätte. Aber nun ja, die Liebe zum Vaterland, trotz allem. Darum habe ich das nicht gemacht.«

Vater lebt ganz in seiner eigenen Welt, einer, in der alles logisch zusammenpasst, denkt Andrea. Aber wo bleibt sie in der Geschichte? »Als klar wurde, wir gehen nach Ungarn zurück«, erklärt Tamás, »fand ich es nicht sinnvoll, ein Kind mit deutscher Staatsbürgerschaft mitzubringen. Zwei Pässe konnte man nicht haben. Also bist du, als die Amnestie erlassen wurde und wir zurück konnten, automatisch Ungarin geworden. Nein, die Tatsache, dass deine Mutter Deutsche war, hat mir hier keine Schwierigkeiten gebracht. Darum ging's nicht.«

Andrea trinkt ihren Saft und blickt mitfühlend auf den Vater, aber eines weiß sie jetzt genau: Sie wird alles Mögliche unternehmen, damit sich diese schicksalhafte Entscheidung nicht weiter auf ihre Kinder auswirkt. Luca und Ester sollen selbst entscheiden können, wo sie leben. Jetzt verabschiedet sie sich von Tamás als seine liebevolle, ungarische Tochter, sie nimmt ihm nichts übel.

Vielvölkerwelt

PÉCS, ETWAS SPÄTER AM NACHMITTAG – Andrea macht sich auf den Weg nach Tettye, ihrem Lieblingsbezirk in den Hügeln hinter der Stadtmauer. Vielleicht ist ihre Freundin Gabriella, die dort lebt, zu Hause. Während sie durch die alten Gassen im Zentrum schlendert, denkt sie unwillkürlich an ein anderes, früheres Gespräch mit dem Vater zurück, das in gewisser Weise ein Vorbote des heutigen Treffens war. Das war Mitte der achtziger Jahre, als sie, eine Gymnasiastin, aus der kommunistischen Jugendorganisation ausgetreten war. Sie war die Erste in ihrer Klasse und stolz auf ihre Entscheidung, der vier Mitschüler folgen würden. Aber der Vater reagierte schockiert. »Kind, wie hast du das nur tun können?«, hatte Tamás ausgerufen. »Du schmeißt deine Zukunft weg.«

Woher sie damals den Mut genommen hat, fragt sie sich heute. Weil sie einfach jung und selbstbewusst war, fast rebellisch? »Ich bin katholisch!«, hat sie der Leitung der Jugendorganisation an den Kopf geworfen. Sie meinte, diese ungarische FDJ hätte ihr nichts mehr zu bieten. Aber jetzt, wo sie wieder in die Familiengeschichte eingetaucht ist, fällt ihr noch ein Grund ein. Als Kind war sie mit ihrer Mutter schon mehrmals in der Bundesrepublik gewesen, bei Mutters Familie in Darmstadt. Dort hatte sie Demonstrationen miterlebt – eine Sensation. Ein Onkel war in der Gewerkschaft, und sie hatte mithelfen dürfen beim Malen der Plakate. Dass man seine Unzufriedenheit über die Politik öffentlich zeigen konnte, muss sich damals in ihrem Bewusstsein fest verankert haben.

Dieser Schwung ist es, der sie auch jetzt wieder bewegt. Hüpfend, fast wie ein Schulmädchen, steigt sie den Weg nach Tettye hoch. Der Hügel ist bunt mit Häuschen alternativen und avantgardistischen Stils bebaut. Im Kommunismus war Tettye eine

Arme-Leute-Gegend, in der Zigeuner, Studenten und Bosniaken, also Immigranten aus Jugoslawien, lebten. Andrea hat mit Freude registriert, dass in letzter Zeit Universitätsprofessoren und Künstler hierhergekommen sind, sodass eine abwechslungsreiche Mischung entstanden ist. Neureiche findet man hier nicht, denn die hätten nicht genügend Platz für ihre Traumvillen.

Ihre Freundin Gabriella lebt mit Mann und fünf Kindern in einem dieser niedlichen, selbst gebastelten Miniparadiese im Grünen. Sie ist daheim. Kaum ist Andrea da, kommt ein Regenschauer herunter, aber die Freundinnen setzen sich unter das Schutzdach, wo durch Wind und Regen Lavendel- und Lindenblütenduft heranwehen. Gabriella macht Einrichtungen und Gemälde für Kinderzimmer. Sie erzählt, dass sie dem Kinderkrankenhaus einiges angeboten hat. Es wurde freundlich abgelehnt mit der Begründung, am nächsten Tag wären ihre Kunstwerke futsch. Sogar das Klopapier würde gestohlen.

Die Lebensmittel haben mittlerweile die gleichen Preise wie in der Bundesrepublik, nur Fleisch ist noch immer billiger. Gabriella weiß selbst am besten, wie schwer es ist, wenn eine ganze Familie von wenigen Hundert Euro über die Runde kommen muss. Aber aus einem Krankenhaus etwas klauen, das gibt's doch nicht?

»Bei uns im Museum«, erzählt Andrea, »werden die Putzmittel mit nach Hause genommen. Aber das war auch vor der Wende schon so. Offenbar denken die Leute, warum nicht, unsere Politiker, die stehlen ja auch. Aber stell dir mal vor, wenn man so argumentiert, wäre ich dann berechtigt, bloß weil ich so wenig verdiene, Museumsstücke zu verkaufen und das Geld zu behalten? Es ist widerlich.«

Die Abendsonne scheint wieder, und draußen vor der Tür blickt Andrea fünfhundert Meter hinunter, über die Altstadt hinweg, in Richtung der nahen Grenze zu Kroatien. »Noch vor zehn, fünfzehn Jahren«, erinnert sie sich, »haben wir hier das Kanonenfeuer hören können. So kurz nach der Wende war wieder Krieg, und so nah – ist das nicht unvorstellbar? Flüchtlinge aus Kroatien sind hierhergekommen, während wir vor zwanzig Jahren doch regelmäßig nach Kroatien fuhren, um moderne Klamotten einzukaufen. Jugoslawien war ja unser Italien, unser freier Westen. Aber als wir selbst frei waren, war das Land plötzlich im Krieg.«

Nach Italien richtete sich immer der Blick aus diesem Gebiet westlich der Donau und nördlich ihres Nebenflusses Drau, der die Grenze zu Kroatien bildet. Noch immer redet man hier gerne von »Pannonien«, sagt Andrea, so hieß die Provinz des Römischen Reichs, in der Pécs lag. »Und das im Unterschied zum Land jenseits der Donau, das heißt hier ›Barbarico‹, also der unzivilisierte Osten Ungarns und östlicher, Rumänien.« Sie grinst. »Aber für die Österreicher gehören wir alle hier unten zum Balkan. Sie fürchten die Ungarn umso mehr, weil wir bald zu ihrem uneingeschränkten Schengenraum gehören werden.«

Die gemeinsame kaiserliche und königliche Monarchie scheint in Österreich ziemlich verdrängt. Irgendwie, überlegt Andrea, ist das Habsburger Erbe in Pécs besser erhalten als im Westen. Nicht nur in den Köpfen der Menschen, sondern auch materiell: Hier hat im Zentrum schließlich kein so schonungsloser Nachkriegsstädtebau stattgefunden. »Aber das alte Ungarn wiederum ist am besten in den ungarischen Dörfern im rumänischen Transsilvanien konserviert.«

Ab und zu fährt sie in ein solches Dorf, um für ihr Museum alte ungarische Sitten und Traditionen zu erforschen. Sie war erschüttert, aber witzig war es auch, als sie dort in Transsilvanien genau dieses »Barbarico« hörte: Diesmal ging es um die Walachei, das alte Rumänien jenseits der Karpaten. »Nicht nur die Ungarn, sondern auch die Rumänen und Deutschen in Transsilvanien sagten mir: ›Wir repräsentieren die Zivilisation, und dort im Süden, das ist alles Balkan.‹ So unterschiedlich definiert man, wer zu ›unserem‹ Europa gehört und wer nicht.«

Dabei denkt sie wieder an Kroatien, drüben im nahen Süden. »Noch kommen die Kroaten zum Einkaufen zu uns, so wie ich früher umgekehrt für meine Jeans nach Kroatien gefahren bin. Aber in einem halben Jahr gibt es diese neue, schärfere Trennung zwischen unseren Ländern, die Außengrenze des Schengenraums.«

Wie viele andere Ungarn hofft sie, dass dieser Zustand schnell vorübergeht. »Die Ungarn sind wirklich nicht besser als andere, sie fürchten und verachten alle möglichen Völker. Nur nicht die Kroaten. Wir pflegen unsere lange, gemeinsame Geschichte, bis 1918 zusammen im Habsburger Reich und danach auch noch. Ich habe mal bei meinen Studenten nachgefragt: Fast alle haben kroatische Vorfahren.«

Auch Andreas eigener »Lieblingsvorfahre« kam aus Kroatien. »Der Großvater stand eigentlich mehr zu mir als sein Sohn, mein Vater. Großvater ist gestorben, als ich dreizehn war. Er hat Lukić geheißen. Kurz bevor sein Sohn Tamás 1932 geboren wurde, hat er den ungarischen Familiennamen Vándor angenommen.«

Nachdem Ungarn 1920 von den Siegermächten um zwei Drittel verkleinert worden war, war die Stimmung sehr patriotisch. »Viele Einwohner magyarisierten ihren slawischen oder deutschen Namen. Großvater war Patriot, also tat er das auch. Aber nationalistisch war er keineswegs. Eher war er ein Idealist, der an ein Zusammenwachsen Europas glaubte. Er hat sich vom Kommunismus einiges erhofft. Aber der war dann eine große Enttäuschung, und so hat er sich in seine Gedankenwelt und in die Musik zurückgezogen. Großmutter meinte, er habe immer ein bisschen über der Erde geschwebt.«

Großvater hatte den Namen »Vándor« ausgewählt, »Wanderer«. »In seiner Jugend ist er zwar viel gewandert«, sagt Andrea, »aber ich glaube nicht, dass das der Grund war. Er betrachtete sich als einen Wanderer durch die Kultur und Geschichte Europas, vermute ich.« Der Großvater war Sprachwissenschaftler, und er unterrichtete die vielen Sprachen, die er sprach. »Serbokroatisch, Latein, Italienisch, Französisch, Spanisch und Deutsch – nur kein Englisch. Nach dem Krieg konnte er diese Sprachen nicht mehr unterrichten, da hat er schnell Russisch gelernt, das hat er mir dann noch beigebracht.«

Die Mutter des Vaters stammt aus einer deutschen Fabrikantenfamilie. »Sie hatte noch nach dem Krieg Dienstmädchen, als keiner sich das mehr leistete.« Mütterlicherseits sind die meisten Vorfahren Andreas deutsch, aber nicht alle. »Einer der Urgroßväter hieß Bernardi, er war ein Schneider mit italienischen Wurzeln. Aus dem habsburgischen Südtirol ist er ins Saarland gezogen, um dort im Bergbau zu arbeiten.«

Also, wenn sie keine Europa-Bürgerin ist, meint sie, wer dann? »Und Tomi hat ungarische, kroatische, bosnische, schwäbische und österreichische Vorfahren.« Sie heißt weiterhin Andrea Vándor und trägt nicht den Nachnamen ihres Mannes Tamás Szalay. »Das ist normal in meiner Generation. Ansonsten wäre ich, auf Ungarisch, Frau Szalay-mit-Anhängsel geworden. Dann ist man, als Frau, buchstäblich eine Ableitung des Mannes.«

Zu Hause kocht Andrea gefüllte Paprika, ein Gericht, das Luca und Ester lieben. Sie kommen manchmal kurz herein, aber bleiben, als typische Achtzehn- und Sechzehnjährige, lieber in ihren Zimmern. Andrea hofft, dass Tomi sein Kulturhauptstadtbüro diesmal zu einer akzeptablen Zeit verlassen wird. Sie wird ein paar Paprika übrig lassen; auch er liebt sie. Wenigstens ist er heute in der

Tomi Szalay mit seiner Frau Andrea und der jüngeren Tochter Ester auf ihrem Balkon mit Blick auf Pécs

Stadt und nicht auf Reisen nach Essen oder Istanbul, den Partner-Kulturhauptstädten 2010; oder nach Novi Sad, Zagreb, Sarajewo oder Tuzla, den Städten, die Tomi an 2010 beteiligen will; oder nach Rotterdam, Berlin oder sonst wohin. Tomi und sie haben sich schon mal im rumänischen Sibiu/Hermannstadt getroffen, als sie beide beruflich in Transsilvanien unterwegs waren und sich viel zu lange nicht gesehen hatten. Na ja, so ist es nun mal, Tomi ist schließlich für die internationalen Beziehungen verantwortlich. Und weil ihm in Pécs die Last der ganzen KulturhauptstadtOrganisation auf den Schultern liegt, fährt er meistens ziemlich gerne fort.

Es wäre schon ein Wunder, meint Andrea, wenn dieses kleine Pécs 2010 nicht zwischen den Giganten Essen/Ruhrgebiet und Istanbul verschwinden würde. Wenn die Stadt sich zu behaupten weiß und sich profilieren kann, liegt es bestimmt daran, dass Pécs als Brücke zwischen den Kulturen fungiert. So haben Tomi und seine Künstlerfreunde es im Vorjahr im Wettbewerbsantrag formuliert: Pécs als Vermittler in der Region, also nach Serbien, Bosnien und Italien, zudem zwischen Deutschland und der Türkei. Diese Vision erwies sich als erfolgreich, sie war auch keineswegs nur so eine Idee. Die kulturellen Traditionen der Stadt kommen schließlich aus allen Richtungen. Wieso sonst wird diese Gegend südlich des Plattensees »die Schwäbische Türkei« genannt?

Leider geht es mit Tomis grenzüberschreitenden Künstlerprojekten kaum voran. Die Pécser Stadtverwaltung ist nicht an Kunst interessiert. Tomis Kollege und Freund hat seine Stelle als künstlerischer Leiter des Kulturhauptstadtbüros schon gekündigt. Er wollte nicht länger ein Spielball der Politiker sein. Die Stelle ist nicht neu besetzt, und Tomi muss unmittelbar unter dem Generaldirektor des Organisationskomitees weitermachen, der eigentlich nur der verlängerte Arm des korrupten Rathauses ist. Die kommerziellen Projekte, die Viersternehotels und Luxusweinkeller, die werden wohl stehen bis 2010. Aber ob Tomi dann noch dabei sein wird?

Ein paar Stunden später kommt er hereingestürmt: aufgeregt und, so jung er ist, mit einem Blick, der des Lebens Schwere verrät. Er wolle sofort auswandern, sagt er. Die gefüllten Paprika bewegen ihn vorerst zum Bleiben. »Aber so geht es nicht weiter«, seufzt er am Gartentisch, und das klingt Andrea vertraut in den Ohren. »Überall treffe ich gleich gesinnte Leute«, setzt Tomi fort. »Wirklich überall in Europa, heute am Telefon noch diese tolle, ältere Kollegin aus Istanbul – und hier im Büro immer weniger.«

»Ach ja«, antwortet Andrea zynisch, »der Generaldirektor hat euren Entwurf für 2010 doch überhaupt nicht gelesen. Die Partei interessiert sich doch gar nicht für die türkischen Einflüsse auf Pécs. Wie soll der Bürgermeister damit denn punkten? Ungarn hat schließlich kaum türkische Einwohner. Die Türken sind hier doch immer nur die Bösen. Alles Schlechte für Ungarn kam immer von draußen, nicht wahr?«

Andrea spottet weiter, um Tomi aufzumuntern. »Was erwartest du? Du willst mit Serben und Rumänen zusammenarbeiten, den Staaten, die uns 1920 ›unseren ungarischen Boden‹ weggenommen haben? Wenn deine fremden Künstler wenigstens Geld mitbrächten, ja, dann wäre das natürlich eine andere Sache …« Tomi nickt und lacht bitter, dann klingelt sein Mibiltelefon – wieder mal.

Es tut Andrea leid, ihn so traurig zu sehen. Sie hat vielleicht ein wenig überzogen, um seine Laune zu verbessern. Aber im Grunde ist es um das ungarische Geschichtsbewusstsein schlecht bestellt. Wer will noch wissen, dass die größte Barbarei gegen die Bevölkerung erst nach einigen Jahrhunderten osmanischer Besatzung stattfand, nämlich in den Befreiungskriegen der Habsburger um 1700? Die Türken waren dagegen daran interessiert, dass möglichst viele Menschen überlebten, denn je zahlreicher das Volk, desto höher die Steuereinnahmen.

Die Ungarn aber waren offiziell immer die Guten. Vergessen ist, wie die ungarischen Faschisten während des Zweiten Weltkrieges in den – vorübergehend – zurückeroberten Teilen Rumäniens und Serbiens ganze Dörfer ausrotteten, wie sie die Leute einfach in die Donau warfen. Von all dem wollen wir Ungarn heute nichts wissen, überlegt Andrea. Ganz zu schweigen vom erheblichen ungarischen Beitrag zum Holocaust. Dafür machen wir am liebsten die Deutschen verantwortlich. Und das Gleiche gilt für die Jahre der kommunistischen Diktatur, überlegt sie, auch da waren wir die Guten. War nicht Ungarn das Land, das 1989 den Eisernen

Vorhang öffnete und den Stacheldraht zerschnitt? Wieder waren wir die Guten.

Andrea war damals gerührt, insbesondere, als die DDR-Bürger diesen Fluchtweg nutzten. Jetzt müssen Tomi und sie in einem politischen Klima arbeiten, aus dem dieses Freiheitsgefühl völlig verschwunden ist. »Weißt du noch, diese tolle Wendestimmung«, sagt sie zu Tomi, der sein Telefongespräch beendet hat. »Wo ist sie bloß geblieben?« »Wende?«, erwidert er. »Die hat's doch gar nicht gegeben. Sonst wären die politischen Eliten aus dem Kommunismus nicht so omnipräsent in den wirtschaftlichen Eliten von heute. Das ist doch gerade der Grund für unser Elend.«

Im Garten hört man eine Kirchenglocke. Tomi und Andrea schauen nach unten. Ihr Parterre-Appartement liegt, obwohl ans Zentrum grenzend, schon so hoch, dass sie über die Stadt blicken können. In der Mitte sieht man die stattliche grüne Moscheekuppel mit dem Halbmond und dem Kreuz darüber.

Tomi und Andrea beobachten den Sonnenuntergang, trinken ein Glas des guten Pécser Weines und schweigen. Tomi blickt im Halbdunkel auf Andreas Profil. Alles gefällt ihm an ihr, noch immer, nun schon seit fast zwanzig Jahren. Er war damals noch ein Schuljunge. Wenn er zynisch ist, sorgt sie mit ihrem Humor und ihrer Heiterkeit für gute Laune, und den Trübsinn, mit dem er bisweilen nach Hause kommt, pariert sie wiederum mit ihrem Zynismus. Er glaubt, andersrum funktioniert es auch – ein seltenes Gleichgewicht.

Andrea holt was zum Knabbern. Tomi denkt, im Halbdunkel des Gartens, wieder an das Elend, an die miese Stimmung zwischen den Menschen. Ist es das Trauma von Trianon, fragt er sich, das in Ungarn noch immer alles überschattet? Bisweilen meint er dort den Schlüssel für die ungarische Unfähigkeit zum Handeln, zur Zusammenarbeit zu erkennen. Der Schmerz, dass Ungarn

1920 die Mehrheit seines Territoriums, inklusive der Bevölkerung, an das südslawische Königreich, an Rumänien, an die Tschechoslowakei und sogar an das ebenfalls besiegte Österreich verloren hat, ist heute noch spürbar. Er hat sich selbst dabei erwischt, unlängst in Bratislava. Dort las er einen Reiseführer, der die Stadt als »urslawisch« präsentierte. So eine bedeutende slawische Stadt war das, stand da, dass die ungarischen Könige dorthin gingen, um sich krönen zu lassen! Er war bestürzt: Pozsony, Preßburg, war ja dreihundert Jahre lang die ungarische Hauptstadt. Vor dem Ersten Weltkrieg gab es keine Slowakei und kein Bratislava.

Andrea sagt oft, wir haben unsere Geschichte nicht verarbeitet, und da hat sie völlig recht. Aber die anderen geben in diesem Punkt auch nicht gerade ein gutes Beispiel, die Slowaken, die Österreicher, die Polen oder die Türken. Vielleicht ist das der tiefere Grund dafür, denkt Tomi, dass er im Kulturhauptstadtbüro ausharrt: seine Mission, durch Annäherung zur Zusammenarbeit und damit zu einer wirklich gemeinsamen europäischen Geschichte zu gelangen.

»Fünfhundert Jahre lang waren wir nicht wirklich unabhängig«, überlegt Tomi weiter. »Also brauchten wir zum Überleben eine Mentalität, die es erlaubte, wenn nötig schnell die Seite zu wechseln.« Andrea hat das vor Kurzem, als es in seinem Büro mal wieder Krach gegeben hatte, sehr bündig formuliert: »Die Ungarn haben immer gegeneinander gekämpft«, sagte sie, »die eine Hälfte auf der Seite der Türken, die andere Hälfte mit den Habsburgern oder zwischen Deutschen und Russen aufgeteilt. Und deswegen können wir uns noch immer nicht einigen, nicht in einer politischen Koalition auf Staatsebene und schon gar nicht in der Nachbarschaft.«

Da ist Andrea wieder zurück, und Tomi wendet sich an seine Frau. »Immer gegeneinander«, sagt er und seufzt. »Es gibt hier jede Menge Kreativität, aber gegeneinander.« »Immer gegeneinander«, wiederholt Andrea und blickt zu ihm auf. »Die Abteilungen im Museum können nicht gemeinsam eine Ausstellung machen. Gestern war ich wieder mitten in so einem Disput. Und schau dich mal um: Es ist uns doch in den siebzehn Jahren, die wir jetzt schon in diesem Haus leben, nicht gelungen, gemeinsam mit den Nachbarn den Garten zu gestalten, obwohl sie das nicht mal was kosten würde. Die ungarische Gesellschaft gefällt mir nicht. Eine *civil society* kommt hier erst gar nicht in Gang.«

Wenn Andrea an Gärten und Blumen und Wendestimmung denkt, sieht sie wieder vor sich, wie Pécs nach der Öffnung des Eisernen Vorhangs in verschiedenen Farben geschmückt war. Plötzlich wuchsen überall in der Stadt Blumen. Blumen! Als ob man im Kommunismus keine Stecklinge hätte verschenken können, als ob Geranien Mangelware gewesen wären. Es muss irgendwie einen mentalen Block gegen schlichte Schönheit gegeben haben. Warum? Sie fragt Tomi nicht, denn es gibt keine befriedigende Antwort.

»Es gibt kein Vertrauen zueinander«, sagt der nun, im Hinblick auf die Nachbarn. »Und dieses Misstrauen aller gegen alle lähmt uns. Die Menschen haben wenig Freunde, fällt mir auf, weniger als in anderen Staaten, glaube ich.« Er selbst hat hier auch nur einen, einen einzigen echten Freund, geht ihm durch den Kopf, von den paar netten Verwandten einmal abgesehen.

Andrea nickt und wirft noch einen Blick über den fast schon in Dunkelheit gehüllten Garten, voller Blumen und üppiger Obstbäume. »Weil die Bauern sich nicht organisieren können«, sagt sie dann, »verfaulen die leckeren ungarischen Äpfel am Baum. Die Läden werden inzwischen mit diesem Zeug aus den Niederlanden und so gefüllt. Die Bauern sind allein gelassen, weil die Politik zu sehr mit sich beschäftigt ist, meinst du nicht auch? Wenn die

Nachfolge-Kommunisten sagen, es ist schwarz, sagen die Nationalisten doch nur, es ist weiß.«

»Wobei alle wissen, dass es blau ist«, ergänzt Tomi. »Und so feindlich und richtungslos geht das, wenn ich mir das recht überlege, schon seit 1990 vor sich«, spinnt Andrea den Gedanken weiter. »Kürzlich doch noch: Die Linken kündigen Privatisierungen an, und prompt propagieren die Rechten eine Verstaatlichung der wichtigsten Betriebe, um Ungarn vor Europa zu retten. Ist das alles anstrengend!«

»Sehr anstrengend«, meint Tomi nur.

Die Pendlerinnen

PÉCS-SOMOGY, EIN JAHR SPÄTER, IM FRÜHSOMMER – Christa Engel, Andreas Mutter, pflückt die ersten reifen Kirschen. Die Bäume im Garten tragen reichlich, und die Kirschen sind erst der Anfang. Bei der improvisierten Gartendusche – mit meeresblauer Gardine – stehen sogar zwei Kiwibäume, ein männlicher und ein weiblicher Baum, und es gelingt Feri, damit Früchte zu züchten. Wenn Christa in ihrem so passend meerblauen Kaftan aus ihrem »recht billigen, dafür schrecklich lärmenden« Urlaubsort in Tunesien es nicht schafft, klettert Feri, ihr zweiter ungarischer Mann, die Holzleiter hoch.

Christa versteht, dass es für andere schwer vorstellbar ist, dass sie ihr stilles, grünes Paradies im Speckgürtel von Pécs jedes Jahr zwei Wochen lang gegen eines der billigsten Urlaubsziele der Welt tauscht. Mit Tunesien ist jetzt aber Schluss. Dorthin ist sie gefahren, »weil man halt auch mal Urlaub will«. Sie hatte dreißig Jahre lang keinen. Und es ist ihr, als Deutscher in Ungarn, nun mal zur

Feri Perák in der selbst gebauten Gartendusche

zweiten Natur geworden, auf jeden Pfennig zu achten. Dieses ständige Rechnen wird ihr wohl nie mehr aus dem Kopf gehen.

Ihr Garten am Ausläufer des Mecsekgebirges versorgt Christa und ihren Feri, Ferenc Perák, das ganze Jahr hindurch. »Und für das Fleisch kommt dreimal im Jahr ein Bauer mit seinen eigenen Hühnern vorbei. Man sagt, was man haben möchte, und das friert man dann für die ganze Saison ein.« Jedes Jahr kaufen sie ein ganzes Schwein dazu, von dem Feri jeden Kubikzentimeter zu nutzen weiß: gewurstet, geräuchert, tiefgefroren. »Nur Rindfleisch essen wir nicht, Feri mag es nicht. Ich weiß gar nicht mal mehr, wie das schmeckt. Hier in der Gegend macht man das Gulasch niemals mit Rind.«

Im Garten am Mecsekhang sind es angenehme dreiundzwanzig oder vierundzwanzig Grad statt den über dreißig Grad im Stadtzentrum. Der Berg mit dem hoch gelegenen Wald schützt vor der Hitze. Unzählige Vögel trillern. Christa pflückt Obst, und Feri errichtet in der Höhe ein Windrad, das das in Nierenform ausgeschachtete Schwimmbecken befüllen und das Wasser in Bewegung halten soll – irgendwann.

»Weil wir einen zu großen Pool wollten«, sagt Christa und meint hier eigentlich Feri mit seiner unersättlichen Baulust an Haus und Garten, »haben wir keine Genehmigung bekommen – eigene Schuld.« Feri hat ihr im Haus schon ein Wellnessbad gebaut, mit Massagestrahlen und schöner Aussicht auf den Garten, eine materielle Liebeserklärung, die leider fast ungenutzt bleibt. Mit seiner Kreativität und seinem Unvermögen, sich einfach hinzusetzen, hat er aus dem heruntergekommenen Häuschen ein Traumhaus gezaubert.

Seit über zehn Jahren leben sie hier zusammen, und mit jedem Jahr kommt das Paradies auf Erden Christa näher. Vielleicht ist sie zu deutsch, um sich einfach ins Wellnessbad zu legen und sich diesem Glück völlig hinzugeben. »Er ist ein guter Mann, da kann man nicht klagen«, kommentiert sie ihre Situation. Vielleicht hat sie auch einfach zu viel ertragen müssen, um das Leben vorbehaltlos zu genießen. Man weiß ja nie, was noch kommt.

246

Bis zur Rente hat Feri im Bergbau gearbeitet, so wie Christas italienischer Großvater Bernardi aus dem Saarland. 1950, als sie zwölf Jahre alt war, zog sie mit ihren Eltern nach Darmstadt. Sie kam aus einem einfachen, katholischen Milieu mit vielen Geschwistern und wurde Krankenschwester. Da stand ihr im Krankenhaus plötzlich ein Ungar gegenüber, Tamás Vándor. »Ich wollte eigentlich in die Mission gehen, nach Afrika«, sagt sie. »Aber sie haben mich nicht gelassen. Ich sei zu jung und so weiter.«

Sie war Anästhesieschwester, Tamás Psychologe. »Und dann hat er über Heirat geredet und mich hierhin mitgenommen, nach Ungarn, um mich seinen Eltern vorzustellen.« Er war charmant, gesteht sie, und nach Ungarn, das ging schon irgendwie, das war alles recht nett und spannend.

»Mein Verflossener hat sich in Deutschland nicht wohlgefühlt«, fasst sie die Situation zusammen. »Wir haben geheiratet, und als Andrea 1967 auf die Welt kam, habe ich gedacht: Mit wenig Geld komme ich schon aus, er hatte ja einen gehobenen Beruf, und ich war nicht sehr materialistisch, eher katholisch. Ihm war in Pécs schon eine Stelle zugesichert worden, im Rahmen der ungarischen Amnestieregelung. Ich habe gedacht, wenn wir beide arbeiten, werden wir vielleicht so leben wie in Deutschland die Handwerker, also wie ich es von meiner Familie gewöhnt war. Ich war nicht mutig, ich war eher leichtsinnig.«

Auf einem Schrank steht ein Hochzeitsfoto: die blutjunge Andrea und der noch jüngere Tomi. Schon während der Schulzeit verliebten sie sich ineinander, und dann kam auch bald Luca.

Christa blickt gern auf die alten Fotos. Wie fleißig ihre Andrea damals schon war! Aber eben auch rebellisch. Medizin hat sie studiert und Literatur, nach Lucas Geburt hat sie sich dann jedoch als Museumskundlerin beworben und in dieser Richtung weiter studiert. Dann kam Ester, und nebenbei haben Andrea und Tomi, der ebenfalls studierte, noch seine Großmutter, die blind war und unter Zucker litt, bei sich im Haus aufgenommen – zehn Jahre lang. Tomis Eltern waren ja früh gestorben.

Auch die beiden Enkelinnen sind tüchtige und selbstständige Mädchen geworden. Luca hat gerade das Abitur bestanden, wie Andrea am Telefon erzählte. Es wäre schön, so hat Andrea gemeint, wenn Luca vor dem Studium der Kunstgeschichte, oder was es schließlich wird, ein Jahr im Ausland arbeiten könnte. Vielleicht könnte sie sogar dort studieren, in Wien oder Berlin. Andreas letzter Bericht war weniger begeistert: Ihr Antrag auf die deutsche Staatsangehörigkeit, auch mit dem Ziel gestellt, Luca den formellen Weg ins Ausland zu erleichtern, ist zurückgewiesen worden – wieder einmal.

Christa überlegt sich, ob die drei, Andrea und ihre beiden Töchter, nach ihr schlagen. Auch sie war als junge Frau abenteuerlustig. Aber sie war nicht so entschlussfreudig, das ist schon ein Unterschied. Sie hätte ihrer Tochter zur deutschen Staatsbürgerschaft verhelfen können, aber das hat sie verpasst. Sie hat damals ihr Leben von Tamás lenken lassen.

In Pécs hat sie sich nie richtig willkommen gefühlt. »Nur der Schwiegervater war nett«, sagt sie. »Der Sprachwissenschaftler. Er konnte Deutsch und hat mich Ungarisch gelehrt. Aber die Schwiegermutter war nicht nett. Sie hat kein Deutsch mit mir gesprochen, obwohl sie deutscher Herkunft war. Sie hielt sich für was Besseres. Sie wollte auch nicht, dass ich mitkomme in die Moschee, zur Kirche.«

Wenn Christa von Pécs spricht, dann redet sie nicht von einer spannenden, lebenswerten Kulturstadt. Sie kann keine Lieblingsflecken nennen, wie Andrea sie hat oder ihr Exmann. Pécs ist für Christa immer eine fremde Stadt geblieben, auch als sie noch mittendrin lebte. »Ich bin eigentlich nie in der Stadt spazieren gegangen«, erinnert sie sich. »Ich habe gearbeitet, danach Essen gekocht, und dann ist Andrea aus der Schule gekommen.«

Noch immer legt sie die paar Kilometer zur Innenstadt nur zurück, um »Sachen zu erledigen«. Die Gebäude lassen üble Erinnerungen hochkommen, sie sind Zeichen ihres Ausgeschlossenseins. In die Moschee ging man lieber ohne sie, das Gerichtsgebäude ist das Symbol ihrer Scheidung, und wo jetzt der Zeitungsladen ist, war einmal die Polizeiwache, in der sie immer ihre Aufenthaltserlaubnis verlängern lassen musste. Im nun leer stehenden Klubhaus an der Flaniermeile war sie Mitglied des Handarbeitszirkels, um mal unter Leute zu kommen. »Bis man mich rausgeschmissen hat. Einige Leute hätten sich beschwert, weil ich aus dem Westen war.«

Christa, mit ihrem Traumgarten, denkt bei Pécs eher an abgeblätterte Farbe als an aufwendig renovierte Giebel. Sie sieht ärmlich angezogene Leute vor sich, Läden ohne Auswahl, in denen man unfreundlich bedient wird. »Ich habe immer die abgelegten Mäntel meiner Mutter getragen. Die waren immer noch besser als das, was man hier kaufen konnte.« Bei der HNO-Klinik, ihrer ersten Arbeitsstelle in Pécs, denkt sie sofort an die anderen Schwestern, ihre Kolleginnen, die Christa dafür »lobten«, dass sie sehr gut deutsch spreche. »Das war abwertend gemeint.«

Christa hat einen dunklen Schatten über ihre Vergangenheit gelegt, sodass sie sich kaum an etwas Positives erinnern kann, ausgenommen Andrea. »Ich war nicht willkommen. Aber vielleicht lag das auch an mir?« Sie hat jedoch keine Ahnung, was sie falsch gemacht haben könnte. »Eine nette Kollegin habe ich schon gehabt, später, als ich im Labor gearbeitet habe. Aber man kam nicht zueinander nach Hause.« Man traf sich auch nicht im »Rosengarten« oder anderswo. Keine Zeit, sagt Christa.

Niemanden, wirklich niemanden hat sie ins Vertrauen ziehen

wollen oder können, sagt sie. Auch den Pfarrer nicht. »Ich habe zwar gebeichtet. Doch erst nach der Scheidung habe ich viel Unterstützung im Glauben gefunden.« Noch unlängst hat sie in einer uralten bischöflichen Sommerresidenz das Seminar *Glücklich, die reinen Herzens sind* absolviert.

»Obwohl er Psychologe war, konnte man mit meinem Mann auch nicht viel reden. Und ich habe dann leider nicht viel gefragt und gesagt. Emanzipation war damals nur ein Begriff auf dem Arbeitsmarkt. Tatsächlich habe ich, in der HNO, etwa gleich viel verdient wie er, der ja studiert hatte. Oder eher: gleich wenig. Die Arbeiter haben auch nicht mehr verdient. Ich bin immer zwischendurch nach Hause gefahren, um dort zu arbeiten.«

In den vierzig Jahren, die Christa nun überwiegend in Ungarn lebt, ist dieses »nach Hause« immer »nach Deutschland« geblieben, nach Darmstadt. Nicht, um dort ihr Herz auszuschütten, so intensiv war die Verbindung auch nicht. Nur wegen des Geldes hat sie das gemacht. »Dann habe ich die kleine Andrea genommen, bin nach Darmstadt und habe dort in der Klinik gearbeitet, jedes Jahr zwei Monate, mein ganzer Jahresurlaub. Ich habe dort so viel verdient wie hier im ganzen Jahr.«

Vielleicht hat sie, halb unbewusst, einen hochmütigen Eindruck auf die Leute in Ungarn gemacht. »Einmal kam ich mit einem Fiat 500 zurück, schon um 1970 muss das gewesen sein. Das erregte großes Aufsehen, die Leute sind stehen geblieben. Wenn es überhaupt Autos gab, waren die für die Männer. Die Ungarn sind … Machos. Feri ist eine Ausnahme.«

Christas Ehemann Tamás war keine Ausnahme. »Mein Verflossener hat es nicht gemocht, dieses Reisen nach Deutschland. Er wollte auch nicht mitkommen, er durfte ab und zu schon, aber er hat sich lieber in Pécs vergnügt. Nach der Scheidung hat er gleich wieder geheiratet.«

Mitte der neunziger Jahre siedelt Christa noch einmal richtig nach Darmstadt um. Aber nachdem sie der städtischen Klinik kurz zuvor noch zwanzig Krankenschwestern aus Ungarn vermittelt hatte, gab es diesmal für sie selbst keine Stelle mehr. »Wenn du gebraucht wurdest, warst du willkommen. Ich war zu alt oder zu teuer. Da habe ich im Altersheim angefangen.«

Die Pendelgeschichte ist allerdings noch nicht zu Ende, sie weitet sich sogar noch aus. Denn jeden Sommer rückte nun auch Andrea mit ihrer Kleinfamilie an. Sie brauchte ebenfalls Geld, und es gab in Darmstadt für Andrea und Tomi immer irgendeine Arbeit. »Dann hat Andrea zum ersten Mal den Antrag auf die deutsche Staatsbürgerschaft gestellt. Ich habe eine Wohnung gemietet – bis dahin war ich bei meiner Familie untergekommen. Aber es hat nicht geklappt mit Andreas Antrag, und da habe ich die Wohnung wieder aufgegeben.«

Die Tatsache, dass sie jetzt wieder in Pécs lebt, diesmal im Vorort Somogy, hat nur zwei Gründe, sagt sie: Geld und Andrea. In Deutschland wäre sie auf staatliche Unterstützung angewiesen gewesen, während es sich hier von ihrer Rente passabel leben lässt. Und die Tochter ist hier, mit den Enkelkindern. Christa will sich selbst davon überzeugen, dass sie in keiner Weise an Ungarn hängt. Nicht mal an diesem wunderschönen Ort, wo sie mit ihrem liebenswürdigen Feri lebt.

Feri kocht Gulasch. Eigentlich darf das Gericht nicht so heißen, sagt er, weil es Hühnerfleisch enthält. Christa freut sich, denn Feri kocht recht gut. Nachdem seine erste Frau gestorben war, hat er jahrelang für sich gekocht. Und in den zehn Jahren, die er nun mit Christa zusammen ist, hat er sie in die Geheimnisse der ungarischen Bauernküche eingeweiht. »Ich wollte mir eigentlich wieder eine ungarische Frau suchen«, scherzt Feri in Richtung

Christa, »aber dann habe ich nur welche kennengelernt, die von den Kommunisten erzogen waren: faul, streitsüchtig, verschwenderisch, gewalttätig …« Noch einige weitere Adjektive folgen, und Christa muss hemmungslos lachen, was sie sonst selten tut.

Am Tisch fährt Feri fort: »Ich habe mich bei einer Bekannten mit einem Heiratsvermittlungsbüro darüber beklagt, und ein wenig später meldete sich dort eine Ausländerin, Christa Engel aus Deutschland. Ich habe gedacht: Eine Deutsche werde ich noch probieren.« Er berührt mit seinem bloßen Fuß liebkosend ihren Schuh.

Jetzt fahren die beiden nach Komló. In dem nahen Bergwerksstädtchen auf der anderen Seite des Mecsekbergrückens hat Feri früher gelebt. Er will mit der Tochter seines verstorbenen Sohnes, die aus Budapest herübergekommen ist, über die Zukunft eines kleinen, geerbten Grundstücks sprechen. Und nachher geht's nach Pécs, bei Andrea und Tomi liegen noch einige Werkzeuge von Feri.

Feri, der 1934 geboren ist, hat als Grubentechniker an der Fachschule unterrichtet und zudem dreißig Jahre lang als Sprengmeister im Bergbau gearbeitet. Das war zwar eine Vertrauensposition, aber Kommunist musste er dafür nicht werden, sagt er. »Ich wurde ohnehin ständig überwacht, die sind mit Gewehren rumgelaufen.« Bespitzelt wurde er auch, das ist klar. Feri hat die Kommunisten gehasst, und seine Sturheit hat ihn verschiedene Male in Schwierigkeiten gebracht. Aber er war nicht der einzige Nonkonformist im Komlóer Bergwerk. Schon der Volksaufstand 1956 fand hier großen Anklang. »Ärgerlich ist nur, dass Kommunist zu sein noch immer honoriert wird. Der einfachste Handlanger bekommt doppelt so viel Rente wie ich.«

Unter der lieblichen grünen Hügellandschaft ist der Boden durchlöchert wie Schweizer Käse, sagt Christa. »Das ist alles durch

Gänge und Schächte untergraben. Aber das Bergwerk hat schon vor zwanzig Jahren zugemacht. Jetzt holt man die Steinkohle aus Russland und Polen.« Die Straße ist hie und da an der Seite aufgebrochen, weil in diese Gegend gerade die Kanalisation gelegt wird. Einige Abschnitte sind gesperrt, die Fahrbahn ist verengt: Dort ist der Boden weggerutscht, man könnte in einen Minenschacht stürzen. »Manchmal verschwindet ein ganzer Baum unter der Erde«, sagt Feri. »An manchen Stellen ist so ein Loch zwölfhundert Meter tief.« Er gibt noch mal richtig Gas.

Hinter einer Tür mit dem Schild »Vándor Andrea, Muzeológus« arbeitet derweil Tochter Andrea im Museum für Volkskunde. Sie redet durch die geöffnete Tür mit ihrem Lieblingskollegen, einem Kroaten. Unter dessen Leitung hat sie noch unlängst, mit ihrer Mutter und Feri, an einer Gruppenreise auf Spuren der Ungarn in Kroatien und Serbien teilgenommen. Nicht nur ungarischen Spuren sind sie gefolgt: Das kroatische Massengrab, auf dem Gelände einer Schweinezuchtanlage, wird sie so schnell nicht vergessen. Das war so irrsinnig neu, aus den neunziger Jahren. Andrea verspürte einmal mehr den Gedanken, die Welt habe seit dem Ersten Weltkrieg nichts dazugelernt.

Sie arbeitet gerade an einem Ausstellungsplan über den Ersten Weltkrieg. Auf ihren Büroschrank hat sie zwei schöne alte Familienporträts aus dieser Zeit geklebt. Darauf blicken Frauen und Kinder und ein Mann ernsthaft in die Kamera. Die Fotos stammen aus einer Sammlung von Hunderten Glasnegativen hoher Qualität, die das Museum erworben hat. Ein Lehrer und Chronist des Lebens aus einem nahe gelegenen Dorf hat die Aufnahmen damals gemacht. Sie wurden den Männern des Dorfes nachgeschickt, die an der Front waren, oder dienten zu Registrierungszwecken.

Andrea und ihr Kollege sind sich einig, dass die Bilder etwas

Besonderes darstellen: eine letzte Dokumentation des Zusammenlebens der Völker in der Region Pécs. Es sind deutsche, serbische, jüdische und Roma-Familien, sie alle lebten in diesem Dorf. Nach 1918 verschwanden zunächst die Serben aus Ungarn, dann wurden die jüdischen und Roma-Familien deportiert oder flüchteten. Als Letzte verschwanden 1945 und 1990 viele der Deutschen, meist sogenannte Donauschwaben. »Leider interessieren sich nur wenige hier im Museum für die Bilder, habe ich bemerkt«, kommentiert Andrea von einem Raum zum anderen. »Es sind ja ganz ungekünstelte, authentische Porträts. Ich finde gerade das wunderbar.«

Nur ein paar Ungarn sind darunter, aber das stört Andrea nicht. »Ich bin im Museum schließlich für die Schwaben zuständig.« Zum Glück hat sie bei ihrer Arbeit viel Freiheit, um eigene Projekte in die Wege zu leiten. Sie hat die Kollegen in Ulm und Novi Sad schon für eine Ausstellung zu diesem Thema gewinnen können, wobei auch die Soldaten der verschiedenen Minderheitengruppen, die alle im Ersten Weltkrieg noch für die Armee der österreichisch-ungarischen Doppelmonarchie kämpfen mussten, eine Rolle spielen werden.

Für die Keramiksammlung ist Andrea ebenfalls zuständig. Leider hat ihre Vorgängerin sich geweigert, sie in die Materie einzuarbeiten, als sie die Stelle vor fünf Jahren übernommen hat. »Ich sitze hier inmitten toter Objekte, deren Herkunft oft nicht mehr bekannt ist. Diese Teller und Schalen haben keine Verbindung mehr zu ihrer Geschichte. Damit haben sie ihren Wert für mich verloren. Aus diesem Grund kaufe ich auch nie auf Flohmärkten. Die Gegenstände können zwar schön aussehen, aber mein Interesse ist ein kulturanthropologisches.«

Mit dieser Ansicht steht Andrea ziemlich alleine da, in ihrem Museum und in Pécs, der Stadt mit den vielen Museen. Hier herrscht noch der alte Ton, der Folklore als etwas Erstarrtes darstellt, ohne die Dokumentation der Ausstellungsstücke und ihre Bedeutung für die heutige Zeit zu berücksichtigen. »Wenn es nach mir ginge, würde das alles bis 2010 vollkommen anders aussehen.« In den Ausstellungsräumen im Erdgeschoss, ein Stockwerk tiefer, kann man alles über die Strickmethode der jeweiligen Kleidungsstücke lesen. »Das interessiert nur diese eine alte Ungarin, die immer die Strickmuster kopieren kommt.«

Ein Nicht-Ungar ist hier überhaupt ziemlich verloren, sagt sie, wenn er kein ungarisch spricht und sie, die mehrere Sprachen beherrscht, nicht selbst die Führung macht. Wenn es ihm überhaupt gelingt, die schwere hölzerne Zugangstür zum Gebäude zu öffnen, und wenn er nicht sofort wieder davonrennt, weil er drinnen alles ausgestorben und abgesperrt vorfindet. »Pécs verhält sich nicht gerade so, wie man es sich von einer offenen Stadt der Vielfalt wünscht.« Auf dem Schild am alten Schwabengebäude in der Flaniermeile kann man nur auf Ungarisch lesen, dass Liszt Ferenc, also Franz Liszt, hier mal ein Konzert gegeben hat. Nur die Gastronomie hat schnell umgedacht: Auf Speisekarten ist das Russische längst dem Englischen gewichen.

Im Ausstellungsraum liegen Kissen herum: Hier lehrt Andrea ihre Universitätsstudenten, durch und hinter die Vasen und Kostüme zu schauen. »Viel interessanter als Strickmethoden sind Fragen, wie Moden Eingang in die Tracht gefunden haben oder wie es in einem Dorf zum Keramiktourismus gekommen ist und wie es sich dadurch verändert hat.«

Zu diesem Thema hat sie eine Ausstellung gemacht, zu der sie einen besonderen Bezug hat. Sie nimmt den Prospekt über das Dorf unweit von Pécs nun wieder in die Hand. Es war in den dreißiger Jahren von Künstlern und Intellektuellen entdeckt worden. Ihre ungarischen Großeltern gehörten dazu; in ihrem Sommerhaus hat Andrea mit den Eltern die meisten Wochenenden verbracht. Der Sprachwissenschaftler, ihr Lieblingsgroßvater, hat ihr Bilder vermacht, und einige davon hat sie für den Ausstellungsprospekt benutzt.

Da liegt er, ein junger Mann noch, mit ihrer späteren Großmutter und Freunden in einem Kreis zwischen den Bäumen, die Köpfe beieinander. Ganz in der Art der Wandervögel der dreißiger Jahre – mit solchen Bildern hat Andrea Entwicklungen im Dorfleben zu zeigen versucht. Die Situation war einigermaßen skurril: Ein schwäbisches Dorf, damals eines von den vielen hier in der Umgebung von Pécs, der Stadt, die von ebendiesen Schwaben »Fünfkirchen« genannt wurde – und plötzlich leben in diesem Dorf Ungarn als Touristen. »Das sind Leute wie Großvater gewesen, und sie haben, in ihrer romantischen Sehnsucht nach dem einfachen, natürlichen Leben, die deutsche Dorfkeramik als Volkskunst entdeckt.«

Jetzt gibt es in der Region noch zwanzig-, höchstens fünfundzwanzigtausend dieser Schwäbischstämmigen. Tomi hat noch eine deutschsprachige Grundschule der schwäbischen Minderheit besucht, weil die österreichische Verwandtschaft das unterstützt hat. Andreas Gymnasium hatte eine deutsche Klasse. Für sie war es selbstverständlich, dass es im Kommunismus deutsche Schulen gab – dass es sie vorher lange nicht gegeben hatte, wusste sie damals nicht. Wieso hätte es sie denn nicht geben sollen? Die Deutschen waren hier zu Hause. Nur Mutter nicht, erinnert Andrea sich, sie war eine fremde Deutsche.

Als sie im Prospekt blättert, fällt ihr ein, dass Mutter mit den Deutschen vom Dorf keinen Kontakt hatte. Vater, der bereits als Kind immer wieder in diesem Dorf gewesen war, hat dort sogar seine ersten deutschen Wörter gelernt. Aber Mutter konnte dieses Deutsch kaum verstehen, erinnert sie sich. Diese traditionelle

Dorfkultur, mit ihren vielen Eigentümlichkeiten, erschien Mutter bestimmt eher exotisch als vertraut. Andrea kann sich überhaupt an keine Freundinnen von Mutter erinnern, nicht auf dem Dorf, aber auch nicht in Pécs. Mutter freundet sich nun mal nicht so leicht mit anderen an. Aber neben Vater war es vermutlich auch schwierig, Freundschaften zu pflegen.

Andrea sieht ihre Kinderjahre plötzlich klar vor sich. Sie war immer so glücklich, die beklemmende Atmosphäre zu Hause gegen die Freiheit in Großvaters Sommerhaus eintauschen zu können. Zu Hause musste sie zusammen mit Mutter in einem Bett schlafen, nur Vater hatte sein eigenes Zimmer. Wenn sie sich das jetzt vorstellt: bis zum achtzehnten Lebensjahr mit der Mutter das Bett zu teilen.

Mutter war einsam, die beiden tun ihr heute ohnehin leid. Aber auch sie selber war einsam, denn sie durfte nur selten ausgehen. Unlängst noch hat sie das mal ihrer Mutter gegenüber angesprochen: Wieso durfte ich so wenig weg? »Aber wo hättest du denn hin gewollt?«, so die erstaunte Reaktion.

Mutters Familie – die Großmutter, Onkel und Tanten in Deutschland – war, neben Großvaters Sommerhaus, ein weiterer Glücksfall. An Darmstadt erinnert Andrea sich als eine andere, spannende Welt, an der sie bisweilen viele Wochen lang teilhaben durfte. Nach der Wende waren alle oft dort, Tomi und sie und die Kinder. Ohne das Geld, das sie dort als Hilfskräfte in einer Gärtnerei oder anderswo verdienten, hätten sie es in Pécs kaum geschafft. Tomi und sie studierten seinerzeit beide noch, arbeiteten nebenbei, und es gab die Töchter und Tomis Großmutter … Aber wenn man so jung ist, ist man flexibel, alles ging irgendwie, man fand das ganz normal. Im neuen Ungarn hatten fast alle, genau wie sie selbst, zwei oder drei Ausbildungen und gleichzeitig mehrere Stellen, um über die Runden zu kommen.

1998 war sie noch mal längere Zeit in Darmstadt, um ein museumswissenschaftliches Ausbildungspraktikum zu machen. Zudem gelang es ihr, für ihre Diplomarbeit ein Stipendium für die Humboldt-Universität zu erhalten. So hat sie Berlin kennengelernt, eine unvergessliche Erfahrung. Aber als deutsche Staatsbürgerin wurde sie nicht anerkannt, und gerade jetzt ist ihr das Gleiche nochmal passiert. Das wird wohl ein Grund dafür sein, vermutet sie, dass die Vergangenheit sie so beschäftigt.

Wie funktionierte das eigentlich vor der Wende? Sie erinnert sich daran, dass sie als Kind ewig lange Stunden mit der Mutter in der Botschaft in Budapest verbracht hat. Die Einladung der deutschen Großmutter hat immer vorgelegen, aber mit den Pässen und Visa hat es nicht jedes Mal geklappt.

Es ist schon seltsam, meint Andrea, wie die Geschichte sich über die Generationen hinweg wiederholt. Mutter ging zum Arbeiten nach Deutschland, sie selber auch, und jetzt ist Luca dabei, in die Bundesrepublik umzuziehen. Aber warum ist Mutter immer wieder nach Ungarn zurückgekehrt? Nur weil das Leben hier billiger war und ihretwegen, wie sie immer anführt? Vater meint, Mutter sei ganz besessen von Geld, und das sei der Scheidungsgrund gewesen. Er findet, von Kulturunterschieden zwischen ihnen könne nicht die Rede sein, wenn man achtundzwanzig Jahre zusammen war.

Aber vielleicht ist Vater auch nicht allzu sensibel für einen Psychologen, überlegt Andrea nicht zum ersten Mal. Sie jedenfalls kann kaum verstehen, wie Mutter die Kulturunterschiede zwischen der Bundesrepublik und dem kommunistischen Ungarn ertragen hat. Und dann hat Mutter sich abermals für Ungarn und für einen ungarischen Mann entschieden. Auch ihre Geschichte wiederholt sich somit. Wer weiß, vielleicht ist sie in der deutschen Heimat doch weniger zu Hause, als sie selbst glaubt. Wenn sie Feri nicht hätte – so ein Glück. Jetzt aber Schluss mit den Gedankenspielen. Andrea muss schnell einige Telefonate und Mails erledigen, und dann geht es ab nach Hause. Gleich stehen dort Mutter und Feri vor der Tür.

Andrea nimmt den Heimweg durch den römisch anmutenden, künstlerisch gestalteten Park entlang der mittelalterlichen Stadtmauer, zwischen den vielen Museen. Noch vor einem Jahr war das hier eine grüne Wildnis. Die Stadt putzt sich auf, denkt sie. Noch führt ein sandiger Pfad von einem Museum zum nächsten. Aber wo er beginnt, beim Dom, entstehen wahre Glasteppiche, auf denen bald die Touristen stehen und unter ihren Füßen ein Stück des mittelalterlichen Stadtgrundrisses anschauen können. So betrachtet, erinnert die unterirdische Landschaft an eine Tiefgarage. In solch straff-modernes Design wird zunehmend mehr Altes gehüllt, bemerkt sie, sogar die berühmten frühchristlichen Gräber aus der Römerzeit am Domplatz.

Am anderen Ende des neuen Museumsparks ist die Welt noch, wie sie war. Eine alte Frau zerrt an einem alten Kettenschloss, um zwei noch ältere Holztüren miteinander zu verbinden. Es ist sechs Uhr, sie schließt den Garten ab.

An der äußeren Seite der Stadtmauer sieht Andrea noch die vielen kleinen Häuser und Gärten, die früher daran grenzten, vor sich. In den letzten Jahren sind alle verschwunden. Dafür ist die Mauer, teilweise rekonstruiert, gut sichtbar geworden. Reste von Gemüsegärten, einzelne Mandel- und Kirschbäume verraten noch, dass die halbe Stadt früher von hier aus ernährt wurde. Und sie weiß das wohl am besten, denn im ersten großen Herrenhaus hinter der Mauer lebten die Großeltern. Sie wirft, wie immer, einen Blick auf die beiden Fenster der ehemaligen großelterlichen Wohnung, wo sie sich als Kind so zu Hause fühlte, und steigt den Gehweg hinauf. Gleich in der ersten Straße links wohnt sie selbst.

Das Appartement, in dem Andrea, Tomi, Luca und Ester leben, ist im vergangenen Jahr ein richtiges Haus geworden. Sie haben zusätzlich das obere Stockwerk mit dem langen Holzbalkon erworben, der von Reben voller unreifer Trauben umrankt ist. Feri hat in den letzten Wochen hier oben die Zentralheizung eingebaut wie auch das Badezimmer – er hat wirklich geackert. Feri ist ein Mensch, der mit den Hühnern aufsteht und spätestens um sechs mit der Arbeit anfängt. Das war für Andrea und die Ihren zunächst etwas gewöhnungsbedürftig.

Da sind sie schon. Feri eilt nach oben, er will noch ein paar Details seiner Bauarbeiten prüfen und seine Sachen zusammenpacken. Das passt gerade ganz gut, denn Andrea möchte bei der Mutter noch mal nachfragen wegen ihrer Staatsangehörigkeit. Und wenn Feri einmal mit Reden anfängt! Erzählen kann er, endlos und unverfroren. Als sie kürzlich zusammen auf dieser Gruppenreise in Serbien waren, hatte sie ihn vorher, halb im Spaß, gewarnt: »Feri, du darfst dort niemanden beschimpfen, nicht die Serben, nicht die Kroaten, nicht die Ungarn, nicht die Zigeuner, niemanden.« »Ja, ja«, hat er geantwortet, »aber die Kommunisten schon, oder?« »Ja, darfst du«, hat sie gelacht. Er schimpft auf alle, ohne Unterschied. Er hat so seine Erfahrungen. Nur auf Deutsche hat Andrea ihn nie schimpfen hören.

Die deutsche Mutter und ihre Tochter reden ungarisch miteinander. Das sind sie so gewohnt, aus der Zeit, als sie mit Vater Tamás eine Kleinfamilie bildeten. Zudem fühlt sich Andrea mehr als Ungarin denn als Deutsche, gar keine Frage. Nach ein bisschen Konversation bringt sie das Gespräch auf den wieder mal abgelehnten Antrag. »Für mich selbst«, sagt sie, »ist es nicht so akut, das weißt du ja. Aber Luca möchte einige Zeit – wer weiß, Jahre,

Jahrzehnte sogar – in Berlin verbringen, dort arbeiten und vielleicht auch studieren. Tomi und ich finden das sehr gut.«

Sie erzählt der Mutter noch mal, ausführlicher als schon am Telefon, wie die negative Entscheidung diesmal begründet wurde. »›Sie haben keine Chance‹, hat man mir einfach gesagt, man könne nicht für mich die deutsche Verfassung ändern. Warum bin ich nicht einfach eine Russin in Moskau mit einem deutschen Großvater? Dann wäre schon alles erledigt. Was mir fehlte, wären die Papiere aus der kommunistischen Zeit, die bestätigten, dass Vater damals in Deutschland staatenlos war. Was ist denn das für ein Argument? Vater war schließlich geflüchtet. O ja, wenn ich nicht 1967, sondern 1971 geboren wäre, wäre das alles kein Problem gewesen. Dann hätte die Neuregelung gegolten, aufgrund derer deine Staatsangehörigkeit ausgereicht hätte und nicht nur die des Vaters. Na toll!«

Christa fühlt sich in der Situation unwohl. »Wenn ich das damals alles hätte voraussehen können …«, antwortet sie. »Dein Vater wollte immer nach Ungarn zurück. Und er wollte, dass du Ungarin wirst. Ich habe gedacht, na ja, wenn wir schon in Ungarn leben. 1971 hätte ich für dich tatsächlich die deutsche Staatsbürgerschaft beantragen können. Mir wurde gesagt, du hättest dann die doppelte Staatsbürgerschaft bekommen. Aber ich wusste, dass dein Vater das nicht wollte. Und ich wollte nichts hinter seinem Rücken machen.«

Sie lacht, aber es ist ein unfrohes, schrilles Lachen. »Jetzt tut es mir leid für euch, dass ich es versäumt habe.« Mutter und Tochter versprechen sich, nach anderen Wegen zu suchen.

Der Hin- und Hergerissene

PÉCS, WIEDER EIN JAHR SPÄTER – Nur noch anderthalb Jahre bis 2010, dem Jahr der Europäischen Kulturhauptstadt, und von der Autobahn nach Pécs noch keine Spur. Hundertzwanzig Kilometer vor Pécs, auf halber Strecke von Budapest, hört sie einfach auf. Tomi braucht viel Optimismus. Vom Ausbau des kleinen Flughafens für den Personenverkehr ist kaum noch die Rede, und sogar die versprochene Intercity-Verbindung mit Budapest ist noch nicht zustande gekommen. Er hat sich entschlossen, Offenheit als Waffe einzusetzen: gegen die Regierung, gegen die Stadtverwaltung und gegen den Generaldirektor, den die Verwaltung im Kulturhauptstadt-Büro geparkt hat. So sagt er den Journalisten und Kollegen aus den Partnerstädten für 2010 immer ganz ehrlich: »Leute, ich weiß nicht, was bei uns in Pécs herauskommen wird.«

Noch immer regiert in Ungarn, wie auch hier in der Stadt, die Nachfolgepartei der kommunistischen, die sich sozialistisch nennt. Was das für die Kulturhauptstadt-Arbeiten bedeutet, merkt Tomi andauernd. Und das erzählt er unverblümt in Essen oder Istanbul: »Die Kunst ist für die nicht wichtig, nur das Geld, das sie uns wegnehmen können.« Und weil die Partei die nächsten Kommunalwahlen, die ausgerechnet 2010 stattfinden sollen, voraussichtlich verlieren wird, ist es Tomis Meinung nach ihr Hauptziel, bis dahin möglichst viele Gelder für sich beiseitezuschaffen.

Gleich wird Tomi sich auf den Weg zum Gelände der legendären Zsolnay-Keramikfabrik machen, das das Epizentrum von 2010 werden muss. Ein Kulturviertel mitten in der Stadt wird das sein, auch wenn es jetzt eher außerhalb zu liegen scheint. Zwischen Flaniermeile und Fabrik gibt es noch keine natürliche Verbindung, sondern Verkehrschaos und eine leere Fläche. Tomi hat eine Ausschreibung für einen Spazierweg gemacht, der mit

Schildern, Beleuchtung und anderen kreativen Lösungen die Besucher 2010 zur Fabrik leiten soll. Kaum aber waren die Pläne für den Zsolnay-Fabrikhof bekannt geworden, hat der damalige Bürgermeister, der aber derselben Partei angehört, die leere Fläche an der Route von einem Komplizen ankaufen lassen. Der wird an dem zukünftig erstklassigen Standort vermutlich ein Bürohaus bauen. Die Pläne für ein Informations- und ein Veranstaltungszentrum der Kulturhauptstadt, das dort entstehen sollte, sind damit vom Tisch.

Tomi ruft den für Zsolnays Kulturerbe zuständigen Direktor an, um zu sagen, dass er unterwegs ist. Und dann so was: Der Direktor teilt ihm mit, dass er kein Direktor mehr ist. Während Tomi im Ausland war, ist er von einer jungen Frau, die Verbindungen zur Partei hat, ersetzt worden. Zwar darf er seine Aufgaben weiterhin erfüllen, doch jegliche Entscheidungsbefugnis ist ihm genommen worden. So spielt sich Pécser Kommunalpolitik ab, wie Tomi immer düster prophezeit hat.

Zehn Minuten später tritt er durch das alte Tor auf das Gelände der Zsolnay-Fabrik. Es ist eine Stadt in der Stadt, wenn auch zurzeit noch eine, die für das Publikum gesperrt ist. Als er zwischen den Lagern und Bürogebäuden, Häusern und Hallen in ihren verschiedenen Baustilen und aus verschiedenen Zeiten umhergeht, zwischen jenen, die noch Porzellan produzieren, und jenen, die leer stehen oder von Künstlern zwischengenutzt werden, sieht Tomi seine Vision einer Kulturhauptstadt wieder vor sich. Darum geht es: die alten Mythen mit neuen Künstlern wiederzubeleben.

Tomi spürt einen Hauch seiner Ideen schon jetzt auf dem Gelände. Gerade heute findet ein Symposium zu solch einem »alten Mythos« statt, der noch dazu anwesend ist: die Malerin Ilona Keserü, eine international anerkannte Koryphäe der Pécser Avantgarde der Sechziger. Damals hat sie einige Jahre lang auf dem Zsolnay-Gelände gelebt und gearbeitet, und jetzt inspiriert sie hier junge Künstler. Um diese Kontinuität geht es Tomi. Mit dem Goldrandporzellan für die Kaufhäuser, dem Hauptgeschäft des heutigen Zsolnay-Werkes, kann er wenig anfangen. Aber das Gleiche gilt für die metallisch schillernde Keramik, die Zsolnay Weltruhm gebracht hat. Es geht Tomi nicht um Schönheit. Ihm schwebt eher vor, Künstler aus aller Welt hier zu einer Ausstellung zusammenzubringen, für die sie die weltberühmten Schalen der Fabrik mit neuem Design versehen. Ebenso hat Zsolnay sich schließlich um 1900 aus aller Welt inspirieren lassen.

Er steigt die stattlichen, rotsteinernen Treppen zur alten Fabrikantenvilla hoch. Dabei kommt er an romantisch von Pflanzen überwucherten Göttinnenskulpturen vorbei, an Fenstern, die mit den für Pécs typischen grünen Glasurdekorationen umkränzt sind, an Steinröhren und an vergessenen weißen Kacheln, wie sie Zsolnay für die ersten Budapester U-Bahnhöfe produzierte. Im kleinen Tor vor ihm sind unlängst übermalte alte Fresken freigelegt worden.

In einem schlichten Raum der Villa findet Tomi den Direktor vor, der jetzt faktisch keiner mehr ist. Sie besprechen die Pläne für 2010. Über die eigenen Arbeitsumstände wollen sie nicht meckern, aber man kommt nicht ganz an ihnen vorbei. Es gibt da zum Beispiel das große Forschungs- und Ausstellungsprojekt zum Bauhaus-Erbe. Wer in Europa weiß schon noch, dass manche Bauhaus-Größe hier in Pécs geboren ist, wie Marcel Breuer, oder hier studiert hat? Leider bringt Tomi keine guten Nachrichten. »Der Generaldirektor hat die Entwicklung dieses Projekts gestoppt. Es ist mir sogar verboten worden, die notwendigen Kontakte aufrecht zu halten.«

Tomi wartet seit Monaten auf grünes Licht, sagt er. »Inzwischen versuche ich, das Ganze in Gang zu halten, eine ziemlich erniedrigende und erschöpfende Arbeit. Beim Berliner Bauhaus-Archiv hat man mir kürzlich gesagt: ›Wir haben genug von dieser Zusammenarbeit, Schluss damit.‹ Man muss bei einem so renommierten Archiv Jahre im Voraus planen, nicht wahr? Ich habe die Situation gerade noch retten können, indem ich sie angefleht habe: ›Nein, bitte, bitte, noch ein bisschen Geduld, denn wir arbeiten hier im tiefsten Osteuropa unter schrecklichen Umständen.‹«

Mutlos lachend begleitet der Direktor Tomi zum Ausgang, und Tomis Blick fällt auf die Ziegel an einer der Fassaden. Sie zeigen die türkischen Motive, die im neunzehnten Jahrhundert en vogue waren; die osmanische Besatzung lag ja lange genug zurück. »In Istanbul«, fügt er noch schnell hinzu, »haben die Kulturhauptstadt-Kollegin und ich uns auf eine Werkstatt geeinigt, in der unsere Künstler in dieser orientalistischen Tradition für Zsolnay was Neues produzieren können. So hat die Fabrik etwas davon, und vielleicht könnten wir für sie einen Markt in der Türkei öffnen.«

Tomi hofft sehr, dass dieses bisschen Zusammenarbeit mit Istanbul aufrechterhalten bleibt. »Ich habe unsere anfänglichen Ideen über Pécs 2010 als Brücke zwischen dem Westen und der Türkei schon weitgehend aufgeben müssen. Die Türkei will sich zwar selbst bei uns darstellen, aber das ist eine Einbahnstraße. Von Projekten, über die man sich gegenseitig befruchten könnte, hält Ankara wenig.«

Auf dem Weg nach Hause kommt Tomi, gleich hinter der Fabrik, an einem Sportplatz vorbei – seinem Sportplatz, wo er Fußball spielt. Sofort ist seine heute ständig schwankende Laune wieder im Keller. Hier sollen die Informations- und Veranstaltungszentren gebaut werden, da sie nicht mehr drüben, auf der vom Bürgermeister privat verschacherten Fläche, errichtet werden können. Es gibt in Pécs ganz wenige Sportplätze, deswegen tut diese Aussicht Tomi auch persönlich weh.

Wenig später steht Tomi zu Hause auf dem Holzbalkon im oberen Stockwerk der Wohnung. Er starrt auf die Stadt zu seinen Füßen. Dann geht er ins Zimmer, um am Bücherregal ein Detail über die türkischen Einflüsse nachzuschlagen, über die er mit dem Zsolnay-Direktor gesprochen hat. Seine Augen überfliegen unzählige Buchtitel, von Cervantes über Hölderlin und Balzac bis zu Heidegger nebst vielen Ungarn. Andrea und er haben beide unter anderem Literaturwissenschaften studiert, und Andreas Lieblingsautoren sind nun mal deutsche. Tomi vergisst seine Frage, er bleibt bei seiner Sammlung Fußballbüchern stecken, vielleicht, weil er gerade am Fußballplatz vorbeigekommen ist. So lustige, intelligente Bücher sind hier im Land über seinen Lieblingssport geschrieben worden, von großen Schriftstellern wie Péter Esterházy. Der hat sich ausgemalt, wie die Welt sich geändert hätte, wenn Ungarn beim Endspiel der Weltmeisterschaft 1954 nicht verloren, sondern gewonnen hätte … Da wird Tomi auch vom Fußball abgelenkt: Andrea kommt herein. Sie erzählt, dass Luca vorhin angerufen und wieder ganz begeistert von neuen Erfahrungen berichtet hat.

Luca hat es nach Berlin geschafft. Über Bekannte hat sie vorübergehend ein nettes Zimmer in Kreuzberg gefunden, mitten in der Szene, und eine – unbezahlte – Praktikumsstelle an der Komischen Oper. Sie liebt das alles. Nur bekommt sie keine Arbeitsgenehmigung und keine eigene Wohnung, und wenn das so bleibt, wird sie unverrichteter Dinge wieder nach Pécs zurückkehren müssen. Mit Schwarzarbeit tut die Berliner Kneipen- und Kulturwelt sich schwer, Luca hat es schon versucht. Aber sie muss jetzt Deutsch sprechen, die schweigsame Tochter, sie muss lernen, sich zu präsentieren, und das ist schon eine gute Sache.

Einmal haben sie bereits alle zusammen bei Luca in Berlin vorbeigeschaut. Nur die kleine Ester hat sich gelangweilt, und das kann Tomi auch verstehen. Museen- und Opernbesuche sind für eine Achtzehnjährige, die sich vorgenommen hat, Discjockey zu werden, eine Zumutung. Zum Geburtstag hat Ester mit ihrem Freund Eintrittskarten für die Black-Sensation-Party in Amsterdam geschenkt bekommen, und in dieser Stadt, überschaubar wie Pécs, hat es ihr viel besser gefallen als in Berlin. Leider spricht sie kein Niederländisch, denkt Tomi, dort liegen also wohl kaum Zukunftschancen.

Er ist unglaublich froh, dass wenigstens Luca »weg aus diesem schrecklichen Land ist«, wie er wieder mal zu Andrea sagt. Das Land des Lügens. Tomi bleibt noch eine Weile alleine oben, starrt auf das Bücherregal und hängt seinen Gedanken nach. Viele wissen, dass der Bürgermeister gelogen hat, und der Generaldirektor des Kulturhauptstadt-Projekts ist ebenfalls ein Lügner. Aber die Menschen sind zermürbt, er sieht das überall um sich herum. Ihre Sensitivität für Unrecht ist in den letzten zwei, drei Jahre so sehr gesunken wie die allgemeine Moral. Im Fernsehen sehen sie ja auch nur Lügner und Hetzer: sogar einen Ministerpräsidenten, der sagt, wir haben euch fünf Jahre lang belogen und nichts gemacht, und zwei Jahre später immer noch im Amt ist. Seitdem nennt man ihn »Ritter der Wahrheit«.

In Gedanken versunken steigt Tomi die Treppe herunter. »Und bei all dem sollen wir erstaunt sein«, seufzt er in Richtung von Andrea, »dass die Gewaltbereitschaft auf allen Seiten zunimmt?« Tomi hat wohl wieder einen Tag mit schlechten Nachrichten hinter sich, denkt Andrea. »Ja«, antwortet sie, »ich mache mir große Sorgen über Ausschreitungen bei der Schwulendemo demnächst in Budapest. Die wird wohl noch größer als letztes Mal. Dass die Polizei wieder nicht eingreifen wird, wenn Rechtsextremisten den Umzug angreifen. Aber wie war es heute bei dir?«

Tomi erzählt ihr vom letzten Schicksalsschlag, wie man mit

dem Zsolnay-Direktor umgesprungen ist. Von dort kommt er auf das alltägliche Ringen mit der Stadtverwaltung, die ihm heute wieder richtig auf die Nerven gegangen ist. »Dort habe ich mit diesen vier, fünf gut gekleideten, schnellen jungen Männern zu tun, die der Bürgermeister direkt unter sich hat. Sie sind gut ausgebildet, dynamisch, aggressiv, machiavellistisch, die machen so eine Politik wie in den fünfziger Jahren, in der düstersten Zeit des Kommunismus: Wer nicht für uns ist, ist ein Feind.«

»Ja, ich kenne solche Typen, junge Manager, Anwälte, Berater«, ergänzt Andrea. »Sie sind noch skrupelloser als die alte Generation. Und andere, wie zum Beispiel ein Großteil meiner Studenten, sind so konformistisch. Fast kaum einer denkt selbst, denkt weiter als die üblichen Klischees. Ist doch schade, denn gut ausgebildete, junge Leute sind gerade jetzt unentbehrlich, wo die älteren sich gegenseitig vor der Wahrheit schützen.«

»Ich hasse sie, diese jungen Beamten, die Manager im Rathaus und ringsherum. Sie bestimmen die Politik. Und sie machen mit ihren irrsinnigen Entscheidungen alles kaputt, was hier aufgebaut wird. Heute wieder mit diesem Zsolnay-Direktor … Ich habe die Schnauze voll, richtig voll.«

»Du willst die Pläne für die Kulturhauptstadt aufrechterhalten, und wenn du nicht aufpasst, hast du mit allen Seiten Krach. Auch mit deinen alten Künstlerfreunden.«

»Das stimmt schon.«

»Kürzlich sagte mir einer, der Tomi ist der Einzige der alten Gruppe, der noch auf seinem Posten ist.«

»Und ich versuche ja auch, da rauszukommen.«

»Du musst dir selbst in die Augen schauen können. Es gibt diesen Punkt, an dem du nicht mehr weitermachen kannst, weil das moralisch nicht mehr vertretbar ist. Vielleicht.«

»Ja, vielleicht«, seufzt Tomi.

Pécs – Berlin vice versa

BERLIN, IM HERBST DESSELBEN JAHRES – Monatelang ist Luca von den Berliner Agenturen für Arbeit hin und her geschickt worden. Sie hat versucht, eine Arbeitsgenehmigung zu bekommen. Als EU-Bürgerin hat sie zwar ein Aufenthaltsrecht, aber für eine Beschäftigung reicht das nicht, nicht mal für die kleinste, blödeste Stelle. Die jeweiligen Behörden in Wedding und Lichtenberg haben sie mit ihren widersprüchlichen Erklärungen ziemlich verwirrt. Herrschen hier in West und Ost vielleicht noch verschiedene Regeln? Luca hat sich gewehrt, so gut sie konnte, und dass es Probleme gibt, liegt wirklich nicht an ihren Sprachkenntnissen. Die bisher so schweigsame Tochter schlägt sich ganz gut, sie liebt die Stadt und hat schon zuverlässige Freunde gewonnen.

Andrea ist stolz auf Luca. Und es passt ihr recht gut, dass ihr Ausstellungsprojekt mit den Bildern des ungarischen Dorffotografen, die sie in Pécs gefunden hat, sie oft nach Berlin führt. Zunächst wird die Ausstellung *Multiethnische Dimensionen – Südungarn 1916–1920* in Pécs und dann Anfang 2009 in der deutschen Hauptstadt gezeigt. Sie hat auf ihren Reisen nach Berlin in den letzten Monaten alle möglichen, und auch viele fast unmögliche, umständlich beglaubigte, Pflichtdokumente mitgeschleppt. Obwohl sie sich mittlerweile als Profi in Fragen des Ausländerrechts sieht, hat sie kaum noch durchschauen können, was bei der Prüfung von Lucas Anträgen in den Ämtern vor sich geht. Umso mehr hat sie sich von den Behörden erniedrigt gefühlt, als ob Luca und sie Bettlerinnen wären.

Andrea hat gemeint, sie kenne sich mit der deutschen Mentalität ganz gut aus. Schließlich hat sie in Darmstadt, Ulm und auch schon mal in Berlin üben können. Aber Deutschland kommt ihr bisweilen überraschend fremd vor, und das nicht nur wegen Lu-

Großmutter Christa und Mutter Andrea zu Besuch bei Luca in Berlin

cas Odyssee durch die Behörden. Diese Hierarchien! Andrea trifft in Deutschland beruflich meist auf Männer. Sie lassen sich ständig von Frauen niedrigerer Ränge bedienen, als ob das ein Naturgesetz wäre; dazu noch dieses ewige Gesieze. Das hat sie erstaunt, denn solche Verhältnisse am Arbeitsplatz kennt sie in Ungarn nicht, und wenigstens im Ulmer Museum war es auch lockerer. In Deutschland duzen sich sogar Gleichrangige kaum. Sie trifft hier auf eine altmodisch strukturierte Gesellschaft, in der sofort sichtbar ist, wo man herkommt und welche Position man innehat. Wobei die Bundesrepublik sich offiziell doch ganz zeitgemäß gibt – dieser Gegensatz ist für sie wirklich gewöhnungsbedürftig, und auch Luca wird noch häufiger darauf stoßen.

Was Andrea auch nicht so richtig versteht, sind die »Schwaben raus«-Plakate, die sie im Sommer überall in der Ostberliner Schi-

270

ckimicki-Meile, auf der sie gern mit Luca unterwegs ist, angetroffen hat. Auf anderen Plakaten war zu lesen, dass die Schwaben spießig seien und keinen Sinn für Berliner Kultur hätten. So hat Andrea »ihre« Schwaben noch nie porträtiert gesehen. Soll das ein Witz sein? Luca meinte, das seien Proteste gegen die vielen Süddeutschen, die ganze Häuserblocks aufkaufen und damit das letzte bisschen alternative Leben im Kiez zerstören.

Irgendwann im Sommer hat Andrea dann einen Ausweg aus dem juristischen Patt um Luca gefunden: Wenn Lucas deutsche Großmutter, also Christa, eine Wohnung in Berlin mietet und ihre Enkeltochter zu sich nimmt, kann diese die heiß begehrte Arbeitsgenehmigung erhalten. Andrea hat ihre Mutter um Hilfe gebeten.

Christa hat ein bewegtes Jahr hinter sich. Ihre Mutter in Darmstadt, ihr wichtigster Halt in Deutschland, war vollständig pflegebedürftig geworden, wollte allerdings nicht aus dem vertrauten Haus ausziehen. Christa hat der fast Neunzigjährigen zwei polnische Pflegehilfen besorgen können, die sie rund um die Uhr betreuten. Dann hat sie die Pflege selbst übernommen, für einige Monate, wie sie geglaubt hatte, aber es wurden nur einige Wochen. Andrea ist mit Feri aus Pécs zur Beerdigung gefahren.

Es ist die Jahreszeit der Änderungen. Ende Juni hat Tomi, nach langen Überlegungen allein und mit Andrea, eine Beförderung zum Kulturdirektor im Büro Pécs 2010 akzeptiert. Jetzt erfüllt er in etwa die Funktion seines damals ausgestiegenen Freundes. Diese Position wird ihm, so hofft er, den Spielraum verschaffen, um noch zu retten, was ihm bereits durch die Finger zu gleiten drohte. Seine Schwiegermutter Christa freut sich noch aus anderen Gründen darüber: Vielleicht wird sich nun auch die finanzielle Situation »der Kinder« verbessern, denn ihre bisherigen beruflichen Entscheidungen haben sie an den Rand der Pleite geführt.

Christa möchte alles tun, um an ihrer Enkeltochter gutzuma-chen, was sie an der Tochter versäumt zu haben glaubt. Vor allem will sie Luca ermöglichen, in Deutschland zu leben. Ganz resolut, vielleicht, weil sie sich als nun Älteste des deutschen Zweigs der Familie für alle verantwortlich fühlt, hat sie ab dem 1. August eine Wohnung in Berlin-Prenzlauer Berg gemietet, und Luca ist ihre Mitbewohnerin geworden. Die interessante Aussicht auf die Kulturbrauerei begeistert eher Luca als sie. Das gilt mehr oder weniger eigentlich für die ganze Stadt. Obwohl Christa zugeben muss, dass die »schlampigen« Berliner nicht so schlimm sind, wie sie es sich, als Repräsentantin der südlicheren Mitte Deutsch-lands, vorgestellt hatte. Das nächste Mal wird sie Feri nach Berlin mitbringen.

So sind im Sommer drei Generationen »Wanderer« in Berlin zu-sammengetroffen: Christa Engel als Mieterin; ihre Tochter, die eine Ausstellung organisiert; ihr Schwiegersohn, der für die Kul-turhauptstadt Pécs unterwegs ist; und ihr Enkelkind, das sich in Berlin eine Zukunft aufbauen will. Am Tag des Mauerbaus, dem 13. August, erhält Luca ihre Arbeitsgenehmigung – eine unbefris-tete.

Als Luca ihren zwanzigsten Geburtstag in Berlin feiert, ist Andrea wieder mit dabei. Von Freunden umringt, rede- und swinglustig, feiert Luca bei einem Konzert von RotFront, nicht ganz zufällig einer Band mit ungarischen, russischen und deut-schen Mitgliedern: »*Emigrantski Raggamuffin Style!*« Auf einem ehe-maligen Fabrikgelände singen alle mit: »*Komm ich zeig dir Berlin! | Berlin ist mein Heimatland*«.

Es swingt wirklich, und Andrea fühlt sich plötzlich so jung, wie sie eigentlich noch ist. Sie tobt sich aus, jauchzt und tanzt und genießt, wie die Tochter sich im Kreise ihrer Freundinnen amüsiert. Luca hat ihr eben gesagt, ihr fehlten in Berlin nur die Paprikatuben – na ja, und die Verwandten, selbstverständlich. Wie schön, dass Berlin nun ein Stück näher gerückt ist.

Ende September berichtet Luca nach Hause in Pécs, dass sie die notwendigen Sprachprüfungen für die Freie Universität bestanden hat. Im nächsten Monat wird sie mit dem Studium der Filmwissenschaft anfangen, sie freut sich wahnsinnig. Und eine Arbeitsstelle, für nebenbei, wird sie nun auch problemlos finden können.

Frau Bürgermeisterin

Eine ungarisch-rumänisch-schwäbische Familie im
Norden Rumäniens

*Maria Nagy ist eine Rumänin donauschwäbischer Herkunft, ihre Mutter-
sprache ist Ungarisch: die ideale Kombination für das Bürgermeisteramt
der Gemeinde Petreşti/Mezőpetri/Petrifeld. Schon seit 1990 steht sie der
Dorfgemeinschaft am flachen Nordrand Siebenbürgens vor, in der Ungarn,
Schwaben, Roma und Rumänen zusammenleben. Rund hundert Schwaben-
höfe stehen aber leer, wie der ihrer Verwandten von gegenüber. Dort kommt
allerdings oft Marias Cousin Johann Müller vorbei, der im großen Garten
seines Elternhauses in seiner Freizeit uralte Landwirtschaftsmethoden be-
treibt, die jetzt »öko« heißen. Nach dem EU-Beitritt Rumäniens stellen sich
ihm jedoch auf dem Weg zu einer gesunden Ernte viele neue Hindernisse
in den Weg. Nagy sieht im Tourismus eine Chance für Petrifeld und weiß
dazu geschickt den Weg zu den EU-Fördermitteln zu finden. Quer durch
das Dorf donnert jedoch der Schwerlastverkehr nach und von dem nahen
Ungarn. Maria Nagy, geborene Rimili: »Wie locken wir die Petrifelder aus
Deutschland zurück?«*

PETREŞTI/PETRIFELD, IM FRÜHLING – Sie tauscht die robuste Out-
door-Weste gegen eine Damenjacke klassischen Schnitts ein. Die
Hose kann sie anlassen, sie hat heute Morgen nicht, wie sonst,
schon kurz im Garten gearbeitet. Die roten Tulpen wachsen be-

274

Die Bürgermeisterin Maria Nagy, ihr Mann Ferencz und ihre Tochter Annemarie im Garten

reits von alleine prächtig. Stattdessen wird sie noch schnell beim Altenheim vorbeischauen, bevor es in die Primärie, ins Rathaus, geht. Um hinauszufahren, öffnet sie das Zauntor mit der Warnung »Câinele mușcă!/A kutya harap!/Bissiger Hund!« – die eigentlich überflüssig ist. Der Hund beißt nicht, und die Bewohner von Petrifeld stehlen nicht, außerdem brauchen sie keine dreifache Warnung, weil sie alle mehrsprachig sind. Aber die Touristen mögen so was, meint sie. Ein solches Schild ist ein schönes Symbol für den Schmelztiegel Petrifeld, insbesondere, wenn es am Zaun der Bürgermeisterin Maria Nagy hängt.

Sie fährt zwischen den üppigen Büschen lila-blauer Schwertlilien hindurch, überquert die kleine Betonbrücke über den trockenen Graben und biegt auf die Landstraße ein. Es ist rasend schnell Frühling geworden, stellt sie fest. Und die Häuser mit ihren sanft pastellgelben, rosaroten und mintgrünen Grobzement-giebeln passen bestens zu den zarten Frühlingsfarben. Sie lacht in sich hinein. Fremde denken entweder, die durchkomponierte Farbpalette des Dorfes sei original schwäbisch oder ein Neuentwurf aus der Zeit nach der Revolution von 1989. Wobei der Zement original aus den sechziger Jahren stammt: als die LPG ein wenig Geld einbrachte und ein und derselbe Architekt es zu seinem Projekt gemacht hatte, alle Hausgiebel nacheinander in gleicher Weise zu renovieren.

Die Rimilis kamen dabei schnell an die Reihe, vielleicht als fünfte Familie. Sie erinnert sich, dass sie ein Schulkind war und ihre Eltern sich so gefreut hatten: nicht mehr jeden Herbst die ganze Außenseite streichen zu müssen, weil sonst das Haus zerfallen wäre wie bei den Zigeunern. Und sie freut sich schon darauf, endlich das Innere des Hauses gründlich zu renovieren. Das wird 2008, nach den Bürgermeisterwahlen, ihre erste Tat sein. Noch zwei Jahre, dann geht sie freiwillig in Frührente. Nach achtzehn Jahren als Bürgermeisterin reicht es dann wirklich.

Sie parkt vor dem Altenheimkomplex. Hier riecht es noch nach frischer Farbe, das ehemalige Waisenhaus ist wirklich wie verwandelt. Nach Erde riecht es auch, denn der Innenhof wird gerade mit den Bänken und Blumenbeeten umgestaltet. Maria kommt aber nicht einfach, um sich an ihrem Vorzeigeprojekt, für das sie Staatsgeld »gewonnen« hat, wie sie sagt, zu erfreuen. Es gibt noch wahnsinnig viel zu tun, bis die ersten Alten einziehen können. Die ersten Angestellten arbeiten bereits, auch die Leiterin ist schon auf dem Posten. Maria trifft mit ihr im Eiltempo allerlei Entscheidungen.

Zum Schluss berichtet sie der Heimleiterin vom gestrigen Anruf einer Sozialarbeiterin aus Sathmar. »Sie kam von einem Heim für behinderte Kinder«, erzählt Maria. »Dort lebt eine Frau von einundzwanzig Jahren, die also natürlich längst woandershin hätte ziehen müssen. Aber wohin? Das größte Problem, hat die Sozialarbeiterin gesagt, ist die Mutter dieser jungen Frau. Sie hat gedroht, sich umzubringen, wenn man ihre Tochter zu ihr schickt. Denn sie ist jetzt mit einem neuen Mann verheiratet, hat zwei neue Kinder, und die behinderte älteste Tochter hat sie ihrer neuen Familie verschwiegen.«

Die Leiterin blickt entsetzt. »Ja, so ist das«, fährt Maria fort. »Nun hat die Mutter noch ihr leer stehendes Haus hier in Petrifeld, und deswegen rief die Sozialarbeiterin mich an. Kann die Tochter nicht dort leben, hat sie gefragt, und sich vom neuen Altenheim betreuen lassen, Essen bekommen und so.« Die Heimleiterin macht große Augen. »Ich habe geantwortet, sie kann selbstverständlich in ihrem Haus leben, da habe ich nicht das Sagen. Vielleicht können wir sogar eine Betreuerin organisieren, aber die muss die Mutter dann selbst bezahlen. Die Tochter ist körperlich und geistig behindert.« Die Leiterin nickt. »Also, die Mutter will das Kind einfach hier im Dorf verstecken«, schließt Maria, »nichts bezahlen und selbst bleiben, wo sie ist. Was kann man machen?«

Dann ist Maria auch schon auf dem Weg zum Rathaus. Ein Hund läuft gleich vor ihrem Wagen über die Landstraße. Das ging gerade noch mal gut, von der gegenüberliegenden Seite reißt der Strom von Pkws und Lkws nicht ab. Sie fahren ausnahmslos zu schnell auf dieser Nationalstraße, die gleichzeitig die neue Europastraße E 671 ist. Zwei Kilometer lang ist Petrifeld und wird von der Schnellstraße einmal der Länge nach geteilt. Ein Verkehrsschild bei der Schule warnt vor Kindern, die die Straße überqueren, und ein anderes Schild kündigt einen Zebrastreifen an, obwohl es keinen gibt. Besser ein wenig Prävention als gar nichts, so Marias Überzeugung.

In wenigen Minuten ist sie an allem vorbeigefahren, was ein Dorf braucht: die Bäckerei und die Apotheke, die freiwillige Feuerwehr und die beiden Kneipen, das Postamt, das Lokalmuseum und der Kindergarten – alles übersichtlich klein, aber meist hinter dunklen Scheiben verborgen, also fast unsichtbar für diejenigen, die sie nicht ohnehin zu finden wissen. Dann erhebt sich, unübersehbar an der Kreuzung, die weiße Elisabethkirche, gefolgt von dem kleinen, schlichten Rathaus.

Maria parkt unter dem dreisprachigen Schild »Primărie/Polgármesteri/Rathaus – Petreşti/Mezőpetri/Petrifeld – Jud. Satu Mare«. Für sie und die meisten anderen Einwohner gehört dieser nordwestliche Landkreis Satu Mare/Sathmar noch zu Transsilvanien/Siebenbürgen. Die Gemeinde Petrifeld wirbt gern mit dieser historischen Region und deren ungarisch-deutschem Erbe. Aber das ist umstritten: Offiziell ist die hiesige Puszta kein Teil des Siebenbürger Karpatenberglandes und, weil sie schon vorher von der ungarischen Puszta abgeschnitten worden war, ganz sich selbst überlassen.

Sie parkt vor einer rustikalen, hölzernen Auskunftstafel, die sich – liebevoll, wenn auch grammatisch nicht ganz richtig – an deutsche Touristen richtet: »*Erholen Sie sich in PETRIFELD!*« Das »D« fehlt, daher hat sie es schwarz nachmalen lassen. »*SEIEN SIE UNSER GAST! Nehmen Sie an unseren Alltag, an unsere Feste teil, lernen Sie unsere, noch im XXI. vorhandene Traditionen kennen. Kosten Sie die schwäbischen Gerichte. Unterbringung in Privathäusern.*« Es folgt Marias Durchwahlnummer im Rathaus.

Sie muss lachen, wenn sie auf das Schild schaut. Dieses Projekt des EU-Phare-Programms hat sie schon vor Jahren »gewonnen«. Wenn deutsche Touristen hierherkommen werden, möchten sie wirklich mithelfen, haben ihr die Phare-Leute erzählt, die damals hundert Millionen Euro pro Jahr für den Aufbau Rumäniens bereitgestellt hatten. Ganz freiwillig würden sie auf dem Land arbeiten, das hieße »Agrotourismus«. Die Urlauber würden das machen, damit sie sich nicht langweilen. Und tatsächlich – einige solcher komischen Deutschen waren schon hier und haben wirklich gearbeitet. Ein paar Touristen sind allerdings hierhergekommen, weil Elena Ceaușescu, die Frau des kommunistischen Parteichefs Nicolae Ceaușescu und 1989 zusammen mit ihm hingerichtet, in Petrești geboren wurde. Das ist jedoch ein anderes Petrești, unten im Altreich, in der Walachei.

Weil Marias touristische Ambitionen für das Dorf weiter reichen als der Aufenthalt von ein paar Schwabentouristen, die im Sommer ohnehin kommen, hat sie ein großes Projekt beantragt: ein Freizeitzentrum am Dorfrand, mit Ökopark und See. Das Geld wird kommen, heute hat der Vizebürgermeister in dieser Sache wieder Termine, sie wird sie gleich mit ihm vorbereiten.

Aber die Transitstraße durch das Dorf steht dem Tourismus im Weg, das ist ihr klar. Sie schaut einem riesigen Lkw nach, voll mit Traktoren beladen. Jemand sitzt obendrauf, als wäre der Lkw ein Pferdefuhrwerk. Sie bleibt kurz vor dem Rathaus stehen. Für einen Augenblick ist Ruhe auf der Straße, und nun kann man die Dorfidylle hören: Die Hühner gackern, die Tauben gurren, und in der Ferne flattert ein Storchenpaar zwischen wirren Kabeln um sein Nest, ganz oben auf einem schlanken Strommast aus Beton. Schon wieder vorbei – da kommt ein Tankwagen angerast. Fast das ganze Dorf liegt an dieser Nationalstraße E 671, und auch das Freizeitzentrum ist direkt an ihr geplant.

Zunächst war sie froh gewesen, wie alle anderen auch, als nach der Revolution klar war, dass die Transitstrecke nach Ungarn durch Petrifeld führen würde. Die alte Landstraße wurde von der EU neu asphaltiert, Phare unterstützte sogar eine Raststätte am Dorfausgang – das Restaurant »Kriszta« ist nicht allein bei Fernfahrern berühmt. Damals war allerdings viel weniger Verkehr unterwegs. Jetzt kann sie nur auf die Autobahn hoffen, die die beiden Staaten ein Stück südlich von Petrifeld miteinander verbinden soll und die ihr Dorf entlasten wird. Wann, das kann man nicht wissen. Bis 2008, noch in ihrer Amtszeit? Die Sporthalle soll dann schon stehen, als erste Landmarke des geplanten Freizeitzentrums für die ganze Region.

Maria betritt nun das Rathaus, spricht hier und da mit Leuten und kommt zusammen mit dem Vizebürgermeister wieder heraus, vor die Tür, denn der junge Marchis, lässig in Sandalen, muss nun mal viel rauchen. Dann verschwindet sie in ihr Zimmer. Weil sie sehr gut vernetzt ist und überzeugende Briefe schreiben kann, hat sie viele EU-Projekte bewilligt bekommen. Aber welche Sorgen an diesen Projekten hängen! Speziell an dem Müllprojekt: 980000 Euro sind für die Mülltrennung von Phare bereitgestellt worden, und morgen müssen mindestens zwölf Gemeinden entscheiden, wie sie das zusammen organisieren wollen. Maria möchte den Müll schon bei den Menschen zu Hause trennen und ihn anschließend, wenn möglich, recyceln. Aber es gibt noch nicht einmal eine Müllabfuhr. Bis 2009 soll alles funktionieren. Zudem soll in den nächsten Jahren die Kanalisation gelegt werden …

Wohl die wenigsten Sorgen macht sich Maria in dieser Maiwoche 2006 über den Beitritt zur Europäischen Union. Der ist für den 1. Januar 2007 geplant, aber gerade jetzt berichten die Zeitungen von schlechten Prognosen: »Zitterpartie für Bulgarien und Rumänien. Verschiebung um ein Jahr?« Sie nimmt solche Berichte gelassen hin. Und wenn der Beitritt aufgeschoben werden würde, was formell kaum möglich wäre, sie hält die Entwicklung zur EU-Region schon über viele Jahre in Gang. Mehr Sorgen macht ihr das Hochwasser unten im Donaudelta: Fünfzehntausend Menschen sind auf der Flucht.

Als Maria zwei Stunden später wieder in der Rathaushalle steht, begleitet der Vizebürgermeister gerade eine junge Frau zur Rauchpause vor die Tür. Er muss gleich nach Sathmar, zu Verhandlungen über das Freizeitzentrum. »Und das ist Marinka, eine Studentin aus Ungarn, die eine Arbeit zum Thema schwäbisch-ungarische Lebensgemeinschaften in Rumänien schreibt«, stellt er vor.

»Dann bist du hier mittendrin!«, sagt Maria der Studentin auf Ungarisch. »Nimm den Vizebürgermeister hier, Herrn Otto György Marchis. Sein Name vereint alle drei Identitäten. Seine Muttersprache ist Ungarisch, sein Vater ist Rumäne, seine Mutter Schwäbin, genau wie es hier so üblich ist.« Marchis verabschiedet sich lachend, Maria bleibt mit Marinka draußen in der Frühlingssonne stehen. »Meine Muttersprache ist ebenfalls Ungarisch«, fügt sie hinzu, »obwohl meine Eltern beide Schwaben sind. Rumänisch habe ich in der Schule gelernt und Deutsch nur als Fremdsprache. Die deutsche Sprache haben wir Donauschwaben nach der Revolution neu lernen müssen.«

Marinka hört gespannt zu. »Das Demokratische Forum der Deutschen, das ist die politische Vertretung der Rumäniendeutschen, die ich als Bürgermeisterin repräsentiere, hat die Wiederbelebung der deutschen Sprache im Unterricht zum Schwerpunkt ihrer Tätigkeit gemacht. Nicht nur für die rumänischen Schwaben und Sachsen: Das deutsche Lyzeum in Sathmar hat über sechshundert Schüler, und nur dreißig Prozent sind deutschstämmig. Solche weiterführenden Schulen gibt es in mehreren Städten. Meine Tochter Annemarie hat das deutsche Lyzeum in Herrmannstadt, also Sibiu, absolviert, als es das in Sathmar noch nicht gab. Alle Fächer außer Rumänisch werden auf Deutsch gelehrt, wenn genügend deutschsprachige Lehrer zur Verfügung stehen. Ist das nicht etwas Besonderes? Das ist die rumänische Toleranz, so was findet man bei euch in Ungarn bestimmt nicht, geschweige denn in Polen oder Tschechien.«

»Aber Sie haben doch sicherlich immer Schwäbisch gesprochen?«, erwidert Marinka. »Joah!«, sagt Maria auf Schwäbisch, um dann wieder ins Ungarische zu wechseln. »In der LPG, wo ich Chefin der Gemüsezucht war, haben die älteren Leute miteinander Schwäbisch gesprochen. Dort habe ich es dann mitgeschwatzt, und ab und zu hier auf der Straße noch. Nur ein paar alte Schwäbinnen sprechen es noch, das Schwäbische von hier. Aber sie können kein Hochdeutsch.«

Maria fügt hinzu, dass ihre Eltern mit ihr Ungarisch gesprochen haben und nur miteinander Schwäbisch. »So ist es den meisten gegangen. Bis 1920 lag Petrifeld ja mitten in Ungarn. Die Großeltern waren noch völlig schwäbisch, aber dann wurde man in der Schule und in der Kirche ein bisschen magyarisiert und anschließend, nach 1920, ein bisschen rumänisiert, aber nicht so tief greifend. Nach dem Zweiten Weltkrieg war es dennoch nicht so gut, weiter schwäbisch zu sprechen, weil die Deutschen ja den Krieg verloren hatten.«

»Aber ich habe doch gelesen«, erwidert Marinka, »dass die Mehrheit dieser Gemeinde Schwaben sind? Deshalb bin ich hierhergekommen.« »Das ist auch richtig«, sagt Maria. »Ungarisch sprechende Schwaben mit einem rumänischen Pass – so wie ich halt. Na ja, bis vor ein paar Jahren stimmte das noch. Wir hatten 2500 Einwohner, jetzt um die tausend weniger. Viele der jüngeren Schwaben sind nach Deutschland oder sonst wohin. Ich weiß nicht, ob sie zurückkommen. Etwa siebenhundert Ungarn leben hier, vielleicht noch sechshundert Schwaben, mindestens zweihundert Roma und nur um die fünfzig Rumänen. Traditionell sind sie die Polizisten oder Funktionäre des Dorfes. Viele der Familien sind, wie gesagt, irgendwie gemischt zusammengekommen. Wie wir selbst: Mein Mann hat einen ungarischen Vater und eine rumänische Mutter.«

»Also, Sie fühlen sich als Schwäbin, Frau Bürgermeisterin. Und wie sieht ihr Mann sich selber?«, will Marinka wissen. »Ich würde sagen, rumänisch«, antwortet Maria. »Als mein Mann vierzehn war, starb sein Vater. Außerdem ist er griechisch-katholisch, wie ein Teil der Rumänen. Das hatten die Russen und Kommunisten allerdings verboten. Jetzt darf er wieder, aber wir haben hier keine griechisch-katholische Kirche. Es gibt eine kleine, nagelneue in Großkarol, wo mein Mann geboren ist. Dieses Städtchen liegt zehn Kilometer nördlich an der Nationalstraße, auf dem Weg nach Sathmar. Aber er geht nicht mehr oft hin, manchmal kommt er mit mir in die römisch-katholische Kirche hier. Läuft aufs selbe hinaus, beide Kirchen hören auf Rom.«

Maria muss jetzt unbedingt in die Schule, die gleich hinter der Elisabethkirche steht, denn sie hat etwas mit der Direktorin zu klären. Sie überlegt sich, die paar Meter mit dem Auto zu fahren, wie immer, um keine Zeit zu verlieren. Aber Marinka ist ja noch bei ihr, sie will sich den erhaltenen alten Innenteil der Kirche anschauen, und deswegen geht Maria gleich mit. »Im nächsten Jahr gibt es ein ganz großes Fest«, sagt Maria zu ihr, »dann musst du unbedingt wiederkommen: Die heilige Elisabeth, Erzsébet, wurde vor genau achthundert Jahren geboren.« Sie weist auf die Statue vor der Kirche: Elisabeth im blauen Umhang.

»Eine letzte Frage hätte ich noch«, sagt Marinka. »Ihre Tochter, welche nationale Identität hat sie denn, gefühlsmäßig?« »Oje, das ist schwer, ich weiß es nicht«, gesteht Maria. »Annemarie ist 1983 geboren, hat nie eine ungarisch- oder rumänischsprachige Schule besucht, nur deutschsprachige, aber gemeinsam mit ethnischen Rumänen. Hier im Kindergarten und in der Grundschule gibt es schon drei Abteilungen mit drei Sprachen, da hat man die Auswahl. Wir reden zu Hause aber Ungarisch, und Annemarie hat in Budapest Betriebswirtschaft studiert ... Ich meine, sie spricht Deutsch, Ungarisch und Rumänisch als Muttersprachen, nur Schwäbisch spricht sie gar nicht mehr. Sie spricht zudem Englisch und Latein ... Ja, wie fühlt sie sich wohl? Das kann man nicht wissen.« Sie lacht hilflos. »Ich müsste mal nachfragen.«

In der Schule redet Maria mit der Leiterin über die Verträge mit der Kirche, der das ältere der zwei aneinandergrenzenden Schulgebäude gehört. Das Gemälde im Treppenhaus stammt aus der Zeit vor dem Ersten Weltkrieg und zeigt ein in leuchtendem Habsburger Gelb gestrichenes Gebäude, in dem man das heutige kaum wiedererkennt. Die Leiterin weist Maria auf einige morsche Holzdielen hin. Um wirklich etwas zu ändern, müsste man die Kirche dazu bringen, diesen Besitz zu verkaufen, meint Maria, und schon hängt sie am Handy, um mit dem Pfarrer einen Termin auszumachen.

Das zweite Schulgebäude ist kommunistisch-modern und genauso marode wie das Habsburger Nachbarhaus. Hier hat Maria einen Weg der kleinen Schritte eingeschlagen: das Projekt der Ökoklassen. Die Schule hat schon eine Ökoklasse »gewonnen«. Sie schaut in einen Raum, der gerade in einem schönen, natürlichen Grün renoviert wurde, mit neuen Schülertischen und -stühlen, einem neuen Laminatboden – alles ist neu. An der Wand prangt ein großer Jahresplan mit vielen Bildern, mit einem Monat des Waldes, einer Woche der Vögel, sogar einem Tag der Menschenrechte. Es gibt eine »Ökoecke mit Materialien aus der Natur«. Öko, mitten auf dem Land! Maria und die Schulleiterin lachen über ihren Erfolg: Die Schüler müssen wenigstens nicht länger in einem schlecht riechenden Raum mit kaputten Möbeln sitzen. Ob die Frau Bürgermeisterin nicht noch ein paar Ökoklassen organisieren kann? »Das kann man nicht wissen«, sagt Maria. Sie muss mal beim Deutschen Forum nachfragen, das zusammen mit Organisationen aus dem In- und Ausland dieses Projekt unterstützt.

Das dicke Ende kommt zum Schluss, denkt Maria. Demnächst wird die Hälfte aller Kinder der Dorfschule aus Roma bestehen, wird ihr berichtet. Und die Integration dieser Kinder in der Schule kommt nicht voran, im Gegenteil. Obwohl alle ihr Bestes geben, davon geht sie aus. »Sie kommen nicht immer, und sie lernen nicht gut«, sagt eine junge Lehrerin im Lehrerzimmer. »Man muss sie oft gesondert unterrichten«, fügt ihre ältere Kollegin hinzu. Sicher, so ist das nicht vorgesehen. Und klar, wieso sollen sie weniger klug sein als die anderen? »Aber …« Sie guckt Maria achselzuckend an. »Immer mehr werden sie, verhältnismäßig«, seufzt sie. Maria kennt leider kein Projekt, mit dem man aus dieser Situation das Beste für alle machen kann.

Maria sieht immer mehr Zigeunerkinder vor sich und gleichzeitig immer weniger Landwirtschaft demnächst in der EU. Wie soll das weitergehen? Die meisten Zigeuner im Dorf sind Landarbeiter, nur einige wenige arbeiten in der deutschen Schuhfabrik etwas weiter südlich, an der Grenze. Als sie zusammen mit der Direktorin aus der Schule tritt, kommt prompt ein bettelndes Roma-Mädchen auf sie zu. »Das Kind ist nicht von hier«, sagen sie zueinander und gehen an ihm vorbei. »Unsere Zigeuner betteln nicht.«

So, und jetzt nimmt sich die Frau Bürgermeisterin mal eine halbe Stunde für sich selbst, murmelt Maria vor sich hin. Im Blumengeschäft bei der Kirche, das auf Kunstblumen und Grabpflanzen spezialisiert ist, weil alle ihre Gärten voller Blumen haben, kauft sie ein paar kleine Pflanzen. Sie fährt zum Friedhof hinter dem Altenheim und schlendert zum Familiengrab.

Es ist recht gesellig auf dem Friedhof, sie vermutet, weil die Frühlingssonne sich endlich durchsetzt. Menschen winken, reden über Gräber hinweg miteinander, pumpen gemeinsam Wasser in die Gießkannen. Maria plaudert links und rechts ein wenig und lässt sich von alten Weibern mit silbernen Zähnen ein »Bleib gesund« wünschen. Auch sie holt sich Wasser, gräbt die Pflanzen ein – und schaut dabei auf ihren eigenen Namen und den ihres Mannes. Untereinander sind sie bereits auf dem schwarzen Grabstein eingemeißelt: »*Nagy Ferencz 1950–…* / *Nagy Maria 1952–…*« Für sie hat dieser Blick auf das Jenseits nichts Beängstigendes, ganz im Gegenteil: Sie weiß, wohin sie kommt, und wo könnte sie besser aufgehoben sein? Unter ihrem Namen stehen die ihrer Eltern, »*Rimili Ferencz 1914–1994*«, also ihr Vater Franz, und ihre Mutter »*Müller Rozalia 1914–1989*«. Gleich nebenan ruhen ebenfalls

Maria Nagy bei der Pflege des Familiengrabes

286

eine Rimili und ein Müller: Onkel und Tante, die Eltern des Cousins Johann, der 1949 geboren ist und ebenfalls schon seinen Namen und sein Geburtsjahr hat einschreiben lassen. Seine Frau ist in diesem Grab schon beigesetzt. Nachdem sie im Vorjahr plötzlich gestorben ist, hat Johann zwei Monate lang nur geweint. Der arme, sanftmütige Jancsi, denkt Maria und gießt die Pflanzen für ihn mit.

Jetzt geht's nach Hause, mit Ferencz eine Kleinigkeit zu Mittag essen. Unterwegs auf der Nationalstraße hält sie kurz an der Casa de Cultura, dem Kulturhaus, weil gerade der nette rumänische Dirigent der Blaskapelle mit einigen Jugendlichen vor der Tür herumsteht. Die Blaskapelle ist ein weiteres bürgermeisterliches Integrationsprojekt, es soll die Dorfjugend hier- und zusammenhalten. Sie ruft jemanden auf dem Handy an, gibt es an den Dirigenten weiter und hat wieder mal zwei Menschen zusammengebracht.

Gleichzeitig mit Maria trifft die Nachbarin Kornèlia vor ihrem Haus ein, in dem schicken Volkswagen, den ihr der Großvater in Deutschland geschenkt hat. Wie macht der alte Schwabe das bloß, mit zwölf Enkelkindern?, fragt sich Maria. Er ist im Kommunismus illegal ausgewandert, er hat Glück gehabt. »Na, wie geht's?« Die kleine, blonde Zwanzigjährige öffnet den Mund. »Eine Zahnspange!« »Ja, seit gestern«, murmelt Kornèlia.

»Hör mal«, übertönt Maria den Verkehr, »nächste Woche haben wir hier eine ukrainisch-rumänische Tagung zum Thema Landwirtschaft. Kannst du fünf Ukrainer bei dir unterbringen, oder kommt deine Schwester schon zurück?« »Nein, das geht schon«, antwortet Kornèlia. »Eva und Otto bleiben noch wer weiß wie lange in Deutschland. Na ja, dafür wird dieses Haus immer schöner ausgestattet. Ich führe die Pension einfach weiter, bis sie zurückkommen oder ich mein Studium beendet habe.«

»Und der Bub?«, fragt Maria nach. »Der kleine Siegfried spricht schon ein paar Brocken Deutsch, hat Eva am Telefon erzählt. Kann aber sein, dass er das noch von der Kita hier hat.« »Und dein Deutsch?«, grinst Maria. Kornèlia studiert Deutsch an der Universität, aber sie sprechen es beide nur im Beisein von Gästen. »Geht schon. Ich muss Goethes *Faust* lesen.« »Ciao!« – »Ciao!«

Polstermöbel

Nach dem Mittagessen muss Maria nach Großkarol wegen der medizinischen Prüfung zur Führerscheinverlängerung. Da wird sie eine ganze Menge Zeit vertrödeln, fürchtet sie. Sie gibt richtig Gas, um die schnurgerade Strecke über die E 671 schnellstmöglich zu meistern. Die alten, hölzernen Strommasten fliegen an ihr vorbei. Die Kabel sind schon verschwunden oder liegen am Boden. »Oha!« Diese Fußgänger auf der Straße, die plötzlich auftauchen, lebensgefährlich!

Guten Tag, Herr Graf! Maria guckt beim Ortseingang immer nach links, zum Schloss des Grafen Sándor Károlyi. Sie grüßt ihn dann in Gedanken: Der Namensgeber von Großkarol/Carei/Nagykároly war es, der ihre Vorfahren in ihren Ulmer Schachteln über die Donau hierher geholt hat. Fast dreihundert Jahre ist es her, dass sich die ersten von rund zweitausend schwäbischen Familien auf den Weg gemacht haben. »Remele« hießen ihre Vorfahren damals noch. Eigentlich ein Wunder, überlegt sie, an Marinkas Fragen zurückdenkend, dass hier überhaupt noch ein wenig Schwäbisch gesprochen wird.

Die Umsiedler fanden damals, nach den Türken- und Befreiungskriegen, diesen ungarischen Boden fast ausgestorben vor. Sie sollten die Felder wieder bearbeiten, sollten Hafer für die Habsburger Pferde anbauen. So wird in Petrifeld noch immer erzählt: Károlyi schenkte ihnen Felder, Baugrund für ein Haus und zwei Ochsen. Die Remeles und Müllers, und wie sie alle hießen, bauten ihre Schwabendörfer, als Katholiken lebten sie von den damals noch reformierten Ungarn getrennt; Rumänen gab es kaum, und Zigeuner vermutlich schon immer, aber über deren Geschichte liest man nie etwas.

Das grau-weiße Schloss hat schon bessere Zeiten gesehen, aber eben auch schlechtere. Es wird wenigstens ansatzweise renoviert, und das freut Maria. Auf ihrer rechten Seite, prominent an der Nationalstraße, erhebt sich dagegen ein strahlend weißes Gebäude. Sie würde es »unverhältnismäßig« nennen, wenn das nicht so respektlos klänge. Es ist die neue russisch-orthodoxe Kirche. Die Rumänen stellen nicht mal die Mehrheit der Bevölkerung von Großkarol, zudem sind längst nicht alle russisch-orthodox, aber der Staat will es so. Sie erregt auf jeden Fall Aufmerksamkeit und passt damit irgendwie zum sowjetischen Kriegerdenkmal, das ein paar Schritte weiter an der Straße steht. Aber Sándors stattliches Schloss mit der repräsentativen Parkanlage ist konkurrenzlos schön, meint Maria.

Als sie aus Großkarol zurückkommt, steht die Frühlingssonne schon tief am Himmel. Ein paar Kühe laufen durch das Dorf, Menschen mit Stöcken hinterher. Die Tiere fänden auch alleine zum richtigen Hof, nur würden sie ihn bei dem Verkehr kaum lebend erreichen.

Tochter Annemarie sitzt mit zwei Laptops am Tisch auf der Veranda, weit weg vom Verkehr, hinter den Weinreben versteckt. »Der eine ist für Musik«, antwortet sie auf den fragenden Blick ihrer Mutter. Maria bittet sie, ihr nachher mit einer Mail auf Deutsch zu helfen. »Wo ist denn Vater?« Annemarie weist auf das

Prunkstück: die uralte Scheune, von den Touristen auf Schwaben-tour bewundert, aber von innen einfach eine Scheune geblieben. Ferencz ist fast immer mit den Händen tätig, obwohl er eigent-lich Agraringenieur ist, wie sie selbst. Jetzt wird sie ihn erst mal begrüßen.

»Wenn ich jetzt keine Strudel backe, mache ich vielleicht erst wieder in zwei Jahren welche«, seufzt Maria Richtung Annemarie. Morgen werden Repräsentanten aus Deutschland vorbeikommen, und weil sich Petrifeld als Modelldorf profilieren will, darf man die Gäste nicht enttäuschen. Also knetet und rollt sie, hantiert mit Sauermilch, Mehl und Hefe und anschließend mit Kartof-fel- und Marmeladenfüllung. »Mach doch mal Hackfleisch rein«, provoziert Ferencz sie, als er hereinkommt. Maria wirft ihm ei-nen tödlichen Blick zu: Er weiß genau, dass das eine Sünde gegen die Tradition ist. Das Rezept stammt von ihrer Großmutter Maria Müller, und die kochte eine fast fleischlose Armeleuteküche.

Annemarie folgt dem herrlichen Geruch. »Und, wie war es beim Prüfungsarzt?« »Also so was«, reagiert Maria sofort. »Seit zehn Jah-ren war ich das erste Mal wieder in der Praxis. Weißt du, wie es aus-geschaut hat? Man konnte sich einfach nicht mehr hinsetzen! Die Stühle waren kaputt, es war schmutzig … Ich verstehe das nicht: Für solche Probleme gibt es Projekte, gibt es Geld, zum Beispiel von der Caritas.« »Wenn man wirklich zum Arzt muss«, antwortet Annemarie, »also, wer wirklich Beschwerden hat, der geht doch nicht nach Großkarol, oder? Der geht nicht mal nach Sathmar, der fährt sofort über die Grenze, die sechzig Kilometer nach Debre-cen.« »Und braucht jede Menge Forint«, erwidert ihre Mutter. »Es muss doch möglich sein, zum Arzt nach Großkarol zu gehen!«

Meine Tochter schwört auf Ungarn, sinnt Maria und stellt die dampfenden Strudelteigtaschen auf den Küchentisch. Was sie nicht alles aus dem riesigen Supermarkt in Debrecen mitschleppt, wenn sie von der Weiterbildung nach Hause kommt. Maria denkt an Marinkas Frage. Würde Annemarie sich nicht doch am ehesten als Ungarin fühlen? Aber schaut sie nicht vor allem wie eine robuste schwäbische Bauerntochter aus, so wie Maria selbst? Sie nennt sich aber »Annemarie«, auf Hochdeutsch, obwohl sie »Annamaria« getauft worden ist. »Annemarie« hat sie wohl in Hannover entdeckt, während des Praktikums für die Polstermöbelfirma, die sie anschließend in ihrer neuen Niederlassung hier in der Nachbarschaft angestellt hat.

»Eine Studentin aus Ungarn wollte wissen, wie du dich fühlst«, sagt Maria. »Als Deutsche, denke ich? Oder eher Ungarin?« »Ich weiß es nicht«, antwortet Annemarie. Ihre Mutter drängt, neugierig geworden. »Nein, ich weiß es wirklich nicht«, beharrt sie. »Meine Freunde haben ja ganz unterschiedliche ethnische Hintergründe und leben überall, in Großkarol, in Herrmannstadt und in Budapest, vielleicht noch am wenigsten hier in Petrifeld.«

Sie ist sehr selbstbewusst geworden, findet Maria. »Ich bin noch jung, wer weiß, wo ich lande«, erklärt Annemarie weiter. »Ich werde dort leben, wo ich die beste Arbeitsstelle habe und wo ich heiraten werde, wenn ich heirate. Aber vermutlich nicht hier. Hier hocken alle vor dem Fernseher, jeder Hof getrennt, sogar innerhalb des Hauses noch getrennt, der Zusammenhalt im Dorf hat nachgelassen.« »Na ja, die Leute sind froh, endlich ein Programm zu Ende gucken zu können«, erwidert Maria. »Früher ist ja die Stromversorgung andauernd zusammengebrochen.‹ »Na und?«, erwidert Annemarie. »Da war doch nur stundenlang Ceaușescu in Bild.« »Ach was, wir haben doch das ungarische Fernsehen geguckt.«

Morgen muss Annemarie nach Bukarest, zur Möbelmesse. Es ist jedenfalls klar, wohin es sie nicht zieht, denkt Maria. »Oh, bitte, nein, wieder dieses Bukarest!«, seufzt ihre Tochter. Die ungarische

Hauptstadt Budapest ist beiden sehr viel näher als die eigene Landeshauptstadt, und nicht nur in geografischer Hinsicht. »Wenn ich in Bukarest ein Haus von zweihunderttausend Euro geschenkt bekomme«, spaßt Maria, »sage ich: Nein, danke. Ich bleibe auf dieser Seite der Karpaten.«

Ansonsten ist Annemarie, zu Mutters Freude, sehr zufrieden mit der Stelle, die sie vor einigen Monaten bei dem deutschen Möbelgroßhandel angetreten hat. »Arbeitest du nicht zu schwer?«, fragt sie. Annemarie sieht müde aus, sie macht auf ihrem verantwortungsvollen Posten im Export- und Importmanagement immer Überstunden. »Es macht aber Spaß«, antwortet Annemarie. »Das sind alles sehr junge Leute, noch jünger als ich, ich habe gerade wieder einige eingestellt. Sie lassen sich noch richtig formen und machen alles, wie ich es will.«

Sie ist in diesen paar Monaten schon eine richtige Führungskraft geworden, denkt Maria, wenn sie ihre Tochter so hört. Hart zu den anderen und zu sich selbst. Wenn das nicht deutsch ist? Sie hat eine große Zukunft bei der Firma, die einer der Marktführer für Möbel in Europa ist. Annemarie und sie haben sich angewöhnt, über »die Firma« zu reden, weil Anonymität zu PoliPols Politik gehört. Die vielfach deutschen Kunden möchten keine Möbel aus Rumänien haben, hat Annemarie ihr erklärt. Sie identifiziert sich mit PoliPol. Wo wird sie in zehn Jahren stehen? Auch das kann man nicht wissen.

»Ich muss noch mal weg«, sagt Annemarie. »Ich habe Hans und seiner Familie versprochen, ihnen mit den Versicherungen zu helfen.« Maria hört Annemarie im Garten erstaunt grüßen. Sie hat dort im Dunkeln jemanden getroffen. Im nächsten Augenblick steht der arme Schlucker des Dorfes in der Küche, der hat wohl den Strudel gewittert. Maria gibt ihm etwas ab. Er kommt immer mal wieder vorbei, dieser einsame Zigeuner. Er ist ein bisschen wirr im Kopf, aber kein schlechter Mensch. Das wissen alle, und im Gemeindehaus bekommt er immer einen Kaffee und etwas zu essen. In jedem Dorf gibt es einen wie ihn.

Es ist schon spät. Maria wird sich gleich noch eine Weile gemütlich mit Ferencz zusammensetzen, der noch immer in der Scheune ist. Sie begleitet den Streuner zum Gartentörchen und schließt ab. Es radelt jemand auf der Straße, ganz im Dunkeln, völlig verantwortungslos. Er sollte besser auf den Betonplatten gleich vor den Häusern fahren, auch wenn das weniger bequem ist. Aber er ist schon zu weit weg, um ihm etwas hinterherzurufen, bei dem Getöse der vorbeifahrenden Wagen.

Sie atmet die frische Frühjahrsluft tief ein. Zum Glück schläft sie nicht vorne an der Straße, sondern im »Kämmerle«, ein schönes Stück weiter hinten. Dort gehen die Fenster zur Seite, zum Haus von Kornèlias Schwester heraus. Als ob Marias Großvater, der dieses Haus gebaut hat, und all die anderen Schwaben mit ihren lang gestreckten, von der Straße abgewandten Häusern die Schnellstraße vorausgesehen hätten. Aber hier hat man sich, mit den kostbaren Kühen und Pferden unter einem Dach, immer gut vor Gefahr und Kälte schützen können. So hat man jahrhundertelang gelebt, überlegt Maria, bis man ihnen die wertvollen Tiere weggenommen hat, der Schwaben wichtigster Besitz.

Der Vater hat es gewusst. Er war schon verheiratet, als er direkt nach dem Krieg deportiert wurde, und als er 1950 nach fünf Jahren Zwangsarbeit nach Hause kam, hat er die Familie gewarnt: Alle Leute hier würden ihren Besitz verlieren. Man würde alles zu einer Kolchose machen, wie er sie in Russland gesehen hatte. Und so ist es auch gekommen. Auch die Pferde wurden ihnen abgenommen. Der Name eines der Pferde hallte noch jahrzehntelang über den Hof nach: Moni … Aber sie konnten sie dort in der LPG nicht versorgen.

Wie kommt sie nur auf solche Gedanken? Vielleicht liegt es an der ungarischen Studentin, die Maria mit ihren Fragen in die Vergangenheit zurückversetzt hat. Sie war 1950 noch nicht geboren. Aber als Kind hat sie von all den Erlebnissen, auch von denen in Russland, gehört: In der Küche, wo Cousin Johann und sie zwischen den Erwachsenen gespielt haben, gingen diese Geschichten herum. Ganz unwirklich, wie Märchen sind sie ihr damals vorgekommen. Sehr viele sind dort in Russland gestorben, hat der Vater erzählt. Sie waren so furchtbar dünn, und sie haben nicht mal Kartoffeln bekommen, bei minus dreißig Grad in Winter. Er hat gesagt, wenn die Russen aus dem Dorf, wo ihre Baracken standen, nicht geholfen hätten, hätte er nicht überlebt. Die hatten selbst nichts. Aber irgendetwas haben sie gegeben. Viele der russischen Familien waren von Stalin zerstört worden, ausgehungert, ermordet, nach Sibirien verschleppt; auch ihnen wurden die Pferde weggenommen ... Das gleiche Schicksal, hier wie dort.

Vater hat sie, so klein sie war, gelehrt, dass man ein Stück Brot, das vom Tisch heruntergefallen ist, aufheben und essen soll. Und wenn jemand kommt, der in Schwierigkeiten steckt oder nichts zu essen hat, dann soll man helfen. Vater hat ein großes Herz gehabt, und er hat immer schnell geweint. Gerührt ist auch Maria jetzt. Sie meint, sie schlägt nach ihm, dem Franz. Sie muss immer mit den Leuten sprechen können, sich austauschen. Egal, woher man stammt. Wenn jemand zwei Monate nicht mit ihr reden will, weil er sich wegen der Bodenrückgaberegelung benachteiligt fühlt, macht sie das fast wahnsinnig. Damit kann sie nicht umgehen. Er muss kommen und reden, auch streiten, nur wegbleiben darf er nicht.

Jedenfalls hofft sie, dass sie nach dem Vater schlägt. Obwohl Mutter die Stärkere war. Ihre Mutter war auch auf der Deportationsliste, aber sie hat sich auf dem Hof verstecken können. Und als die Soldaten kamen und mit den Bajonetten ins Holz stachen, wurde sie nicht verletzt und nicht gefunden. Sie ist also in Petrifeld geblieben, alleine mit den Pferden und den sechzehn Hektar Ackerboden.

Maria erinnert sich plötzlich an das schöne Kostüm mit den weißen Streifen, das Vater aus der Sowjetunion mitgebracht hat. So gute Stoffe hat es in Rumänien nicht gegeben. In seinen letzten beiden Zwangsarbeitsjahren war es etwas besser, da haben sie Geld für ihre Arbeit bekommen, es gab Brot, und sie konnten Sachen kaufen. Und die Frotteehandtücher, die immer wie ein Schatz im Schrank lagen! Hier hat es damals nur Selbstgewebtes gegeben. Auf eines dieser Handtücher hatte Vater von einer Russin für Mutter sticken lassen: *»Von deinem einzigen Mann«* – war es auf Schwäbisch, Deutsch, Russisch?

Ein paar Minuten lang schweigt der Verkehr. Es ist ganz still und ganz dunkel. Nur einen Hund hört Maria bellen. Dann nähern sich die Scheinwerfer eines Lkws. In der nächsten Sekunde dröhnt er mit bestimmt hundertzwanzig Stundenkilometern durch das nächtliche Dorf.

Das große Ernten

PETREȘTI/PETRIFELD, EIN GUTES JAHR SPÄTER, IM SEPTEMBER – Johann Müller stößt einen Seufzer der Erleichterung aus. Endlich lässt der Regen nach. Morgen müssen unbedingt die Kartoffeln ausgemacht werden. Er wird nachher noch bei seinen Zigeuner-Mitarbeitern vorbeischauen, sie bekommen ohnehin Geld von ihm. Er verlässt die Veranda, um seine kleine »Plantage« hinter dem Haus zu inspizieren. Den Tomaten bekommt das ganze Wasser des letzten Monats ausgezeichnet, die Auberginen überstehen es auch recht gut, und die Birnbäume tragen schwere, reife Früchte. Sie warten nur noch auf die letzten Septembersonnenstrahlen.

Unter dem größten Gartenbaum steht eine Holztonne, die mit Plastik abgedeckt ist. Johann hebt die Folie hoch, und ein Schwarm Insekten steigt auf. Sie hatten den Ort gut gewählt: In der Tonne gärt Obst. Hmm! Johann atmet den Duft nach Vergorenem tief ein. Natur pur! Das wird wieder eine wunderbar schwere, schwäbische Brenntewei sein, wenn diese Obstbrühe von der Dorfbrennerei in Flaschen zurückkommt. Nur kann er diese Palinka, wie sie hier heißt, kaum noch verkaufen, wegen dieser verrückten EU-Normen. Dass es Normen gibt, ist an sich eine gute Sache, meint er. Aber wer macht diese Normen? Und was für Reinheitsgebote sollen das sein? Sein Obst ist doch ganz frei von chemischen Schädlingsbekämpfungsmitteln, und die Gärung passiert auch von selbst, reiner geht es nicht. Diese Europäische Union – genauso viele Beschränkungen wie im Kommunismus!

Vor einer Stunde ist er in sein Elternhaus in Petrifeld gekommen, wie fast jeden Abend. Seine zwei Hunde und die drei Katzen sind hier untergebracht, die kann er schließlich nicht in seiner Plattenbauwohnung in Großkarol halten. Aber das ist eigentlich nur ein Vorwand. Es entspannt ihn, nach der Arbeit den vertrauten Geruch des alten Hauses einzuatmen und mit den Händen in diesem fruchtbaren Pusztaboden zu wühlen.

Er sollte sich jetzt also nicht so aufregen. Und egal, was gerade mal wieder verboten wird, um seinen Wein wird er sich auch keine Sorgen machen. Gefüllt mit schönem Schwabenwein liegen seine Fässer im Keller. Die werden schon leer werden, auch wenn er sie offiziell nicht mehr verkaufen kann. Die diesjährigen Reben tragen auch sehr gut – und das ganz ohne Chemikalien. Der liebe

Herrgott hat sie nur mit Regen gespritzt. Er hat es von August bis jetzt aber reichlich viel regnen lassen, vermutlich als Wiedergutmachung für die Dürre, die vorher im Sommer geherrscht hat. Ist es nicht unerhört trocken gewesen, und das bei Temperaturen von mehr als 40 Grad? Aber er, Johann, hat kein Recht zu klagen. Er muss ja nicht von seiner Ernte leben, und außerdem hat es im Süden Rumäniens viel größere Probleme gegeben als hier. Dort hatten sie in den Brunnen keinen Tropfen Wasser mehr. Dafür gab es im Vorjahr viel zu viel, als die Donau über die Ufer trat.

Er schleppt die fast antike hölzerne Traubenpresse aus dem Keller hoch und probiert sie aus: funktioniert immer noch wunderbar. Aber was für Geräusche sind das da auf einmal auf dem gegenüberliegenden Hof? Er wartet auf einen ruhigen Augenblick ohne Verkehr und hört dann richtig hin. Hat er es sich nicht gedacht! Das muss Ferencz Nagy beim Zerschlagen der Walnüsse sein. Ferencz knackt sie immer mit einem Hammer, einen Schlag auf jede Nuss: tschak, tschak, im gleichmäßigen Rhythmus des Routiniers. Eigentlich ist das nur die vorbereitende grobe Arbeit, die Ferencz leistet. Nachher werden Johanns Cousine Maria mit der Nichte Annemarie viele Kilo Nüsse schälen müssen.

Johann steht zwischen seinen Reben im Schlamm. Er macht sich auf den Weg zu seinen »Zigeuner-Mitarbeitern«, wie er die beiden nennt. Wenn man dorthin geht, sagen alle, sollte man Schaftstiefel anziehen. Denn das Zigeunerviertel sei ein einziges Schlammloch, mit dem Auto käme man nicht weit. Von wegen, denkt Johann. Seht euch meinen Garten an, so ein Sumpf muss der Pusztaboden, auf dem wir leben, gewesen sein, als unsere Vorfahren hierherkamen. Und seht euch Petrifeld an, wo an der Nationalstraße die Regenrinnen mancher Häuser ihre Wasserfälle vom Dach herunter auf die betonierten Fußwege, auf die Grünstreifen und nur teilweise in die Gräben ausgießen. Und dann wagt man es, den Zigeunern Vorwürfe zu machen, wenn jemand sich nasse Füße holt?

Johann wird seine Schuhe nicht gegen die Schaftstiefel tauschen. Und zwar nicht nur aus Sturheit: Er wäre einfach einen halben Tag zu spät. Denn er war heute schon mit diesen Schuhen in Sathmar. Und das Marktviertel der Kreisstadt bestand ebenfalls nur aus Schlamm. Und das in der größten Stadt des nordwestlichen Rumänien! Die jungen Leute haben ihre modernen Billigsportschuhe verflucht. Am Ortseingang hat er noch ein neues Verkehrsschild gesehen: ein Verbotsschild für Pferdefuhrwerke. Wobei die Pferde viel besser als Busse und Traktoren und Menschen mit neuen Sportschuhen mit dem schlammigen Boden zurechtkommen. Das ist der Fortschritt, den die EU bringt: Die Pferde kommen weg – wie im Kommunismus.

Das mit den Pferden war am schlimmsten. Er war vielleicht ein Bub von ein oder zwei Jahren, als es passierte, aber es wurde immer wieder erzählt, und geweint wurde dabei, das hat Johann nie vergessen. Die Mutter und der Vater hatten die Zwangsarbeit im Donezbecken, beziehungsweise im Straflager für deutsche Soldaten bei Kronstadt, 1950 mit knapper Not überlebt, da kam die Kollektivierung, und den Leuten wurden die Pferde weggenommen. Die guten Pferde kamen in die LPG, und die alten, die kranken, die ganz jungen Pferde …

Das war das Schlimmste. Diese Pferde wurden erschossen und an die Schweine verfüttert. So war das, so wollten die Kommunisten den Traktor propagieren, vermutet er zurückblickend. Aber mit guten, kräftigen Pferden wird hier bis heute Landwirtschaft betrieben. Auch im Landwirtschaftsverein, der diesmal freiwilligen LPG im Dorf, zu dem auch das Getreide von den immerhin dreißig Hektar Ackerboden hinter dem Elternhaus gebracht wird.

Johann bekommt es von dieser Kooperation teilweise als Brot zurück, als Luxusweißbrot ohne Konservierungsmittel, aber auch ohne viel Geschmack.

Heute ist wirklich ein Tag der Besinnung. Am Nachmittag, als Johann mit einigen Einkäufen auf dem Markt in Sathmar gestanden hat, ist er noch diesen Seitenweg, die enge Hám-János-Straße, hinuntergegangen. Mit dem Wagen kann man dort nicht hin, und er war ohnehin schon durchgeweicht. Da hat er sie mit eigenen Augen gesehen: die eingestürzte Synagoge. Es hat kürzlich in der Zeitung gestanden. Erst hat es so lange geregnet, dann wurde es auch noch sehr windig, und dann ist sie von alleine eingestürzt, diese verlassene Synagoge. Eigentlich war heute nicht mal mehr eine Ruine dort. Er hat Männer gesehen, die Stein um Stein weitergereicht und weggeräumt haben.

Es gibt in Sathmar noch eine Synagoge in besserem Zustand. Und bei ihm in Großkarol gibt es ebenfalls zwei, aber aus einer wurde nach dem Krieg eine Fabrik gemacht. Die andere kennt er von innen, wie er alle Gotteshäuser in seiner Kleinstadt von innen kennt – sie faszinieren ihn. Drinnen stehen noch alte Bänke, viel mehr ist von ihrer Ausstattung nicht erhalten. Es gibt kein Geld und keine Juden. Der letzte Jude, von ehemals dreitausend in Großkarol, ist kürzlich gestorben, der vorletzte ist nach Israel ausgewandert. Nur die alte Ehefrau des letzten Juden lebt noch, er hat sie in ihrem Gartenhäuschen an der Synagoge besucht. Sie ist keine Jüdin, aber sie wacht über das Gebäude. Sie hat den einzigen Schlüssel zum Gotteshaus.

Nach Sathmar war Johann gefahren, um mit Josef Hölczli von der Stiftung für Internationale Zusammenarbeit über die Schulbusse für den deutschsprachigen Unterricht zu reden. Die Busse müssen demnächst wieder deutschsprachige Schüler aus Dörfern wie

Petrifeld in Kleinstädte wie Großkarol bringen. Zwar geht es um kleine Zahlen – hier sind es zum Beispiel nur drei oder vier Kinder, die in der deutschen Abteilung der Großkaroler Grundschule weitermachen können. Aber die paar sind ihm wichtig genug. Als Stadtrat und Vorsitzender des Demokratischen Forums in Großkarol sieht Johann seit 1990 die Wiederbelebung der deutschen Sprache als eine seiner wichtigsten Aufgaben. Und als Mitgründer von Hölczlis Wirtschaftsstiftung, die in den vergangenen Jahren durch einen »kleinen Marshallplan«, wie Hölczli das nennt, Firmengründungen und Projekte mit Geld aus Deutschland unterstützt hat, kommt Johann oft nach Sathmar. Auch das Schulbusprojekt soll von Hölczlis Marshallplan profitieren.

Josef Hölczli hat ihm zunächst von seinem Treffen mit Bundespräsident Horst Köhler erzählt, vor einem Monat. Danach hat er mit Johann die Sache mit den Schulbussen geklärt. Das alles fällt Johann nun wieder ein, weil Hölczli zwischendurch auf die Zigeuner gekommen ist. Und zu seinen Zigeuner-Mitarbeitern ist Johann ja fast schon auf dem Weg.

Sie haben davon gesprochen, dass immer weniger Schwabenkinder und immer mehr Zigeunerkinder in die Schule kommen. Oder kommen sollten. Seit Maria Nagy sich bemüht, die Zigeuner zu integrieren, geht's damit immerhin schon voran. Maria ist der beste Bürgermeister, findet Johann, und zwar nicht deswegen, weil sie seine Cousine ist und dazu die einzige Frau im ganzen Kreis Sathmar. Aber was kann sie schon ausrichten? Die Integration ist schwierig, vor allem, wenn die beiden Gruppen von Kindern so unterschiedlich stark wachsen.

Hölczli meinte, die Zigeunereltern hätten nicht mal genug Ruhe, um eine Messe lang sitzen zu bleiben. Die Zigeuner lebten wie in der Bibel, wie im Vaterunser: »Unser tägliches Brot gib uns heute«, und morgen ist morgen. Und da hat Hölczli recht. Es wird viel auf die Zigeuner geschimpft, eigentlich nur geschimpft. Das tun alle, auch Johann selbst bisweilen. Wenigstens freuen sich die Zigeuner über das, was man heute hat, und klagen nicht ständig: Davon können wir, die anderen und speziell die Deutschen, etwas lernen, denkt Johann.

Er schließt das Elternhaus ab, setzt sich in den Wagen und fährt los. »Das ist aber tatsächlich ein Modderpfuhl«, nörgelt er vor sich hin, als er auf dem Pfad zum Roma-Viertel steht. Der Pfad, der gegenüber dem Altenheim anfängt, ist heute eher ein Bach. Kinder und Ziegen kommen schon auf ihn zugeplanscht. Johann geht mit ihnen weiter und weicht einer Kuh aus. Er ist ganz zufrieden, dass »seine« Zigeuner am Anfang des Lagers leben und nicht im Inneren, wo die Armut am größten ist. Das ist wirklich bitteres Elend dort. Hier am Anfang fehlen vielleicht einige rote Dachziegel oder haben die Asbestplatten ein paar Risse, aber drüben ist das Reet teilweise vom Dach runtergerutscht, das Holz morsch.

Da kommt der alte »Roma-Boss« auch schon auf ihn zu. Na ja, von wegen alt, genauso alt wie er selbst, korrigiert Johann sich. Aber er selbst sieht wohl jünger aus, hofft er: Glatt rasiert und nicht mit tief hängendem Schnurrbart wie »Opa«, den er so nennt, weil dieser oft stolz auf seine achtzehn Enkelkinder deutet. Johann ist über seine eigenen beiden Enkelkinder auch sehr glücklich, also versteht er das.

»Grüß dich, Jancsi!«, sagt Opa auf Romani, das Johann mittlerweile ein bisschen versteht, und steckt seine Hand aus, grinsend unter dem Schnurrbart. Johann begrüßt auch die Ehefrau, die den kleinen Herd im Hof kurz im Stich lässt, und schon sitzen sie im Zimmer mit der grasgrünen Wandtapete. Gemütlich, ist Johanns aufrichtige Meinung, nur dunkel. Er schaltet das Licht im Zimmer an und bespricht die Termine zur Kartoffelernte und die finanziellen Fragen. Dann fragt er, Hölczlis Worte noch im Kopf: »Wie viele Familien leben eigentlich jetzt hier?« »Etwa fünfzig«, antwortet Opa. »Und noch zehn, fünfzehn im Dorf, zwischen den anderen.« Und auf Johanns Nachfrage: »Aber nein, wir sind nicht alle verwandt.«

Zwei Zigeunerfamilien ernährt er, überlegt Johann auf dem Heimweg. Zwischen zehn und dreißig Lei pro Tag bezahlt er ihnen, abhängig von der Schwere der Arbeit. Opa arbeitet schon seit zwanzig Jahren sehr zuverlässig bei ihm auf dem Hof und auf dem Feld, der andere Roma ebenfalls seit vielen Jahren. Ansonsten bekommen sie ein wenig Sozialhilfe vom Bürgermeisteramt, und auch das nur, wenn sie gar keine Arbeit finden. Zigeuner in seinem Wohnort Großkarol betteln und stehlen und leben von Mutterschutz und Kindergeld. Er rechnet: Etwa sechzig Familien, das macht mindestens zweihundertfünfzig Roma-Kinder im ansonsten alternden Petrifeld. Sollen die jüngsten Zigeunerkinder vielleicht einfach mit in Petrifelds ausgedünnte Deutschklasse gehen? Und zur weiterführenden Schule mit dem Bus nach Großkarol fahren? Die Lehrer halten das für sinnlos, hat er gehört.

Genau in dem Moment, als Johann wieder auf seinen Hof zurückgekehrt ist, hält gegenüber der Wagen der Bürgermeisterin. Maria Nagy steigt aus, überquert nach unfreiwilligen Warteminuten die E 671 und kommt auf ihn zu. Ob sie einen Schluck von dem zukünftigen Wein, noch halb Traubensaft, möchte? Er hat vorhin probiert, und er schmeckt jetzt wirklich schon lecker. Maria lehnt ab und lobt im gleichen Atemzug seine Hibiskusrosen, fast Bäume sind das. »Sag mal«, fährt sie fort, »hast du zufällig gesehen, bis wann die Straßenarbeiter gearbeitet haben? Sie hätten dort drüben Steinchen in die Löcher füllen sollen, damit neu asphaltiert werden kann.« Sie klingt sauer, hat sie doch den Eindruck, dass

Das Roma-Paar »Oma und Opa« vor ihrem Haus

die Arbeit nicht ganz erledigt ist. Johann hat aber unterwegs nicht darauf geachtet.

»Na, wie geht's?«, fragt sie. »Sind deine Paprika noch was geworden? Und die Zucchini?« »Es geht«, sagt Johann. »Morgen werden die Kartoffeln ausgemacht. Nein, die Trauben lese ich schon selber, das überlasse ich keinem. Und du musst kiloweise Walnüsse schälen!« Er guckt spitzbübisch. »Ich habe lieber Nussbäume als Kartoffeln«, antwortet seine Cousine. »Wenn ich in Rente bin, möchte ich Walnussbäume züchten. Man kann sie schön im Sitzen verlesen, Ferencz schlägt sie alle auf, ich schäle sie und verkaufe sie an der Tür. Damit können wir die Rente richtig aufstocken. Pfui, du mit deinen Kartoffeln – so viel Arbeit, und was sind sie denn noch wert?«

Vor der Revolution, daran erinnern sich beide, wurden Gemüse und Kartoffeln aus der LPG nach Deutschland exportiert. »Jetzt kommen Kartoffeln aus dem Westen hier in den Supermarkt«, seufzt Maria. »Je weiter entfernt, desto billiger, verstehst du? Wie das funktioniert, das kann man nicht wissen.« Sie hat aber in der Zeitung gelesen, eine Supermarktkette wolle mehr Lokalprodukte anbieten. »Dann müssen unsere Kleinbauern sich aber stärker zusammentun, sonst sind sie zu teuer. Nicht mehr die Paprika vor dem eigenen Hoftor verkaufen, mehr über den Landwirtschaftsverein machen.«

Johann findet die Situation genauso absurd wie Maria. »Das Schweinefleisch in meinem Supermarkt kostet jetzt nur einen Euro das Kilo«, antwortet er. »Es kommt aus Polen: Weil die Russen den Import von polnischem Fleisch boykottieren, kommt es nach Rumänien.«

Er hat wiederum in der Zeitung gelesen, sagt er, dass man jetzt seine eigenen Schweine nur noch zu Hause schlachten darf, wenn man nicht mehr als zwei Tiere hält. »Regelungen, Weisungen, die Europäische Union verbietet immer mehr.«

Wieso klagt er jetzt so, überlegt Johann sich, während Maria die Nachrichten auf ihrem Handy anschaut. Damals im Kommunismus konnte man sein eigenes Schwein kaum füttern. Man hat Auberginen als Fleischersatz gegessen. Er wendet sich wieder an Maria: »Ach, erinnerst du dich an die Strudel mit Auberginenfüllung, die Großmutter Maria Müller uns immer gemacht hat?« Maria nickt ein wenig überrascht: Wie kommt Jancsi denn darauf? »Das war richtig schön«, fährt Johann fort. »Aber wie schnell man vergisst. Dass damals die Securitate überall im Dorf war. Man wusste genau, wer mit ihr zusammenarbeitete. Und war immer auf der Hut.«

»Ja, man wusste es genau«, wiederholt Maria. Sie denkt, einigermaßen abwesend, an morgen. Johann denkt viel an früher, spürt sie, vielleicht wegen seiner verstorbenen Frau.

»Man klagt über die Europäische Union«, macht Johann selbstkritisch weiter, »und will nicht mehr wissen, wie man vor zwanzig Jahre gehungert hat: kaum Öl, kaum Mehl, alle Butter nach Russland exportiert. Wir Grenzbewohner hatten noch Glück, nicht? Dass wir nach Ungarn konnten, um unsere Importkleidung aus China gegen Lebensmittel zu tauschen. Und alle haben damals geklaut, alle, nicht nur die Zigeuner.«

»Man klagt«, wiederholt Maria, »und dabei vergisst man, dass wir von dieser EU viel Unterstützung bekommen. Morgen werde ich zu Franz Moser gehen. Er ist ziemlich am Ende, er meint, unser Landwirtschaftsverein wird den EU-Beitritt Rumäniens nicht überleben. Ja, am Samstag, eigentlich war unser Termin heute, aber ich bin mit Marchis mitten in der finanziellen Planung des Freizeitzentrums, und einige Rathausangestellte sind noch im Urlaub in Deutschland, obwohl sie schon längst zurück sein sollten. Und dann stand dieser Mann aus New York auf einmal unangemeldet vor der Tür. Er wollte unser Altenheim anschauen, willst du wissen, weshalb? Weil seine Vorfahren von hier stammen und er die Region mit einem weiteren Altenheim ehren möchte.«

Johann hat mehrfach genickt. Wegen des Straßenlärms hat er nicht alles verstanden, aber mit den Problemen der Landwirtschaftskooperation kennt er sich aus, er ist schließlich Mitglied. »Moser hat an Silvester bestimmt nicht gefeiert«, reagiert er. »Erst haben wir den Beitritt zur EU so herbeigesehnt, aber so richtig gefeiert wurde dann doch nicht. Wenn man das mit dem Beitrittsfest in Bukarest vergleicht, wie es im Fernsehen zu sehen war. Und mit der Revolution damals.«

»Die europäische Hymne ist im Kulturheim immerhin gespielt worden«, antwortet Maria. »Aber es herrscht tatsächlich Angst.

›Herr Moser‹, habe ich schon gesagt, ›es wird Geld aus Europa kommen.‹ Aber er glaubt mir nicht. Also, ich muss ihn morgen ein wenig aufmuntern.«

Maria verabschiedet sich. »Und ich werde morgen fünf Hühner schlachten«, sagt Johann. »Ja, das mache ich noch immer, für meine Kinder gleich mit, das lohnt sich wohl.« Jetzt wird er nach Großkarol zurückfahren. Er freut sich auf sein kleines Apartment dort, auf seine beiden Töchter und die Enkelkinder und sogar auf sein neues Geschäft für Bürowaren und Schuhe, das morgen Vormittag noch aufhat. Aber zuerst geht es noch zum kleinen Gebäude des Deutschen Forums, wo er wegen der Schulbusse eine Sitzung mit den künftigen Busfahrern leiten wird.

Bei den Nagys brutzelt kurze Zeit später eine dicke, dunkle Wurst in der Pfanne. Maria fröstelt wegen der offenen Küchentür. Es ist richtig kalt geworden, kaum noch zehn Grad, schätzt sie. Sie wird heute Abend die Pfirsiche schälen und einlegen. Gestern hat sie die Gläser schon gespült. Sie seufzt. Ferencz hat viele Kilo gepflückt. Die Walnüsse können bis morgen warten, wenn Annemarie wieder da ist. Und dann die Sauer-Scharf-Mischung mit den Paprika …

Sie zieht eine wollene Weste an und geht noch mal in den Garten. Hier und da pflückt sie Trauben von den Reben, die über der Veranda ranken. Kleine und große, blaue und grüne – eine schöne Schale voll, alle ganz reif. Ferencz kommt auf sie zu, er hat den Garten geharkt. Mitten auf der Wiese steht der hölzerne Schaukelstuhl, den er ihr in diesem Jahr zum fünfundzwanzigsten Hochzeitstag geschenkt hat.

Sie setzen sich und schweigen. Maria denkt an den grünen Zeltplatz in Berlin, dorthin haben sie ihre erste große, gemeinsame Reise gemacht. Das Berlin des Alexanderplatzes und des Fernsehturms war es; das andere Berlin, da kam man gar nicht hin. Ferencz und sie sind noch so nah wie möglich an die Absperrung herangegangen. Die lief mitten durch die Stadt, darüber war sie doch etwas erstaunt.

Heimgesucht

PETREŞTI/PETRIFELD, AM NÄCHSTEN MORGEN – Ferencz Nagy ist früh wach, beim Krähen des Hahns. Die Nationalstraße erwacht schon vorher, und wenn die Elisabethkirche fünf schlägt, ist auf der E 671 sogar am Samstag bereits Hochbetrieb. Um etwa sieben Uhr kommt das Klipp-Klapp, Klipp-Klapp der Pferdehufe auf dem Asphalt hinzu. Die Warnglöckchen an ihren Geschirren sind nur für die Fußgänger hörbar, für die Lkws tragen die Pferde rote Wollfedern. Auf den Karren sitzen Roma, die zur Heuernte auf die Felder fahren, aber auch Schwaben, Ungarn und Rumänen, die ihren Müll entsorgen oder Baumaterialien und Möbel transportieren. Wenn Ferencz im Garten steht, kann er hören, ob etwas in den Karren liegt. Als Sachverständiger für Rinder- und Pferdezucht und als Preisrichter für Vierspännerwettkämpfe meint er ab und zu außerdem zu hören, wie die Pferde vor den Karren aussehen und wem sie gehören.

Die Sonne kommt endlich mal wieder heraus, als Maria sich auf den Weg zu Direktor Moser macht. Vielfarbige Mittagsblumen leuchten auf den Grünstreifen vor manchen Häusern auf, und ebenso vielfarbige Stockrosen zieren die Zäune. Die schwäbischen Veranden verbergen sich hinter üppigem Weintraubenbewuchs. In Augenblicken wie diesem, wenn der Verkehr nachlässt, findet Maria ihr Dorf wieder einmal idyllisch.

Der Sitz des Landwirtschaftsvereins ist ein unauffälliges Gebäude mitten auf dem Land. Ingenieur Moser erwartet die Frau Bürgermeisterin schon: Gemeinsam werden sie zu einer Inspektionsfahrt über die Felder aufbrechen. Dazu steigt sie in seinen wendigen Dacia, an dem massenweise Lehm und Stroh klebt. Es ist eine Art Tarnfahrzeug, denkt sie, ein Panzer gegen die näher rückende Europäische Union. Eins macht sie dem kleinen Sechzigjährigen in der schwarzen Kunstlederjacke lieber sofort und nochmals klar: »Herr Moser, die Hand drauf! Es ist Geld von der EU unterwegs. Sie dürfen bitte nicht so pessimistisch sein. Wir werden die Früchte des EU-Beitritts ernten.«

Moser glaubt aber nur dem Boden, das weiß sie. Da kennt er sich aus. Er spricht nicht viel, er lässt lieber die Äcker und Felder für sich sprechen. Nur so viel sagt er noch im Dacia, als sie zunächst zu den Kühen unterwegs sind: »Nach dem Fall des Kommunismus wurde es schlechter, und jetzt ist es noch viel schlechter. Egal ob Milch oder Acker – alles gleich schwer.«

Moser fährt zunächst zu den Riesenställen, dort, wo die fast tausend Petrifelder Gemeinschaftskühe untergebracht sind. Es sind braune und schwarzbunte, alle möglichen Rassen, sogar welche aus der Schweiz. Um sie herum riecht es nach Farbe, der Stall wird gerade gestrichen. Da springt eine kleine Frau mit einem dicken Pinsel hervor und grüßt. Maria kennt sie als die Frau von Opa, der für Johann arbeitet. Sie winkt, während Moser die Frau keines Blickes würdigt.

»Es gibt keine guten Wiesen«, sagt Moser. »Weil es zu trocken gewesen ist? ... Jein. Seit fünfzehn Jahren sind die Wiesen angeblich nicht mehr gut genug für die Milch. Wir füttern das Vieh hier drinnen mit diesem Hochgras.« Die Milch kommt zur großen Friesland-Milchfabrik in Sathmar, und darin sieht Maria ein Zeichen ihrer Qualität. Für die anderen, die selbstständigen

Kleinbauern mit guter Milch, gibt es die Schwabenmolkerei, ein Erfolgsprojekt von Josef Hölczlis Sathmarer Stiftung und vom Deutschen Forum. Nur wer zu viel Bakterien und Wasser in der Milch hat, wie zum Beispiel einer ihrer Nachbarn mit seinen drei Kühen, kann sie nicht mehr offiziell verkaufen, nur im Dorf. Da kann man, insgesamt, doch nicht klagen?

Moser macht ihr jedoch einigermaßen verständlich, dass die Milchproduktion, wegen der ganzen Kosten und der vom Gesundheitsministerium angeforderten Papiere, kaum lohnt. Vielleicht ist er hier eher selbst überfordert, denkt sie. Der Bauerndirektor lenkt seinen Dacia quer über die Felder. Der Wagen schafft das wunderbar, aber Maria wird ein wenig schwindelig. Durch Weizen und Gerste fahren sie, an Mais und Zuckerrüben entlang, mit dem Blick auf Sonnenblumen, Luzerne und Raps. Wie ein Amphibienfahrzeug trotzt der Dacia den vom Regen ausgespülten Gräben. Alle Getreidesorten und Pflanzen, an denen Maria vorbeiholpert, sehen eigentlich wunderbar aus, findet sie. An dem schweren, fruchtbaren Lehm dieser Puszta kann es nicht liegen, oder? Moser errät ihre Gedanken. »Alles wächst gut«, sagt er. »Aber wir müssen jetzt mit Holland, Deutschland, Spanien konkurrieren. Das geht nicht. Schon die Wiesen sind sehr teuer geworden.«

Das stimmt. Noch vor ein paar Jahren haben Petrifelder ihre Häuser samt Ackerboden für fünfzehntausend D-Mark verkauft. Die gestiegenen Preise haben, zusammen mit dem Symbolwert des Bodens, Maria die schwerste Aufgabe ihrer Bürgermeisterjahre eingetragen. Als sie mit Moser über das Land tuckert, kommen die Sorgen wieder hoch. Es war ein riesiger Fehler der Regierung, den Gemeinden die Umsetzung des Bodenrückgabegesetzes zuzuschieben. Sie ist doch selbst eine aus der Gemeinde, sie kennt alle, wie kann sie da für alle glaubwürdig bleiben? Wie kann sie allen Ansprüchen gerecht werden?

Viele sind enttäuscht, weil sie nicht jeden Quadratmeter Boden zurückbekommen haben, der ihren Großeltern und Eltern bei der Kollektivierung genommen wurde. Man weiß ganz genau, wo die Grenzlinien des Besitzes in der Vorkriegszeit verliefen. Sie selber hat auch nicht alles zurückbekommen. Aber seit eh und je beklagen sie sich alle bei ihr, der Bürgermeisterin. Der eine oder andere hat sogar das Recht selbst in die Hände genommen, es ist schrecklich. Sie kann den Gemeindegrund schließlich nur ein Mal verteilen. Doch auch wer keinen besessen hat, aber vor der Revolution in der LPG gearbeitet hat, hat laut Gesetz Anrecht auf ein Stück Land. Was kann man da machen?

Jetzt kommt die flache Nationalstraße, eine Wohltat für das gequälte Gesäß. Der Rückweg ins Dorf führt über die E 671. Maria schaut vergnügt auf die orangefarbenen Stahlskelette am Ortseingang: Die Sporthalle des Freizeitzentrums macht Fortschritte.

Zu selben Zeit setzt sich Johann an einen verwitterten Tisch auf der elterlichen Veranda, nimmt routiniert ein Huhn zwischen die Knie – und zack, da ist es schon einen Kopf kürzer. Zigeuner-Opa kommt mit einer riesigen Schubkarre voller Kartoffeln vorbei und guckt dem Schlachter amüsiert zu.

Gerade als das Blut umherspritzt, klingelt Johanns Handy. Tochter Maria ist dran. »Klare Hühnersuppe Schwäbischer Art im Anmarsch!«, kündigt ihr Vater an. Obwohl er vermutet, dass die Töchter niemals ihre Wohnungen für den Schwabenhof ihrer Großeltern eintauschen würden, glaubt Johann, die Traditionen doch irgendwie weitergeführt zu haben. Die beiden Kinder sind, mit Sicherheit wegen ihres guten Deutschs, bei der neuen Firma angestellt worden, für die auch die Nichte Annemarie schon arbeitet, PoliPol bei Großkarol. Alle reden voller Respekt über Poli-Pol: Wer dort arbeitet, ist jung, ist gut ausgebildet, ist wer.

Johann Müller im Garten seines Elternhauses

Er rupft das Huhn. Die Schwaben kommen wieder voran, stellt er vergnügt fest. Die Schwaben sind jetzt sogar die größte noch verbliebene deutschsprachige Siedlergruppe hier in Rumänien. Zwar ist auch das eine zu vernachlässigende Menge, etwa anderthalb Prozent der Menschen im Kreis Sathmar sehen sich noch als Schwaben. Aber politisch stellen sie eine viel größere Kraft dar, als von fünftausend Schwaben zu erwarten wäre. Das ist so, weil sie aufrechte Kommunalpolitik machen statt Parteipolitik. So sieht Johann das.

Zack, das nächste Huhn geköpft. Gebell steigt aus der Scheune auf: Die Köpfe sind für die Hunde, und das wissen sie genau. Die Schwaben sind wieder wer, überlegt Johann weiter, aber die Jahre im Kommunismus tragen sie unauslöschlich mit sich, dieses heimgesuchte Volk. Für die sogenannte Kollektivschuld sind die Vorfahren schon genug bestraft worden, als Deutschland und Ungarn den Krieg verloren hatten. Immer wieder will er, muss er darüber lesen, über Deportation und Demütigung, über die Traumata seiner und anderer Familien. Und wenn sie in Deutschland sind, gehen sie vielleicht ins Donauschwäbische Zentralmuseum in Ulm, und dort schauen sie sich noch mal an, was ihnen alles widerfahren ist. Aber wer sonst liest noch über dieses tragische Schicksal? Was weiß Europa noch davon?

Jetzt hat er nicht aufgepasst. Ein fertiges Ei rollt aus dem Huhn zu Boden. Er steckt seinen Arm in das Huhn, und siehe da, es kommen noch drei Eier in verschiedenen Stadien heraus, die letzten beiden ohne Schale. Diese drei fängt er auf, für die Suppe oder für die Katzen. So, wieder ist ein Huhn fertig. Er schaut in die Ferne, auf sein Feld, und mault ein wenig vor sich hin. Wo sind denn die Zigeuner? Vorhin haben sie geackert wie die Pferde, aber jetzt geht's mit der Energie wohl bergab. Aber da kommen sie gerade zurück mit einer weiteren Ladung Kartoffeln.

Er müsste nun langsam mal eine andere Perspektive auf die Vergangenheit entwickeln, das weiß er, doch das fällt ihm nicht so leicht. Mit den vielen Kontakten nach Deutschland, über das Forum und die Stiftung und die EU, kommen neue Einschätzungen und Fragen auf ihn zu. »Eure Familien sind wenigstens nicht vertrieben worden.« Oder: »Wenn ihr Donauschwaben in Serbien gelebt hättet, wärt ihr 1945 abgeschlachtet worden.« Oder auch: »Viele eurer Schwaben-Väter und -Großväter sind doch in die Waffen-SS eingezogen worden. Was haben sie dort gemacht?«

War das Schicksal der Deutschrumänen denn beneidenswert? Johann hat hier niemals jemanden von »Glück« sprechen hören. Die Sathmarschwaben wurden 1944, als Rumänien auf die alliierte Seite wechselte, nicht mit den deutschen Soldaten evakuiert, wie die in der Nähe lebenden Nordsiebenbürger Sachsen. Manche sind geflüchtet, manche kehrten später zurück, manche gerieten in Kriegsgefangenschaft. Aber die schlimmsten Nazis von hier sind am Kriegsende nach Deutschland gegangen, davon ist Johann überzeugt. Die haben nicht abgewartet, bis die Kommunisten da waren. Ganz sicher ist er sich allerdings nicht. Darüber wurde und wird nicht gesprochen. Er weiß nur, welcher Nachbar fanatischer Kommunist war. Einer hat sich mit Tricks Land angeeignet, das den Müllers gehörte.

Über den Krieg hat der Vater ihm nicht viel erzählt, aber dies: dass in Sathmar die Züge mit den Juden bereitstanden, dass es sehr heiß war und die Menschen nichts zu trinken hatten und dass er, der Vater, jemandem im Zug eine Wasserflasche gereicht hat. Prompt bekam er Ärger mit der Wehrmacht, hat Vater gesagt.

Wer war schuld? Bei der Synagoge in Sathmar, der, die noch steht, hängt ein Schild, auf dem zu lesen ist, dass die faschistische ungarische Regierung, die diese Region besetzt hatte, Sathmars achtzehntausend Juden deportiert hat. Nicht die Deutschrumänen und nicht die Rumänen waren die Täter, hat Johann daraus geschlossen. Waren die Schwaben etwa doch beteiligt? Oder nur ein paar von ihnen?

Tief steckt er seinen Arm in das vierte Huhn hinein und zieht ihn mit den ganzen Eingeweiden wieder heraus. Seine Frau konnte das noch schneller. Vorher war die schöne, heile Vorkriegswelt, so hat man sie ihm zumindest beschrieben: Alle seien froh gewesen, als die Region 1920 dem toleranten Rumänien zugeschlagen wurde. Die Rumänen haben die schwäbische Kultur gefördert, hat Johann gelernt, um die ungarische zurückzudrängen.

Also, die Ungarn waren die Aggressoren, vor 1920 und wieder ab 1940. Obwohl sie uns Schwaben, denkt Johann, kulturell und religiös ähnlicher sind als die ethnischen Rumänen. Aber es waren nicht die Rumänen, die 1945 die Deutschen von hier deportieren lassen wollten. Die Eltern haben gesagt: Die schlimmsten Kommunisten, die, die mit uns abrechnen wollten, das waren bestimmt nicht die Rumänen, das waren nicht mal die Russen, das waren Ungarn und Juden. Johann hat nie einen Grund gehabt, an ihren Worten zu zweifeln.

Er erlebt sie doch selbst, die Toleranz der Rumänen. Sie sind zwar chaotisch, aber respektvoll, auch gegenüber Minderheiten, wenn sie bloß selbst respektiert werden. Ferencz Nagy und Josef Hölczl haben beide eine rumänische Mutter, und sie haben oft von ihren »sanften, warmherzigen Müttern« gesprochen. Die Schwabenmütter können schon eisern sein.

Leider wird in Europa immer wieder negativ über sein Rumänien und über die Rumänen berichtet. Dort liest man fast nur über Rumänen, die Diebe und Mörder sind. Aber hier werden doch keine Autos gestohlen? Das ist in Ungarn! Rumänien ist ein sicheres Land, und die Rumänen sind hilfsbereit, insbesondere die echten Rumänen, die ethnischen. Johann hat zwar keine rumänischen Freunde, allerdings auch keine ungarischen Freunde, nur zwei ungarische Schwiegersöhne. Die Freunde der Eltern waren Schwaben, und seine sind ebenfalls nur Schwaben oder vielleicht

Deutsche. Es ist ja nicht so, dass man das nicht dürfte, es ist eher eine Gewohnheit. Die Cousine Maria ist ja zum Beispiel mit einem Mann verheiratet, der halb Ungar, halb Rumäne ist. Und sie wird immer wieder zur Bürgermeisterin gewählt.

Fünf fette Hühner und viele Kilo Kartoffeln – dieser Reichtum ist Johann heute vom lieben Herrgott geschenkt worden. Bevor ausgezahlt wird, wird getrunken. Er winkt seine Zigeuner-Mitarbeiter heran, geht in den Keller hinunter und zapft drei Becher mit dem süßen Halb-Wein, Halb-Traubensaft voll. Mit seinen wettergegerbten, schwieligen Landmannshänden reicht er den Wein an die beiden anderen Männer weiter, mit ihren genauso abgearbeiteten Händen: »Zum Wohl!«

Wahltag

PETREȘTI/PETRIFELD, IM NÄCHSTEN FRÜHJAHR – Maria ist schon früh aus den Federn gekommen, um vor ihren amtlichen Verpflichtungen noch die Pfingstrosen und die Lilien in Ordnung zu bringen. Aber Janczis Zigeuner-Mitarbeiter müssen noch erheblich früher aufgestanden sein, so wie sie auf der gegenüberliegenden Straßenseite neben einem knapp zwei Meter hohen Haufen frisch gemähten Grases stehen und der Frau Bürgermeisterin zuwinken. Maria grüßt zufrieden zurück. In ihrer Gemeinde müssen alle ihren Abschnitt des öffentlichen Grüns selbst in Ordnung halten. Oder aus Zeitmangel eben in Ordnung halten lassen, wie Cousin Johann durch die Zigeuner und sie durch ihren Mann Ferencz. Der hat gestern noch gemäht und Unkraut gejätet; der bürgermeisterliche Grünstreifen soll schließlich beispielhaft aussehen.

Die Maibeerhecke duftet schon morgens herrlich, stellt sie fest. Und die lila-blauen Schwertlilien vor dem Zaun sind bereits verblüht. An diesem letzten Maitag ist es schon richtig heiß. Das deutet auf ein gutes Weinjahr hin. Zu Ostern war es hingegen viel zu kalt, Jancsi hat schon damit gedroht, er könne in diesem Jahr keine Palinka brennen, weil ihm die Himbeeren und noch so einiges in der Knospe gefroren sind. Aber er hat ja im Keller noch ein paar Hundert Liter für Notzeiten.

»Na?« Maria begrüßt Annemarie, die gleich zu einer Prüfung in Betriebswirtschaft nach Debrecen fährt. Die Tochter sieht blass aus und gähnt. »Wie lange hast du denn gelernt?«, fragt Maria. »Was, fast die ganze Nacht?!« Sie wünscht Annemarie viel Erfolg und setzt sich munter ins Auto, um im luftigen T-Shirt und halblanger Sommerhose zum Rathaus zu fahren. Es ist schließlich Samstag.

Maria freut sich schon auf die nächsten Wochen, wenn sie endlich Zeit haben wird, um Haus und Hof gründlich aufzuräumen und zu renovieren. Morgen ist der 1. Juni 2008, Tag der Bürgermeisterwahlen in ganz Rumänien. Und sie hat nicht mehr kandidiert. Achtzehn Jahre reichen. Sie hat ihre Petrifelder tatsächlich unter der Knute, stellt sie am Steuer grinsend fest. Es ist kaum neun Uhr, und Hof um Hof beseitigt unerwünschtes Grün mit Hacke und Heugabel aus dem öffentlichen Raum. Ist das wegen der Wahlen morgen? Ach was. Vermutlich eher, weil für die kommende Nacht ein Unwetter angesagt ist.

In der Petrifelder Primărie warten schon zwei Damen auf ihre Bürgermeisterin, etwa ebenso alt wie sie, die eine mit auffälligen künstlichen Nägeln, die andere mit einem auffällig fehlenden Zahn und beide in auffällig zu engen, zu wild gemusterten Kleidern. Maria nimmt sie mit in ihr Zimmer, schafft die Prospekte mit Werbematerial zur Seite und legt einige große Briefumschläge in verschiedenen Farben auf den Tisch. Darin stecken die Einwohner- und die Kandidatenlisten zu den vier Teilwahlen. Maria weist die beiden Wahlhelferinnen ein, erklärt die Vorgehensweise und versieht die Papiere mit allen möglichen amtlichen Stempeln.

Im Wahllokal, ein paar Zimmer weiter, schaut sie ein wenig besorgt um sich. Wird das alles rechtzeitig bis morgen früh um sechs in Ordnung sein, mit den ganzen Kabinen und so? Die Petrifelder Bürger sind motiviert genug: Alle, die eine amtliche oder ehrenamtliche Funktion bei den Wahlen haben, sind schon hier, und sie reden fast gleichzeitig mit der »Frau Bürgermeisterin«: die Polizistin und die Schuldirektorin, die kommunalen Parteivorstände, der Hausmeister und auch der Spitzenkandidat zum Bürgermeisteramt, ihr Stellvertreter Otto György Marchis. Maria hat diesen sozial engagierten, in politischer Hinsicht eher schüchternen jungen Mann gern. Er ist Agraringenieur wie sie selbst. Als designierter Wahlsieger wird er seine Doktorarbeit über die Zuckerrübenindustrie allerdings vergessen können, da hat sie ihn schon gewarnt.

Den Schlüssel ihres Amtszimmers steckt sie noch einmal in die Tasche. Alle anderen Amtsschlüssel übergibt sie, ohne weitere Formalitäten, zusammen mit den Umschlägen dem Hausmeister: »So, alles erledigt! Bis morgen.« Sie macht sich auf den Weg nach Dindesti Mic oder Beschened, die Ortschaft, die noch zur Gemeinde Petrifeld gehört. Dort wird sie die Leute ein wenig ermuntern, zur Wahl zu gehen, egal, für welche Partei sie stimmen.

Sie spürt jetzt, wie müde sie ist. Sie hat nur wenige Stunden mehr geschlafen als Annemarie. Erst spät in der Nacht ist sie aus Sathmar zurückgekehrt, wo sie »getagt und gestempelt« hat. Es geht immerhin um die großen Infrastrukturprojekte, denen sie in ihren letzten Tagen im Amt noch einmal ordentlich Schwung geben will. Manche überschreiten die Gemeindegrenzen, und da gibt es Unstimmigkeiten zu klären und hilflos formulierte Anträge zu verbessern. Gestern Abend hat sie bisweilen gedacht, sie wird noch verrückt: Vor ihr lagen Antragspapiere aus den Nachbargemeinden, voller faktischer Fehler, sogar die Farben der deutschen Fahne waren falsch herum. Am Montag müssten die allerletzten Fehler zu beheben sein, in den Ausläufern ihrer Amtszeit sozusagen.

In ihren letzten Tagen als Bürgermeisterin ist sie dabei, einen Industriepark zu schaffen, die Elektrifizierung zu erweitern und zu modernisieren, die zweite Phase eines getrenntes Abwasser- und Regenwasserkanalsystems zu gestalten und noch so einiges mehr. Wie die Sache mit dem Müll. Wie soll die seit Jahren geplante Mülltrennung vorankommen, wenn nicht einmal die Müllentsorgung professionell organisiert ist? Zwar gibt es eine offizielle Müllhalde bei Großkarol, aber viele Petrifelder kippen ihren Müll einfach auf den Haufen hinter dem Roma-Lager. Die leben da nun mal gern mittendrin, heißt es, die leben davon.

Maria vertraut darauf, dass die Projektgelder auch diesmal in die Region Sathmar fließen werden. Die Jahre bis 2013 gelten als die letzten der großen Aufholjagd Rumäniens um die europäischen Fördermittel. Zudem hat die deutsche Regierung für 2008 immer noch gut anderthalb Millionen Euro für soziale Projekte wie Altenheime für die deutsche Minderheit in Rumänien zur Verfügung gestellt, kaum weniger als in den Jahren vor dem Beitritt. Für die deutsche Minderheit und ihre Mitbürger, so interpretiert man das hier.

Sie ist stolz darauf, dass ihr Petrifelder Altenheim ganz ohne deutsche Zuschüsse auskommt. Das Haus ist voll besetzt und steht finanziell auf eigenen Füßen, denn diejenigen, die es sich leisten können oder deren Kinder das können, bezahlen für ihre Unterbringung. Und es werden hier für Rumänien revolutionäre Konzepte umgesetzt, wie etwa die Entwicklung des Berufs Altenpfleger oder die ambulante Versorgung von Rentnern, deren Kinder zum Arbeiten nach Deutschland gegangen sind.

Immerhin fünfzehn Arbeitsplätze hat sie mit dem Altenheim geschaffen. »Arbeitsplätze« – dieses Wort hat Marias Leben als Bürgermeisterin beherrscht. Sie sind ihre besten Trümpfe, um junge Leute in Petrifeld zu halten und damit ihre Gemeinde vor dem demografischen Untergang zu bewahren. Wie froh sie ist, wenn die Ausgewanderten für die Verwandtschaft in Petrifeld eine Filiale ihrer neu gegründeten Firmen eröffnen. Nach diesem Konzept ist das Dorf schon um eine Bäckerei und einen Betrieb, der Thermopanefenster produziert, reicher geworden.

Nach dem großen, fast panischen Exodus nach Deutschland zwischen 1990 und 1993 hat sie gedacht, es geht mit Petrifeld zu Ende. Sie ist geblieben und wurde Bürgermeisterin. Die Mutter war kurz vor der Revolution gestorben, und Vater Rimili hätte nicht ganz allein auf dem Hof bleiben können.

Seitdem hat sich der Auszug verlangsamt. Nur noch Einzelne gehen weg: ein Grundschullehrer nach England, eine Deutschlehrerin nach Ungarn, Pflegepersonal und Mechaniker nach Deutschland oder Italien. Die Dorfjugend, die in der Stadt arbeitet oder studiert und in den Sommerferien immer bei der Ernte ausgeholfen hat, arbeitet jetzt stattdessen zwei, drei Monate jährlich in der Nähe von Mannheim auf dem Land. Zwölf Stunden pro Tag arbeiten sie dort, und jeder kommt mit fünfzehnhundert legalen Euros aus der Bundesrepublik zurück. Das gilt allerdings nur für die jungen Männer, die Frauen hat man nicht genommen. Einer von ihnen hat erzählt, es arbeiteten dort schon genug junge Frauen aus Lettland.

Wie kann sie die Petrifelder zurücklocken? Es gibt Arbeit, und es wird immer mehr Arbeit geben, nur noch keine gut bezahlte.

Einfach dranbleiben und Geduld haben, meint sie. In einigen Bereichen haben die rumänischen Nettolöhne innerhalb des letzten Jahres schon um ein Viertel zugenommen. Irgendwann wird es ein Gleichgewicht in Europa geben. Jetzt schon pendeln Ungarn aus Ungarn nach Petrifeld, weil sie zu Hause keine Arbeit finden.

Maria fährt auf der E 671 an den letzten Häusern des Dorfes vorbei, schaut nach links und seufzt. Auf der Wiese erhebt sich ein stattliches Gebäude, der Mittelpunkt eines Freizeitzentrums mit Parkanlage und See: So ein kleines Dorf und so eine große Sporthalle! Dieses Projekt ist Marias ganzer Stolz, aber gleichzeitig erfüllt es sie mit Unbehagen. Grund dafür ist das donnernde Getöse um sie herum. Die Eltern werden ihre Kinder am geplanten Minigolfplatz nicht mal verstehen können – und es soll doch ein Ökopark werden. Sogar am Samstag dieser Verkehrslärm, diese Abgase von Lastwagen ohne Katalysator, diese Gefahr, die von den vorbeirasenden Wagen ausgeht …

Von der geplanten Autobahn, die die E671 entlasten soll, ist noch immer die Rede. Aber sie wird noch lange auf sich warten lassen, befürchtet Maria. Aktuellen Einschätzungen zufolge wird das kaum existierende Autobahnnetz Rumäniens um zehn Kilometer jährlich ausgebaut werden. Deswegen hat Maria, praktisch, wie sie ist, noch in dieser letzten Amtswoche dem Kreisrat von Sathmar vorgeschlagen, eine Umgehungsstraße zu bauen. Und wenn das zu teuer sein sollte, sollte man wenigstens an beiden Dorfenden einen Kreisverkehr einrichten, inklusive Geschwindigkeitskontrolle. Und eben weil sie so praktisch veranlagt ist, hat sie für diesen Sathmarer Kreisrat kandidiert. Der wird morgen ebenfalls neu gewählt – und wenn alles gut geht, wird sie gerade noch als Schlusslicht der Liste mit hineinrutschen.

Maria biegt nach links ab, in die kleine Straße nach Beschened. Die kleine Ortschaft ist ein wenig heruntergekommen, sie sieht es mit Bedauern. Es leben hier verhältnismäßig viele sehr alte, meist verwitwete Schwäbinnen, mehr als in Petrifeld, und ansonsten meist Roma und Rumänen. Diese sind aus dem armen Osten Rumäniens neu zugezogen. Wenn sie nicht da wären, stünden noch viel mehr Häuser in der Gemeinde leer als die schätzungsweise hundert.

Eine genaue Leerstandszahl hat Maria nicht, denn niemand weiß, wer noch mitzählt und wer nicht: Wann ist »Arbeiten in Deutschland« ein Euphemismus für »Emigration« geworden? Was sie jedoch weiß, ist, dass ihre Gemeinde Petrifeld den Tourismus braucht, um wenigstens einige der leer stehenden Häuser mit Gästen zu füllen. Aber auch die Frage, was die Touristen hier in der Puszta – nicht umsonst bedeutet das Wort sinngemäß »Einöde« – interessieren könnte, beschäftigt sie. Bis auf das alte schwäbische Brauchtum gibt es hier nicht viel. Petrifeld liegt nicht in der Landschaftsidylle der Karpaten. Und sie weiß auch, dass die Antwort auf diese Frage umso dringlicher wird, wenn ihre Landgemeinde nicht mehr an der Transitstrecke nach Ungarn liegen wird.

Wer in Beschened geblieben ist, ist meist alt. Zu einer dieser Schwäbinnen ist Maria gerade auf dem Weg, denn sie bekommt noch Geld. Aber wo genau lebt sie? Maria fährt herum, fragt nach, steigt aus, plaudert hie und da, fragt die Leute nach ihrer Meinung über die Parteien, über das Forum der Deutschen, den Ungarnverband, die anderen. Um die Frau Bürgermeisterin herum bildet sich immer sofort ein Kreis, man diskutiert und lacht. Sie lacht halb entrüstet mit, wenn einige Bescheneder im Chor rufen: »Alle Politiker lügen doch!« Sie trauen sich, wenn auch nicht alle völlig nüchtern, ihr zu sagen, was sie denken, meint Maria. Wenn sie sie bloß überzeugen kann, zur Wahl zu gehen. Irgendwann unterwegs entdeckt sie die schwäbische Alte, der sie fünfzig Lei schuldet.

Auf dem Rückweg sieht sie am Straßenrand mehrere dieser winzig kleinen alten Frauen, gekrümmt über Schaufel und Sense. Sogar bei dieser Hitze bearbeiten sie ihren Grund und Boden. Aus den Feldern mit jungem Mais steigt das Gurren eines großen Schwarms von Tauben auf. Wie friedvoll das klingt. Zurück in Petrifeld, fällt ihr plötzlich auf, dass dem einzigen Storchennest im Dorf in diesem Frühling die Bewohner fehlen.

Jetzt geht's kurz zum Friedhof, um den neuen Pflanzen auf dem Familiengrab Wasser zu geben. Hinter der Friedhofskapelle steht ein Pferdekarren. Kein Mensch ist zu sehen, die beiden glänzend braunen Pferde warten, wie sie es gewohnt sind. Sie sind nicht mal festgebunden. Im Wagen liegt Sand; der Besitzer wird wohl als Totengräber auf dem Friedhof unterwegs sein. Maria schaut sich um, doch sie sieht keinen Mann mit Schaufel.

Zurück auf dem Weg, stößt Maria auf Kornèlia. »Ich bin erschöpft«, seufzt die kleine blonde Nachbarin. Seit fünf Stunden macht sie Wahlkampf für das Deutsche Forum, geht von Tür zu Tür. Der Bürgermeisterkandidat ist ein Nachbar und Freund von Kornèlias Familie. Aber vor allem erklärt sie den alten Menschen, wie die Wahl abläuft. »Und das kostet Zeit! Wer nicht lesen kann, dem erkläre ich die Symbole, dass das Herz das Deutsche Forum ist, dass der Tannenbaum die Ungarnpartei repräsentiert. Und die nicht ethnischen Parteien erkläre ich auch, pro forma.«

Kornèlia hat ihr Deutschstudium gerade beendet. Auf Marias Frage, was sie nun machen wird, zögert sie. »Eine Zusatzausbildung vielleicht ... Aber ich will eigentlich auch arbeiten. Am liebsten bei einer großen Firma, wo ausgebildete Deutsche eine gute Stelle bekommen. Und ich will hierbleiben. Ich habe ja hier die Oma, die Familie, meinen Freund, die Kirchenarbeit, die Pension meiner Schwester ... Sie haben doch mal erwähnt, dass vielleicht bei dieser PoliPol ...?«

»Hab ein bisschen Geduld«, sagt Maria. »Im Herbst braucht die Firma bestimmt wieder neue Leute, ich frage mal bei Annemarie nach.«

Wenigstens eine, die bleiben wird, die bodenständig ist, denkt sie. »Kehren deine Schwester und dein Schwager wohl noch aus Deutschland zurück? Im Vorjahr habe ich sie hier nur eine Woche gesehen.» »Eva und Otto fragen sich das selbst«, antwortet Kornèlia. »Sie müssen jetzt eine Entscheidung treffen, denn Ottos Chef bei der Autowerkstatt hier hat seine Stelle zwei Jahre lang für ihn frei gehalten, aber jetzt reicht es ihm. Und wegen Siegfried müssen sie sich ebenfalls entscheiden, der Bub ist jetzt fünf und muss zur Schule.«

Zehn Minuten später ist Maria auf dem Weg nach Großkarol. Links sieht sie in der Ferne die spiegelnd weiß-silbernen Konturen der PoliPol-Niederlassung. Danach kommt sie am Dacia-Friedhof vorbei. Zwischen den einheimischen Wracks ruht schon die erste Generation Autos westlicher Marken. Sie muss zur Tankstelle, um den Dienstwagen noch einmal vollzutanken. Das ist in der Gemeinde ein symbolischer Akt in Wahlzeiten, und sie kann den weiteren Verlauf schon genau vor sich sehen: Morgen Abend wird sie den Wagen am Rathaus parken, und mit ihm werden dann die Wahlzettel zur Auszählung nach Sathmar gefahren werden.

In Großkarol schaut sie noch im leer stehenden Haus der Schwiegereltern vorbei. Im Garten schneidet sie einen großen Strauß Rosen, fährt zum örtlichen Friedhof und stellt sie den Schwiegereltern aufs Grab. Wenn Annemarie hier bleiben möchte, überlegt sie, könnte sie in diesem schönen kleinen Haus ihrer Nagy-Großeltern wohnen. Sie will nicht mehr so unbedingt weg von hier wie noch vor zwei Jahren, ist Marias Eindruck. Sie wird mal nachfragen.

Auf dem Rückweg zeichnet die Abendsonne helle Streifen in die dichten, dunklen Wolken über dem flachen Land. Schlechtes Wetter im Anzug. Fuhrwerke kehren von den Feldern zurück, sie transportieren riesige Heuberge, zweimal so hoch, wie die Karren breit sind. Als zwei solcher Karren sich begegnen, beginnen die Männer auf den Böcken im Vorbeifahren ein Gespräch. Maria sieht, wie auf beiden Pferdekarren, als sie sich nicht mehr hören können, die Handys aus der Tasche geholt werden, um das Gespräch fortzusetzen.

Maria geht schon um halb neun zur Messe – bestimmt ist die Messe um zehn Uhr rappelvoll, denn das Wahllokal ist gleich nebenan im Rathaus. In der Frühmesse sind sicher nur wenige, wie üblich, hat sie gedacht, solche, die sich nicht so für Weltliches interessieren und denen das Drumherum mit den Wahlen egal ist. Ein Irrtum. Als sie an diesem frühen Morgen in ihrem Sonntagsstaat mit schwarzem Rock und zeitloser cremeweißer Bluse am Portal der Elisabethkirche steht, wimmelt es dort bereits von weißen Blusen, schwarzen Röcken und erdbraunen Anzügen. Sie findet gerade noch einen Stehplatz. Als große, stämmige Schwäbin schaut sie leicht über alle hinweg. Der Pfarrer predigt, wie immer, schön von der Natur, die wir besser behandeln sollen, und von den Menschen, die wir besser behandeln sollen, aber im Stehen sind anderthalb Stunden doch ziemlich lang.

Kurz nach zehn haben schon Hunderte von Bürgern gewählt, hört Maria im Rathaus. Es herrscht richtige Wahlkampfstimmung. Zunächst wählt sie, bewundert, wie schön die Wahlkabinen mit einer Art Rokokogardine verhängt sind, und wirft ihre Stimmzettel in die vier großen Kartons, die wie Geschenke in verschiedenfarbiges Papier eingeschlagen sind. Dann begrüßt sie alle, die eine offizielle Funktion in der Gemeinde haben oder haben möchten.

Es sind schon viele, die sich hier im kleinen Rathaus versammelt haben. Man nimmt sich Zeit, wenn es sein muss bis tief in die Nacht, bis die Ergebnisse aus Sathmar zurück sind. Wahlen sind eben eine Festakt.

Maria grüßt insbesondere ihren potenziellen Nachfolger, den stellvertretenden Bürgermeister Marchis. Der Kandidat trägt heute die Haare ordentlich gescheitelt und hat diesmal keine Sandalen an den Füßen. Er steht im Flur und blickt ein bisschen angespannt. Maria beobachtet mit einigem Missfallen, dass er wieder zum Rauchen hinausgeht. Aber er geht nicht vor die Tür, sieht sie. Die rumänische Polizistin und der ungarische Hausmeister haben im winzigen Kaffeezimmer einen rauchverbotfreien Raum eingerichtet. Not kennt kein Gebot.

Da ist auch Cousin Jancsi, selbstverständlich. Johann Müller, selbst Abgeordneter und Vorsitzender des Deutschen Forums in Großkarol, macht Marchis Mut. »Komm, keine Zweifel, bitte. Hier wählen doch alle den gemeinsamen Kandidaten des Forums und des Ungarnverbandes. In Petrifeld gibt es noch Mehrheiten, von denen wir in Großkarol träumen. Dort müssen wir Deutschen, Ungarn und Zigeuner uns zusammentun; alle Minderheiten zusammen, um die Mehrheit zu bilden.« »Auf jeden Fall hat Maria mir eben gesagt«, antwortet Marchis bereits fröhlicher, »dass jetzt schon fünfhundert Leute zur Wahl gekommen sind.«

Maria stiehlt sich in bester Laune davon. Sie wird noch eine kleine Runde durch die umliegenden Gemeinden machen, um Kontakte zu pflegen. Schließlich kandidiert sie für den Kreisrat. Im Rathausflur wird das Gespräch locker fortgesetzt, alle Ethnien sind beisammen, nur die Roma fehlen. Jetzt spricht man davon, wie oft die Messen auf Deutsch gehalten werden beziehungsweise gehalten werden müssten. Ein lokaler Forum-Mann fasst in Worte, was die meisten denken, auch wenn es politisch etwas heikel ist:

»Warum sollen wir Schwaben, die wir alle viel besser Ungarisch und Rumänisch als Deutsch sprechen, auf deutschen Messen bestehen?« Leises Gelächter.

Als sie von ihrer Runde zurückgekehrt ist, holt Maria Mann und Tochter auf dem Hof ab, mitsamt einer Eistorte. Die Familie Nagy fährt zu Marias Patentante, ein paar Hundert Meter weiter an der Nationalstraße. Sie ist heute sechzig Jahre mit ihrem zweiten Mann verheiratet. Maria gibt die Bürgermeisterin und schenkt ihr scherzend »eine Ergänzung zur Rente im Auftrag des Staates«. Wenn sie wüsste, dass es ihr privates Geld ist, würde die Tante diesen Schatz von gut hundertfünfzig Euro bestimmt nicht annehmen. Maria hält die Scheine demonstrativ hoch. Dann wird in der guten Stube Huhn und Kuchen gegessen, Bier und schwäbische Brenntewei getrunken. Auf dem Schrank und dem Fernseher stehen zwischen religiösen Devotionalien jene des Westens: Shampoo und Duschgel der Marke Fa.

Die Tante erzählt der rumänischen Freundin ihres Enkelsohns von ihrem harten Schicksal. Über ihren ersten Ehemann, der für die Wehrmacht gefallen ist, landet sie bei 1948: Da heiratete sie ihn – und sie blickt liebevoll auf ihren zweiten Mann. Der sitzt stolz neben ihr und lässt sich von der jungen Rumänin beiläufig den Nacken massieren. Es ist gemütlich am Tisch, wo Ferencz Nagy, redseliger als zu Hause, den heiteren Ton vorgibt und die Tante sich irgendwann in drei Sprachen durcheinanderreden hört: »Und gleich fange ich noch an, mit der studierten Annemarie Deutsch zu reden, obwohl ich gar kein Deutsch kann.« »Ach, komm, sicher kannst du das«, sagt Annemarie. Ihre Großtante erwidert: »Ich bin doch keine Deutsche. Ich bin Schwäbin!«

Annemarie will ein wenig frische Luft schnappen und trifft draußen auf ihre Mutter, die die Umgebung des Hauses fotografiert. »Das ist hier ein lebendiges Schwabenmuseum«, erklärt ihr

Maria. »Wer weiß, wie lange noch. Schau doch mal in die Scheune, voll ausgestattet wie vor hundert Jahren, mit all diesen robusten hölzernen Werkzeugen. Alles steht nutzlos herum.« Es ging aber wirklich nicht mehr mit dem Vieh. Wenngleich Tante und Onkel es nur widerwillig abgeschafft haben. »Sie sagten, wir fühlen uns zum zweiten Mal unserer Pferde beraubt. Ist das nicht traurig?«

Sie setzen sich zu Marias Cousine auf die Verandabank. Maria betrachtet die mit Blumenmotiven bestempelte Kalkwand, es sind andere Blumenmuster als bei ihr auf der Veranda oder gegenüber bei Jancsis Elternhaus. Fast alle im Dorf haben solche Blumenmuster an ihrer Verandawand gehabt. Viele haben sie bei der Renovierung entfernt, drinnen sowieso. »Bei uns soll das bleiben«, sagt Maria. »Ich war vorhin in Großkarol noch mal im Haus der Großeltern Nagy …«

Sie versucht, Annemaries Ansicht zu diesem Thema herauszufinden: Es müsste nämlich mal etwas mit dem Haus passieren. Schließlich ist die Tochter kürzlich in der Firma wieder aufgestiegen, und die Prüfung gestern in Debrecen hat sie bestimmt auch wieder gut bestanden. Sie fragt nach, wie es mit Annemaries Zukunft am deutschen Standort der Firma aussieht. Darüber hat die Tochter mal gesprochen. »Na ja«, sagt Annemarie, »in Deutschland würde ich bestimmt nicht die Chance bekommen, so schnell aufzusteigen wie hier. Weißt du, wir haben an diesem Standort jetzt schon fünfhundert Mitarbeiter. Und es werden noch mehr werden.« Auch in Ungarn sehe sie ihre Zukunft nicht mehr unbedingt, fährt sie fort. »Dort stagniert die Wirtschaft. Und ich muss nicht dort leben, um meine Freunde besuchen zu können. Wir produzieren jetzt schon Sitzgarnituren für den rumänischen Markt, hab ich das eigentlich erzählt?« Maria freut sich über diese Antworten sehr, aber sie lässt es sich nicht anmerken. Sie will

Annemarie ja nicht drängen. »Die Chancen liegen hier, in Rumänien«, schließt ihre Tochter. »Für Rumänien und für mich.«

Erst um halb vier Uhr nachts knallen im Rathaus die Sektkorken. Maria ist dageblieben, um als eine der Ersten Otto Marchis zu seinem Wahlsieg zu gratulieren. Sie ist aufrichtig froh, ohne eine Spur des Bedauerns wegen ihres eigenen Rücktritts. Mit einem guten Nachfolger kann man leicht Abschied nehmen.

Die Freude bei Maria, Otto, Johann, Kornèlia und den anderen Petrifelder Schwaben und Halbschwaben ist umso größer, weil Rumänien mehr deutsche Bürgermeister als je zuvor gewählt hat, und das bei einer immer noch abnehmenden Zahl deutschstämmiger Einwohner im Land: Insgesamt sind es schätzungsweise keine vierzigtausend mehr, vor einigen Jahrzehnten war es noch das Zehnfache. Der deutschstämmige Vorzeige-Bürgermeister Klaus Johannis aus Sibiu/Hermannstadt ist zum zweiten Mal mit überwältigender Mehrheit wiedergewählt worden, und das bei kaum zweitausend deutschstämmigen Wählern gegenüber hundertfünfzigtausend ethnischen Rumänen in seiner Stadt. Neben ein paar anderen Kleinstädten haben sieben Landgemeinden hier im Kreis Sathmar einen deutschen Bürgermeister gewählt.

Maria sieht Klaus Johannis als ihren »großen Bruder«. Er hat deutsche und europäische Organisationen, Firmen und Behörden durch seine unorthodoxe, unbürokratische Herangehensweise überzeugt und es mit Hermannstadt sogar zur europäischen Kulturhauptstadt 2007 geschafft. Genau so etwas versucht sie im Kleinen. Am Montagmorgen um halb acht steigt sie mit frischer Energie in ihren Wagen, um in Sathmar ihre wichtigsten Projektanträge mit den letzten Korrekturen und Stempeln zu versehen.

Nun wird sie endlich Zeit für das Haus finden; selbstverständlich wird alles mit eigenen Händen gemacht. Der Besuch bei der

Patentante hat sie auf gute Ideen gebracht: Sie muss den Lehm, der hinter einer Kalkschicht die Basis des Hauses bildet, diesen von den Dorffrauen gestampften, mit Weizenstroh durchsetzten Lehm, irgendwie sichtbar machen. Das ist traditionelles Handwerk und außerdem ganz öko, das sehen die heutigen Touristen bestimmt gerne.

Erst ein paar Tage später wird bekannt, dass Maria Nagy so gerade eben in den Kreisrat von Sathmar/Satu Mare gewählt worden ist, allerdings unter der Fahne des Ungarnverbands, bei dem sich das Deutsche Forum für diese Wahl angehängt hat, um bessere Chancen zu haben. Maria wird sich als »Ungarin« genau so hinter ihre Projekte klemmen, wie sie es als deutsche Bürgermeisterin gemacht hat. Es geht schließlich, sagt sie, um die Zukunft ihres Rumänien.

Danksagung

Unheile Heimat wäre nicht zustande gekommen ohne die generöse und selbstlose Bereitschaft der Beteiligten, mich an ihrem Familien-, Arbeits- und Freizeitleben teilhaben zu lassen. Mein Dank gilt daher an erster Stelle den sechs Familien, die mich in den vergangenen Jahren mehrmals so warm und offen empfangen haben.

Die Kontakte zu ihnen sind über ganz verschiedene Kanäle entstanden. Gleich in zwei Fällen waren die Tipps von Henrike Hampe, wissenschaftliche Mitarbeiterin am Donauschwäbischen Zentralmuseum Ulm, entscheidend (Ungarn und Rumänien). Ansonsten haben mir der Dokumentarfilmer Huub Ruijgrok (Polen), der damals stellvertretende Botschafter der niederländischen Botschaft in Riga, Wicher Slagter (Lettland), die Kärntner Grünen (Österreich) und der Journalistenkollege Wouter Meijer (Deutschland) auf den Weg geholfen. Allen herzlichen Dank.

Dieses Buch wäre auch nicht zustande gekommen, hätte nicht Ende 2005 die European Cultural Foundation, als erste Förderinstanz, meine Idee begeistert aufgenommen und finanziell unterstützt. Speziell die motivierende Begleitung des ECF-Direktors Gottfried Wagner hat mir sehr geholfen. Großzügig unterstützt hat dieses Projekt ebenfalls der Fonds voor Bijzondere Journalistieke Projekten (Amsterdam), und auch dem Duitsland-Instituut der Universität von Amsterdam (DIA) und der Österreichischen Botschaft in Den Haag bin ich für ihre Finanzierungshilfe dankbar.

In Rumänien hat mich die Sathmarer Stiftung für Internationale Zusammenarbeit mit Rat und Tat unterstützt. Dem Direktor dieser Stiftung, Josef Hölczli, und seinen Mitarbeitern in Satu Mare bin ich zu großem Dank verpflichtet. Unter den vielen Personen, denen ich für ihre guten Ratschläge und ihre Hilfe danke, möchte ich hier Lily Sprangers erwähnen (damals Direktorin des DIA, heute des neuen niederländischen Türkei-Instituts) wie auch Erna Staal (Contact Verlag Amsterdam, der im Herbst 2009 die niederländische Ausgabe des Buches präsentieren wird) und den ehemaligen niederländischen Botschafter in u. a. Bukarest, Coen Stork.

Mein herzlicher Dank gilt auch der Körber-Stiftung für die Aufnahme des Buches in ihr Verlagsprogramm. Die Zusammenarbeit mit den Verlagsmitarbeitern war ein großes Vergnügen. Besonders möchte ich mich aber bei Dr. Kerstin Schulz bedanken, die sich im Lektorat nicht nur kritisch, sondern auch humor- und verständnisvoll mit mir und meinen Texten auseinandergesetzt hat.

Dr. Ute Schürings, Ulrike Sawicki und Philipp Reszat möchte ich für ihre sprachliche und redaktionelle Unterstützung danken. Dieser Dank gilt auch meinem Kollegen und Ehemann Antoine Verbij, dem Korrespondenten der Tageszeitung *Trouw* in Berlin. Nicht nur war er immer der erste, kritische Leser der Texte, zudem hat er mich, im Kielwasser meiner Recherchen vor Ort, in unserer Freizeit unentwegt durch mir noch unbekannte Regionen der Staaten, die in diesem Buch eine Rolle spielen, chauffiert. All diese Erkundungen haben meine Begeisterung für das vereinigte Europa noch erweitert und mein Verständnis vertieft.

Unterstützt von

Entwurzelt

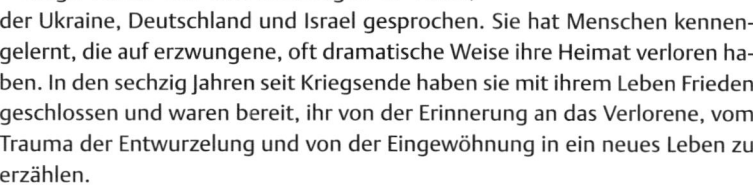

Helga Hirsch erzählt in bewegenden Biografien von Flucht und Vertreibung als gemeinsamer europäischer Erfahrung

Wie erlebten die Menschen zwischen Oder und Bug den Verlust ihrer Heimat in den Wirren des Zweiten Weltkriegs? Wie leben sie heute mit dieser Erfahrung der Entwurzelung?

Helga Hirsch hat mit Zeitzeugen in Polen, der Ukraine, Deutschland und Israel gesprochen. Sie hat Menschen kennengelernt, die auf erzwungene, oft dramatische Weise ihre Heimat verloren haben. In den sechzig Jahren seit Kriegsende haben sie mit ihrem Leben Frieden geschlossen und waren bereit, ihr von der Erinnerung an das Verlorene, vom Trauma der Entwurzelung und von der Eingewöhnung in ein neues Leben zu erzählen.

»Helga Hirsch will mit diesen eindringlichen Berichten keineswegs deutsche Schuld relativieren oder Opfer gegeneinander aufrechnen. Sie plädiert vielmehr für einen offenen Dialog, frei von Schuldzuweisungen und Überlegenheitsgefühlen.« Frankfurter Allgemeine Zeitung

»Eine Hommage an die Millionen Menschen, die nicht das Glück hatten, davon gekommen zu sein.« WDR

Helga Hirsch
Entwurzelt
Vom Verlust der Heimat zwischen Oder und Bug
296 Seiten
mit 10 s/w-Abbildungen und Landkarten
Gebunden mit Schutzumschlag | 14,5 x 22 cm
ISBN 978-3-89684-065-3 | Euro 20,– (D)

www.edition-koerber-stiftung.de

Zeit der Freiheit

Wer heute älter wird, hat noch viel vor: Immer mehr Menschen verstehen das Pensionsalter als die Zeit der größten Freiheit. Unabhängig von den Zwängen des Arbeitslebens, oft auch befreit von familiärer Verantwortung, können sie Experimente wagen, Träume verwirklichen.

Ulrike Herrmann und Martina Wittneben zeichnen zwölf Porträts älterer Menschen, die neue Wege beschreiten. Ob sie Firmen gründen, sich in Bürgerprojekten und Seniorenheimen engagieren, ein politisches Mandat übernehmen, eine spirituelle Reise antreten, auf der Bühne stehen oder als Kunsttherapeuten arbeiten: Sie alle haben einen mutigen Schritt gewagt.

Lebensnah und mit viel Wärme berichten sie von Hoffnungen, Glücksgefühlen und Erfolgen, aber auch von Ängsten und Enttäuschungen. Es sind ehrliche Geschichten, die Mut machen, selbst Neues zu wagen und das Abenteuer Leben bis ins hohe Alter zu genießen.

»Faszinierende Porträts, die zeigen, wie vielseitig ein Neuanfang um die 60 sein kann.«   SWR

Ulrike Herrmann / Martina Wittneben
Älter werden, Neues wagen
Zwölf Porträts
300 Seiten mit 41 s/w-Abbildungen
Softcover | 13 x 20 cm
Euro 14,– (D)
ISBN 978-3-89684-069-1

www.edition-koerber-stiftung.de

Körber-STIFTUNG
Forum für Impulse

edition  Körber-STIFTUNG

KörberForum
Kehrwieder 12

**BERGEDORFER
GESPRÄCHSKREIS**

BegegnungsCentrum
HAUS
im Park

**Körber-Netzwerk
Außenpolitik**

Boy
Gobert
Preis

Dialog und Verständigung,
Bildung und Wissenschaft, Integration und Engagement, Junge Kultur: In
diesen Bereichen ist die Körber-Stiftung mit
einer Vielzahl eigener Projekte aktiv. Bürgerin-
nen und Bürgern, die nicht alles so lassen wollen, wie es ist, bietet sie Chancen zur Mitwirkung
und Anregungen für eigene Initiativen.
1959 vom Unternehmer und Anstifter Kurt A.
Körber gegründet, ist die Stiftung heute mit
eigenen Projekten und Veranstaltungen von
ihren Standorten Hamburg und Berlin
aus national und international
aktiv.

USABLE°
TRANSATLANTISCHER
IDEENWETTBEWERB

KÖRBER

FotoAward

Deutscher Studienpreis
Der Wettbewerb für junge Forschung

HAMBURGER TULPE
für deutsch-türkischen Gemeinsinn

KÖRBER-PREIS
FÜR DIE EUROPÄISCHE
WISSENSCHAFT

Eustory
History Network for Young Europeans

KIWISS
Wissenschaft für Kinder
und Jugendliche

Geschichtswettbewerb
des Bundespräsidenten
Jugendliche forschen vor Ort